小型建设工程施工项目负责人岗位培训教材

建设工程施工成本管理

小型建设工程施工项目负责人岗位培训教材编写委员会　编写

中国建筑工业出版社

图书在版编目（CIP）数据

建设工程施工成本管理/小型建设工程施工项目负责人岗位培训教材编写委员会编写. —北京：中国建筑工业出版社，2013.8
小型建设工程施工项目负责人岗位培训教材
ISBN 978-7-112-15564-4

Ⅰ.①建… Ⅱ.①小… Ⅲ.①建筑工程—工程施工—成本管理—岗位培训—教材 Ⅳ.①F407.967.2

中国版本图书馆 CIP 数据核字（2013）第 143397 号

本书是《小型建设工程施工项目负责人岗位培训教材》中的一本，是各专业小型建设工程施工项目负责人参加岗位培训的参考教材。全书共分5章，包括基础知识、工程项目投标与报价、施工成本预测和成本计划、施工成本控制、合同价款约定与工程结算等，覆盖了施工项目从投标报价到竣工验收的全过程。本书可供各专业小型建设工程施工项目负责人作为岗位培训参考教材，也可供各专业相关技术人员和管理人员参考使用。

* * *

责任编辑：刘　江　岳建光　张伯熙
责任设计：张　虹
责任校对：张　颖　党　蕾

小型建设工程施工项目负责人岗位培训教材
建设工程施工成本管理
小型建设工程施工项目负责人岗位培训教材编写委员会　编写

*

中国建筑工业出版社出版、发行（北京西郊百万庄）
各地新华书店、建筑书店经销
北京永峥排版公司制版
河北省零五印刷厂印刷

*

开本：787×1092 毫米　1/16　印张：11¾　字数：280 千字
2014 年 4 月第一版　2014 年 4 月第一次印刷
定价：32.00 元
ISBN 978-7-112-15564-4
(24150)

版权所有　翻印必究
如有印装质量问题，可寄本社退换
（邮政编码 100037）

小型建设工程施工项目负责人岗位培训教材

编 写 委 员 会

主　编：缪长江

编　委：（按姓氏笔画排序）

　　　　王　莹　　王晓峥　　王海滨　　王雪青

　　　　王清训　　史汉星　　冯桂炬　　成　银

　　　　刘伊生　　刘雪迎　　孙继德　　李启明

　　　　杨卫东　　何孝贵　　张云富　　庞南生

　　　　贺　铭　　高尔新　　唐江华　　潘名先

序

为了加强建设工程施工管理，提高工程管理专业人员素质，保证工程质量和施工安全，建设部会同有关部门自2002年以来陆续颁布了《建造师执业资格制度暂行规定》、《注册建造师管理规定》、《注册建造师执业工程规模标准（试行）》、《注册建造师施工管理签章文件目录（试行）》、《注册建造师执业管理办法（试行）》等一系列文件，对从事建设工程项目总承包及施工管理的专业技术人员实行建造师执业资格制度。

《注册建造师执业管理办法（试行）》第五条规定：各专业大、中、小型工程分类标准按《注册建造师执业工程规模标准（试行）》执行；第二十八条规定：小型工程施工项目负责人任职条件和小型工程管理办法由各省、自治区、直辖市人民政府建设行政主管部门会同有关部门根据本地实际情况规定。该文件对小型工程的管理工作做出了总体部署，但目前我国小型建设工程还未形成一个有效、系统的管理体系，尤其是对于小型建设工程施工项目负责人的管理仍是一项空白，为此，本套培训教材编写委员会组织全国具有丰富理论和实践经验的专家、学者以及工程技术人员，编写了《小型建设工程施工项目负责人岗位培训教材》（以下简称《培训教材》），力求能够提高小型建设工程施工项目负责人的素质；缓解"小工程、大事故"的矛盾；帮助地方建立小型工程管理体系；完善和补充建造师执业资格制度体系。

本套《培训教材》共17册，分别为《建设工程施工管理》、《建设工程施工技术》、《建设工程施工成本管理》、《建设工程法规及相关知识》、《房屋建筑工程》、《农村公路工程》、《铁路工程》、《港口与航道工程》、《水利水电工程》、《电力工程》、《矿山工程》、《冶炼工程》、《石油化工工程》、《市政公用工程》、《通信与广电工程》、《机电安装工程》、《装饰装修工程》。其中《建设工程施工成本管理》、《建设工程法规及相关知识》、《建设工程施工管理》、《建设工程施工技术》为综合科目，其余专业分册按照《注册建造师执业工程规模标准（试行）》来划分。本套《培训教材》可供相关专业小型建设工程施工项目负责人作为岗位培训参考教材，也可供相关专业相关技术人员和管理人员参考使用。

对参与本套《培训教材》编写的大专院校、行政管理、行业协会和施工企业的专家和学者，表示衷心感谢。

在《培训教材》的编写过程中，虽经反复推敲核证，仍难免有不妥甚至疏漏之处，恳请广大读者提出宝贵意见。

小型建设工程施工项目负责人岗位培训教材编写委员会
2013年9月

前　言

　　成本管理是小型工程施工项目负责人的重要工作内容之一。在满足工程质量、工期等合同要求的前提下，对于项目实施过程中所发生的成本进行计划和控制等活动，从而实现预定的成本目标，实现营利的目的。

　　对于规模及安全风险较低的小型工程而言，其投标报价、成本计划等成本管理活动存在特殊性。为提升小型工程施工项目负责人投标报价及施工成本管理的能力，本书参照建造师的执业要求，组织编写了全国小型工程施工项目负责人培训教材《建设工程项目施工成本管理》。

　　本书共分5章，包括基础知识、工程项目投标与报价、施工成本预测和成本计划、施工成本控制、合同价款约定与工程结算等，覆盖了施工项目从投标报价到竣工验收的全过程。在编写过程中参照了建标［2013］44号《建筑安装工程费用项目组成》、《建设工程工程量清单计价规范》GB 50500—2013、《建设项目全过程造价咨询规程》CECA/GC4—2009、《中华人民共和国招标投标法实施条例》（2012年2月1日起施行）等最新文件和规范，以保证本书的前沿性。同时注重实用性和可读性，编写了大量案例，以便于读者理解，并力求做到详略得当。

　　本书由天津大学管理与经济学部王雪青教授主编。参编者有：杨秋波、刘炳胜、周蜀国、张康照。

　　作者在本书编写过程中，参阅和引用了不少专家、学者论著中的有关资料，在此一并表示衷心的感谢。

　　由于编写水平有限，书中缺点和谬误之处在所难免，敬请各位读者批评指正。

编者

2013年7月

目 录

第1章 基础知识 1
 1.1 施工成本管理的任务与措施 1
  1.1.1 施工成本管理的任务 1
  1.1.2 施工成本管理的措施 5
 1.2 建筑安装工程费用项目的组成与计算 7
  1.2.1 按费用构成要素划分的建筑安装工程费用项目组成 7
  1.2.2 按造价形成划分的建筑安装工程费用项目组成 10
  1.2.3 建筑安装工程费用计算方法 12
  1.2.4 建筑安装工程计价程序 15
 1.3 建设工程定额 17
  1.3.1 建设工程定额的分类 17
  1.3.2 人工定额 19
  1.3.3 材料消耗定额 23
  1.3.4 施工机械台班使用定额 25
  1.3.5 施工定额 28
  1.3.6 企业定额 29
  1.3.7 预算定额 30
  1.3.8 单位估价表 32

第2章 工程项目投标与报价 34
 2.1 招标控制价 34
 2.2 投标程序 34
 2.3 投标前期准备 35
  2.3.1 组建项目投标报价团队 35
  2.3.2 研究招标文件 35
  2.3.3 项目情况调查分析 36
  2.3.4 参加标前会议和勘察现场 38
  2.3.5 询价 39
  2.3.6 工程量复核 40
  2.3.7 确定施工进度计划与施工方案 40
 2.4 工程量清单计价 41
  2.4.1 工程量清单计价规范概述 41
  2.4.2 工程量清单的作用 41

  2.4.3　工程量清单计价的基本过程 ·· 42
  2.4.4　工程量清单计价的方法 ·· 43
 2.5　投标价的编制方法 ·· 48
  2.5.1　投标价的编制原则 ·· 49
  2.5.2　投标价编制依据 ·· 49
  2.5.3　投标价的编制内容 ·· 49
  2.5.4　投标价的分析 ·· 51
 2.6　工程项目投标报价策略与技巧 ·· 53
  2.6.1　工程项目投标报价决策 ·· 54
  2.6.2　工程项目投标报价的策略 ·· 54
  2.6.3　工程项目投标报价的技巧 ·· 55

第3章　施工成本预测和成本计划 ·· 58
 3.1　施工成本预测 ·· 58
  3.1.1　施工成本预测概述 ·· 58
  3.1.2　定性预测方法 ·· 60
  3.1.3　定量预测方法 ·· 63
 3.2　施工预算 ··· 67
  3.2.1　施工预算内容 ·· 67
  3.2.2　施工预算编制要求、依据和方法 ·· 68
  3.2.3　施工图预算与施工预算的对比 ··· 69
 3.3　施工成本计划 ·· 70
  3.3.1　施工成本计划概述 ·· 70
  3.3.2　施工成本计划内容 ·· 71
  3.3.3　施工成本计划编制 ·· 77

第4章　施工成本控制 ··· 82
 4.1　施工成本控制概述 ·· 82
  4.1.1　施工成本控制的概念 ·· 82
  4.1.2　施工成本控制的原则 ·· 83
  4.1.3　施工成本控制的内容 ·· 86
  4.1.4　施工成本控制的程序 ·· 87
 4.2　施工成本控制的方法 ·· 90
  4.2.1　施工项目成本的过程控制方法 ··· 90
  4.2.2　常用的施工项目成本控制方法 ··· 92
  4.2.3　施工项目成本分析表法 ·· 98
  4.2.4　施工项目成本差异分析方法 ·· 100
  4.2.5　赢得值法在施工成本控制中的应用 ··· 101
  4.2.6　价值工程在施工成本控制中的应用 ··· 104

4.3 人工费控制 106
4.3.1 劳动力组织控制 107
4.3.2 劳动定额控制 110
4.3.3 人工单价控制 111
4.3.4 劳动生产率及激励机制 113
4.4 材料费控制 115
4.4.1 材料定额控制 115
4.4.2 材料采购控制 118
4.4.3 材料的现场控制 122
4.5 施工机械使用费控制 124
4.5.1 机械设备的选择 124
4.5.2 机械设备的使用控制 127
4.6 施工成本分析 130
4.6.1 施工成本分析的概念 130
4.6.2 施工成本分析的原则和内容 132
4.6.3 施工成本分析的方法 133

第5章 合同价款约定与工程结算 145
5.1 工程合同价款的约定 145
5.1.1 工程承包合同价格分类 145
5.1.2 合同价款的约定 150
5.2 工程计量 151
5.2.1 单价合同的计量 151
5.2.2 总价合同的计量 152
5.3 合同价款调整 152
5.3.1 合同价款应当调整的事项及调整程序 152
5.3.2 法律法规变化 153
5.3.3 项目特征描述不符 153
5.3.4 工程量清单缺项 153
5.3.5 工程量偏差 154
5.3.6 计日工 154
5.3.7 物价变化 155
5.3.8 暂估价 157
5.3.9 不可抗力 158
5.3.10 提前竣工（赶工补偿） 158
5.3.11 误期赔偿 158
5.3.12 暂列金额 159
5.4 工程变更 159

  5.4.1 工程变更的范围 ································· 159
  5.4.2 工程变更的程序 ································· 159
  5.4.3 工程变更价款的调整方法 ························· 160
 5.5 索赔与现场签证 ···································· 162
  5.5.1 索赔 ··· 162
  5.5.2 现场签证 ····································· 167
 5.6 合同价款期中支付 ·································· 168
  5.6.1 合同价款的主要结算方式 ························· 168
  5.6.2 预付款的支付与抵扣 ····························· 169
  5.6.3 进度款的支付 ··································· 170
  5.6.4 安全文明施工费 ································· 172
 5.7 竣工结算与支付 ···································· 173
  5.7.1 竣工结算编制与复核 ····························· 173
  5.7.2 竣工结算的程序 ································· 174
  5.7.3 竣工结算款支付 ································· 175
  5.7.4 质量保证金 ····································· 175
  5.7.5 最终结清 ······································· 176

第1章 基础知识

工程项目施工成本管理应从工程投标报价开始，直至项目竣工，缺陷责任期终止为止，贯穿于项目实施的全过程。成本作为项目管理的一个关键性目标，包括责任成本目标和计划成本目标，它们的性质和作用不同。前者反映组织对施工成本目标的要求，后者是前者的具体化，把施工成本在法人层和项目经理部的运行有机地连接起来。

法人层的成本管理除生产成本以外，还包括经营管理费用；项目管理层应对生产成本进行管理。法人层贯穿于项目投标、实施和结算过程，体现效益中心的管理职能；项目管理层则着眼于执行组织确定的施工成本管理目标，发挥现场生产成本控制中心的管理职能。

1.1 施工成本管理的任务与措施

1.1.1 施工成本管理的任务

施工成本是指在建设工程项目的施工过程中所发生的全部生产费用的总和。它包括所消耗的原材料、辅助材料、构配件等的费用；周转材料的摊销费或租赁费；施工机械的使用费或租赁费；支付给生产工人的工资、奖金、工资性质的津贴；以及进行施工组织与管理所发生的全部费用支出。建设工程项目施工成本由直接成本和间接成本组成。

直接成本是指施工过程中耗费的构成工程实体或有助于工程实体形成的各项费用支出，是可以直接计入工程对象的费用，包括：人工费、材料费和施工机具使用费等。

间接成本是指为施工准备、组织和管理施工生产的全部费用的支出，是非直接用于也无法直接计入工程对象，但为进行工程施工所必须发生的费用，包括：管理人员工资、办公费、差旅交通费等。

施工成本管理就是要在保证工期和质量满足要求的情况下，采取相应管理措施，包括组织措施、经济措施、技术措施、合同措施以便把成本控制在计划范围内，并进一步寻求最大程度的成本节约。施工成本管理的任务和环节主要包括：

（1）施工成本预测；
（2）施工成本计划；
（3）施工成本控制；
（4）施工成本核算；
（5）施工成本分析；
（6）施工成本考核。

1.1.1.1 施工成本预测

施工成本预测就是根据成本信息和施工项目的具体情况，运用一定的专门方法，对未来的成本水平及其可能发展趋势做出科学的估计，它是在工程施工以前对成本进行的估算。通过成本预测，可以在满足项目业主和本企业要求的前提下，选择成本低、效益好的最佳成本方案，并能够在施工项目成本形成过程中，针对薄弱环节，加强成本控制，克服盲目性，提高预见性。因此，施工成本预测是施工项目成本决策与计划的依据。施工成本预测，通常是对施工项目计划工期内影响其成本变化的各个因素进行分析，比照近期已完工施工项目或将完工施工项目的成本（单位成本），预测这些因素对工程成本中有关项目（成本项目）的影响程度，预测出工程的单位成本或总成本。

1.1.1.2 施工成本计划

施工成本计划是编制施工项目在计划期内的生产费用、成本水平、成本降低率以及为降低成本所采取的主要措施和规划的书面方案，它是建立施工项目成本管理责任制、开展成本控制和核算的基础，它是该项目降低成本的指导文件，是设立目标成本的依据。可以说，成本计划是目标成本的一种形式。

1. 施工成本计划应满足的要求

（1）合同规定的项目质量和工期要求。
（2）组织对项目成本管理目标的要求。
（3）以经济合理的项目实施方案为基础的要求。
（4）有关定额及市场价格的要求。
（5）类似项目提供的启示。

2. 施工成本计划的具体内容

（1）编制说明

指对工程的范围、投标竞争过程及合同条件、承包人对项目经理提出的责任成本目标、施工成本计划编制的指导思想和依据等的具体说明。

（2）施工成本计划的指标

施工成本计划的指标应经过科学的分析预测确定，可以采用对比法、因素分析法等方法来进行测定。

施工成本计划一般情况下有以下三类指标：

1）成本计划的数量指标，如：
①按子项汇总的工程项目计划总成本指标；
②按分部汇总的各单位工程（或子项目）计划成本指标；
③按人工、材料、机械等各主要生产要素计划成本指标。

2）成本计划的质量指标，如施工项目总成本降低率，可采用：
①设计预算成本计划降低率＝设计预算总成本计划降低额/设计预算总成本；
②责任目标成本计划降低率＝责任目标总成本计划降低额/责任目标总成本。

3）成本计划的效益指标，如工程项目成本降低额：
①设计预算成本计划降低额＝设计预算总成本－计划总成本；
②责任目标成本计划降低额＝责任目标总成本－计划总成本。

3. 按工程量清单列出的单位工程计划成本汇总表，见表1-1。

4. 按成本性质划分的单位工程成本汇总表，根据清单项目的造价分析，分别对人工费、材料费、机具费、企业管理费、规费和税费进行汇总，形成单位工程成本计划表。

单位工程计划成本汇总表　　　　　　　　　　　　　表1-1

	清单项目编码	清单项目名称	合同价格	计划成本
1				
2				
……				

成本计划应在项目实施方案确定和不断优化的前提下进行编制，因为不同的实施方案将导致人工费、材料费、施工机具使用费和企业管理费的差异。成本计划的编制是施工成本预控的重要手段。因此，应在工程开工前编制完成，以便将计划成本目标分解落实，为各项成本的执行提供明确的目标、控制手段和管理措施。

1.1.1.3　施工成本控制

施工成本控制是指在施工过程中，对影响施工成本的各种因素加强管理，并采取各种有效措施，将施工中实际发生的各种消耗和支出严格控制在成本计划范围内。通过随时揭示并及时反馈，严格审查各项费用是否符合标准，计算实际成本和计划成本之间的差异并进行分析，进而采取多种措施，消除施工中的损失浪费现象。

工程项目施工成本控制应贯穿于项目从投标阶段开始直至缺陷责任期终止的全过程，它是企业全面成本管理的重要环节。施工成本控制可分为事先控制、事中控制（过程控制）和事后控制。在项目的施工过程中，需按动态控制原理对实际施工成本的发生过程进行有效控制。

计划成本和责任成本是成本控制的目标，进度报告和工程变更与索赔资料是成本控制过程中的动态资料。

成本控制的程序体现了动态跟踪控制的原理。成本控制报告可单独编制，也可以根据需要与进度、质量、安全和其他进展报告结合，提出综合进展报告。

成本控制应满足下列要求：

（1）要按照计划成本目标值来控制生产要素的采购价格，并认真做好材料、设备进场数量和质量的检查、验收与保管。

（2）要控制生产要素的利用效率和消耗定额，如任务单管理、限额领料、验工报告审核等。同时要做好不可预见成本风险的分析和预控，包括编制相应的应急措施等。

（3）控制影响效率和消耗量的其他因素（如工程变更等）所引起的成本增加。

（4）把施工成本管理责任制度与对项目管理者的激励机制结合起来，以增强管理人员的成本意识和控制能力。

（5）承包人必须有一套健全的项目财务管理制度，按规定的权限和程序对项目资金的使用和费用的结算支付进行审核、审批，使其成为施工成本控制的一个重要手段。

1.1.1.4　施工成本核算

施工成本核算包括两个基本环节：一是按照规定的成本开支范围对施工费用进行归集和分配，计算出施工费用的实际发生额；二是根据成本核算对象，采用适当的方法，计算出该施工项目的总成本和单位成本。施工成本管理需要正确及时地核算施工过程中发生的各项费用，计算施工项目的实际成本。施工项目成本核算所提供的各种成本信息，是成本预测、成本计划、成本控制、成本分析和成本考核等各个环节的依据。

施工成本一般以合同文件约定的项目或单位工程为成本核算对象，但也可以按照承包工程项目的规模、工期、结构类型、施工组织和施工现场等情况，结合成本管理要求，灵活划分成本核算对象。施工成本核算的基本内容包括：

(1) 人工费核算；

(2) 材料费核算；

(3) 周转材料费核算；

(4) 结构件费核算；

(5) 机具使用费核算；

(6) 措施费核算；

(7) 分包工程成本核算；

(8) 管理费核算；

(9) 项目月度施工成本报告编制。

施工成本核算制是明确施工成本核算的原则、范围、程序、方法、内容、责任及要求的制度。项目管理必须实行施工成本核算制，它和项目经理责任制等共同构成了项目管理的运行机制。组织管理层与项目管理层的经济关系、管理责任关系、管理权限关系，以及项目管理组织所承担的责任成本核算的范围、核算业务流程和要求等，都应以制度的形式做出明确的规定。

项目经理部要建立一系列项目业务核算台账和施工成本会计账户，实施全过程的成本核算，具体可分为定期的成本核算和竣工工程成本核算。定期的成本核算如：每天、每周、每月的成本核算等，是竣工工程全面成本核算的基础。

形象进度、产值统计、实际成本归集三同步，即三者的取值范围应是一致的。形象进度表达的工程量、统计施工产值的工程量和实际成本归集所依据的工程量均应是相同的数值。

对竣工工程的成本核算，应区分为竣工工程现场成本和竣工工程完全成本，分别由项目经理部和企业财务部门进行核算分析，其目的在于分别考核项目管理绩效和企业经营效益。

1.1.1.5 施工成本分析

施工成本分析是在施工成本核算的基础上，对成本的形成过程和影响成本升降的因素进行分析，以寻求进一步降低成本的途径，包括有利偏差的挖掘和不利偏差的纠正。施工成本分析贯穿于施工成本管理的全过程，其是在成本的形成过程中，主要利用施工项目的成本核算资料（成本信息），与目标成本、预算成本以及类似的施工项目的实际成本等进行比较，了解成本的变动情况；同时也要分析主要技术经济指标对成本的影响，系统地研究成本变动的因素，检查成本计划的合理性，并通过成本分析，深入揭示成本变动的规律，寻找降低施工项目成本的途径，以便有效地进行成本控制。成本偏差的控制，分析是关键，纠偏是核心；要针对分析得出的偏差发生原因，采取切实措施，加以纠正。

成本偏差分为局部成本偏差和累计成本偏差。局部成本偏差包括项目的月度（或周天等）核算成本偏差、专业核算成本偏差以及分部分项作业成本偏差等；累计成本偏差是指已完工程在某一时间点上实际总成本与相应的计划总成本的差异。分析成本偏差的原因，应采取定性和定量相结合的方法。

1.1.1.6 施工成本考核

施工成本考核是指在施工项目完成后，对施工项目成本形成中的各责任者，按施工项目成本目标责任制的有关规定，将成本的实际指标与计划、定额、预算进行对比和考核，评定施工项目成本计划的完成情况和各责任者的业绩，并以此给予相应的奖励和处罚。通过成本考核，做到有奖有惩，赏罚分明，才能有效地调动每一位员工在各自施工岗位上努力完成目标成本的积极性，为降低施工项目成本和增加企业的积累，做出自己的贡献。

施工成本考核是衡量成本降低的实际成果，也是对成本指标完成情况的总结和评价。成本考核制度包括考核的目的、时间、范围、对象、方式、依据、指标、组织领导、评价与奖惩原则等内容。

以施工成本降低额和施工成本降低率作为成本考核的主要指标，要加强组织管理层对项目管理部的指导，并充分依靠技术人员、管理人员和作业人员的经验和智慧，防止项目管理在企业内部异化为靠少数人承担风险的以包代管模式。成本考核也可分别考核组织管理层和项目经理部。

项目管理组织对项目经理部进行考核与奖惩时，既要防止虚盈实亏，也要避免实际成本归集差错等的影响，使施工成本考核真正做到公平、公正、公开，在此基础上兑现施工成本管理责任制的奖惩或激励措施。

施工成本管理的每一个环节都是相互联系和相互作用的。成本预测是成本决策的前提，成本计划是成本决策所确定目标的具体化。成本计划控制则是对成本计划的实施进行控制和监督，保证决策的成本目标的实现，而成本核算又是对成本计划是否实现的最后检验，它所提供的成本信息又对下一个施工项目成本预测和决策提供基础资料。成本考核是实现成本目标责任制的保证和实现决策目标的重要手段。

1.1.2 施工成本管理的措施

1.1.2.1 施工成本管理的基础工作内容

施工成本管理的基础工作内容是多方面的，成本管理责任体系的建立是其中最根本最重要的基础工作，涉及成本管理的一系列组织制度、工作程序、业务标准和责任制度的建立。除此之外，应从以下诸方面为施工成本管理创造良好的基础条件。

1. 统一组织内部工程项目成本计划的内容和格式。其内容应能反映施工成本的划分、各成本项目的编码及名称、计量单位、单位工程量计划成本及合计金额等。这些成本计划的内容和格式应由各个企业按照自己的管理习惯和需要进行设计。

2. 建立企业内部施工定额并保持其适应性、有效性和相对的先进性，为施工成本计划的编制提供支持。

3. 建立生产资料市场价格信息的收集网络和必要的派出询价网点，做好市场行情预测，保证采购价格信息的及时性和准确性。同时，建立企业的分包商、供应商评审注册名录，稳定发展良好的供方关系，为编制施工成本计划与采购工作提供支持。

4. 建立已完项目的成本资料、报告报表等的归集、整理、保管和使用管理制度。

5. 科学设计施工成本核算账册体系、业务台账、成本报告报表，为施工成本管理的业务操作提供统一的范式。

1.1.2.2 施工成本管理的措施

为了取得施工成本管理的理想成效,应当从多方面采取措施实施管理,通常可以将这些措施归纳为组织措施、技术措施、经济措施、合同措施。

1. 组织措施

组织措施是从施工成本管理的组织方面采取的措施。施工成本控制是全员的活动,如实行项目经理责任制,落实施工成本管理的组织机构和人员,明确各级施工成本管理人员的任务和职能分工、权力和责任。施工成本管理不仅是专业成本管理人员的工作,各级项目管理人员都负有成本控制责任。

组织措施的另一方面是编制施工成本控制工作计划与确定合理详细的工作流程。要做好施工采购规划,通过生产要素的优化配置、合理使用、动态管理,有效控制实际成本;加强施工定额管理和施工任务单管理,控制活劳动和物化劳动的消耗;加强施工调度,避免因施工计划不周和盲目调度造成窝工损失、机械利用率降低、物料积压等而使施工成本增加。成本控制工作只有建立在科学管理的基础之上,具备合理的管理体制、完善的规章制度、稳定的作业秩序、完整准确的信息传递,才能取得成效。组织措施是其他各类措施的前提和保障,而且一般不需要增加额外的费用,运用得当可以收到良好的效果。

2. 技术措施

施工过程中降低成本的技术措施,包括:进行技术经济分析,确定最佳的施工方案。结合施工方法,进行材料使用的比选,在满足功能要求的前提下,通过代用、改变配合比、使用添加剂等方法降低材料消耗的费用。确定最合适的施工机械、设备使用方案。结合项目的施工组织设计及自然地理条件,降低材料的库存成本和运输成本。应用先进的施工技术,运用新材料,使用新开发机械设备等。在实践中,也要避免仅从技术角度选定方案而忽视对其经济效果的分析论证。

技术措施不仅对解决施工成本管理过程中的技术问题是不可缺少的,而且对纠正施工成本管理目标偏差也有相当重要的作用。因此,运用技术纠偏措施的关键,一是要能提出多个不同的技术方案,二是要对不同的技术方案进行技术经济分析。

3. 经济措施

经济措施是最易为人们所接受和采用的措施。管理人员应编制资金使用计划,确定、分解施工成本管理目标。对施工成本管理目标进行风险分析,并制定防范性对策。对各种支出,应认真做好资金的使用计划,并在施工中严格控制各项开支。及时准确地记录、收集、整理、核算实际发生的成本。对各种变更,及时做好增减账,及时落实业主签证,及时结算工程款。通过偏差分析和未完工工程预测,可发现一些潜在的可能引起未完工程施工成本增加的问题,对这些问题应以主动控制为出发点,及时采取预防措施。由此可见,经济措施的运用绝不仅仅是财务人员的事情。

4. 合同措施

采用合同措施控制施工成本,应贯穿整个合同周期,包括从合同谈判开始到合同终结的全过程。首先是选用合适的合同结构,对各种合同结构模式进行分析、比较,在合同谈判时,要争取选用适合于工程规模、性质和特点的合同结构模式。其次,在合同的条款中应仔细考虑一切影响成本和效益的因素,特别是潜在的风险因素。通过对引起成本变动的风险因素的识别和分析,采取必要的风险对策,如通过合理的方式,增加承担风险的个体数量,降低损失发生的比例,并最终使这些策略反映在合同的具体条款中。在合同执行期间,合同管理的措施既要密切注视对方合同执行的情况,以寻求合同索赔的机会;同时也要密切关注自己履行合同的情况,以防止被对方索赔。

1.2 建筑安装工程费用项目的组成与计算

1.2.1 按费用构成要素划分的建筑安装工程费用项目组成

按照费用构成要素划分,建筑安装工程费由人工费、材料(包含工程设备,下同)费、施工机具使用费、企业管理费、利润、规费和税金组成。其中人工费、材料费、施工机具使用费、企业管理费和利润包含在分部分项工程费、措施项目费、其他项目费中(见图1-1)。

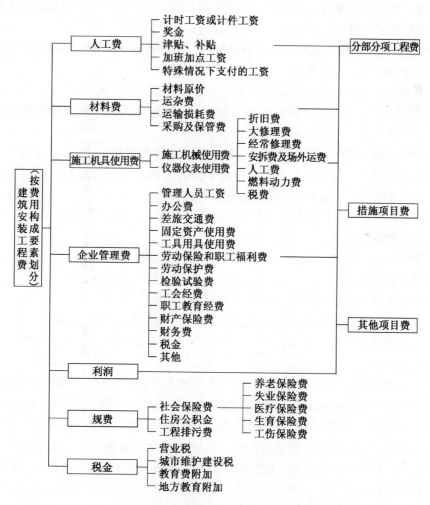

图1-1 按费用构成要素划分的建筑安装工程费用项目组成

1.2.1.1 人工费：是指按工资总额构成规定，支付给从事建筑安装工程施工的生产工人和附属生产单位工人的各项费用。内容包括：

1. 计时工资或计件工资：指按计时工资标准和工作时间或对已做工作按计件单价支付给个人的劳动报酬。

2. 奖金：指对超额劳动和增收节支支付给个人的劳动报酬。如节约奖、劳动竞赛奖等。

3. 津贴补贴：指为了补偿职工特殊或额外的劳动消耗和因其他特殊原因支付给个人的津贴，以及为了保证职工工资水平不受物价影响支付给个人的物价补贴。如流动施工津贴、特殊地区施工津贴、高温（寒）作业临时津贴、高空津贴等。

4. 加班加点工资：指按规定支付的在法定节假日工作的加班工资和在法定日工作时间外延时工作的加点工资。

5. 特殊情况下支付的工资：指根据国家法律、法规和政策规定，因病、工伤、产假、计划生育假、婚丧假、事假、探亲假、定期休假、停工学习、执行国家或社会义务等原因按计时工资标准或计时工资标准的一定比例支付的工资。

1.2.1.2 材料费：指施工过程中耗费的原材料、辅助材料、构配件、零件、半成品或成品、工程设备的费用。内容包括：

1. 材料原价：指材料、工程设备的出厂价格或商家供应价格。

2. 运杂费：指材料、工程设备自来源地运至工地仓库或指定堆放地点所发生的全部费用。

3. 运输损耗费：指材料在运输装卸过程中不可避免的损耗。

4. 采购及保管费：指为组织采购、供应和保管材料、工程设备的过程中所需要的各项费用。包括采购费、仓储费、工地保管费、仓储损耗。

工程设备是指构成或计划构成永久工程一部分的机电设备、金属结构设备、仪器装置及其他类似的设备和装置。

1.2.1.3 施工机具使用费：指施工作业所发生的施工机械、仪器仪表使用费或其租赁费。

1. 施工机械使用费：以施工机械台班耗用量乘以施工机械台班单价表示，施工机械台班单价应由下列七项费用组成：

（1）折旧费：指施工机械在规定的使用年限内，陆续收回其原值的费用。

（2）大修理费：指施工机械按规定的大修理间隔台班进行必要的大修理，以恢复其正常功能所需的费用。

（3）经常修理费：指施工机械除大修理以外的各级保养和临时故障排除所需的费用。包括为保障机械正常运转所需替换设备与随机配备工具附具的摊销和维护费用，机械运转中日常保养所需润滑与擦拭的材料费用及机械停滞期间的维护和保养费用等。

（4）安拆费及场外运费：安拆费指施工机械（大型机械除外）在现场进行安装与拆卸所需的人工、材料、机械和试运转费用以及机械辅助设施的折旧、搭设、拆除等费用；场外运费指施工机械整体或分体自停放地点运至施工现场或由一施工地点运至另一施工地点的运输、装卸、辅助材料及架线等费用。

（5）人工费：指机上司机（司炉）和其他操作人员的人工费。

（6）燃料动力费：指施工机械在运转作业中所消耗的各种燃料及水、电费等。

（7）税费：指施工机械按照国家规定应缴纳的车船使用税、保险费及年检费等。

2. 仪器仪表使用费：指工程施工所需使用的仪器仪表的摊销及维修费用。

1.2.1.4 企业管理费：指建筑安装企业组织施工生产和经营管理所需的费用。内容包括：

1. 管理人员工资：指按规定支付给管理人员的计时工资、奖金、津贴补贴、加班加点工资及特殊情况下支付的工资等。

2. 办公费：指企业管理办公用的文具、纸张、账表、印刷、邮电、书报、办公软件、现场监控、会议、水电、烧水和集体取暖降温（包括现场临时宿舍取暖降温）等费用。

3. 差旅交通费：指职工因公出差、调动工作的差旅费、住勤补助费，市内交通费和误餐补助费，职工探亲路费，劳动力招募费，职工退休、退职一次性路费，工伤人员就医路费，工地转移费以及管理部门使用的交通工具的油料、燃料等费用。

4. 固定资产使用费：指管理和试验部门及附属生产单位使用的属于固定资产的房屋、设备、仪器等的折旧、大修、维修或租赁费。

5. 工具用具使用费：指企业施工生产和管理使用的不属于固定资产的工具、器具、家具、交通工具和检验、试验、测绘、消防用具等的购置、维修和摊销费。

6. 劳动保险和职工福利费：指由企业支付的职工退职金、按规定支付给离休干部的经费，集体福利费、夏季防暑降温、冬季取暖补贴、上下班交通补贴等。

7. 劳动保护费：企业按规定发放的劳动保护用品的支出。如工作服、手套、防暑降温饮料以及在有碍身体健康的环境中施工的保健费用等。

8. 检验试验费：指施工企业按照有关标准规定，对建筑结构以及材料、构件和建筑安装物进行一般鉴定、检查所发生的费用，包括自设试验室进行试验所耗用的材料等费用。不包括新结构、新材料的试验费，对构件做破坏性试验及其他特殊要求检验试验的费用和建设单位委托检测机构进行检测的费用。对此类检测发生的费用，由建设单位在工程建设其他费用中列支。但对施工企业提供的具有合格证明的材料进行检测其结果不合格的，该检测费用由施工企业支付。

9. 工会经费：指企业按《工会法》规定的全部职工工资总额比例计提的工会经费。

10. 职工教育经费：指按职工工资总额的规定比例计提，企业为职工进行专业技术和职业技能培训，专业技术人员继续教育、职工职业技能鉴定、职业资格认定以及根据需要对职工进行各类文化教育所发生的费用。

11. 财产保险费：指施工管理用财产、车辆等的保险费用。

12. 财务费：指企业为施工生产筹集资金或提供预付款担保、履约担保、职工工资支付担保等所发生的各种费用。

13. 税金：指企业按规定缴纳的房产税、车船使用税、土地使用税、印花税等。

14. 其他：包括技术转让费、技术开发费、投标费、业务招待费、绿化费、广告费、公证费、法律顾问费、审计费、咨询费、保险费等。

1.2.1.5 利润：指施工企业完成所承包工程获得的盈利。

1.2.1.6 规费：指按国家法律、法规规定，由省级政府和省级有关权力部门规定必须缴纳或计取的费用。包括：

1. 社会保险费

(1) 养老保险费：指企业按照规定标准为职工缴纳的基本养老保险费。
(2) 失业保险费：指企业按照规定标准为职工缴纳的失业保险费。
(3) 医疗保险费：指企业按照规定标准为职工缴纳的基本医疗保险费。
(4) 生育保险费：指企业按照规定标准为职工缴纳的生育保险费。
(5) 工伤保险费：指企业按照规定标准为职工缴纳的工伤保险费。
2. 住房公积金：指企业按规定标准为职工缴纳的住房公积金。
3. 工程排污费：指按规定缴纳的施工现场工程排污费。

其他应列而未列入的规费，按实际发生计取。

1.2.1.7 税金：指国家税法规定的应计入建筑安装工程造价内的营业税、城市维护建设税、教育费附加以及地方教育附加。

1.2.2 按造价形成划分的建筑安装工程费用项目组成

建筑安装工程费按照工程造价形成由分部分项工程费、措施项目费、其他项目费、规费、税金组成，分部分项工程费、措施项目费、其他项目费包含人工费、材料费、施工机具使用费、企业管理费和利润（见图1-2）。

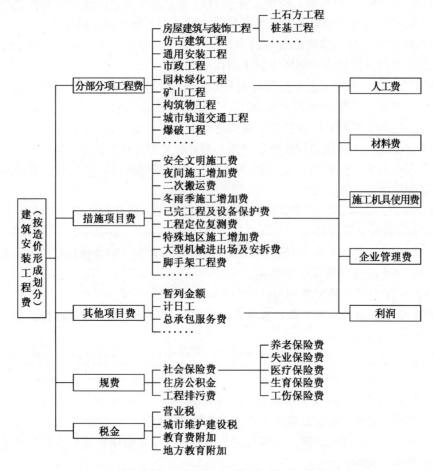

图1-2 按造价形成划分的建筑安装工程费用项目组成

1.2.2.1 分部分项工程费：是指各专业工程的分部分项工程应予列支的各项费用。

1. 专业工程：是指按现行国家计量规范划分的房屋建筑与装饰工程、仿古建筑工程、通用安装工程、市政工程、园林绿化工程、矿山工程、构筑物工程、城市轨道交通工程、爆破工程等各类工程。

2. 分部分项工程：指按现行国家计量规范对各专业工程划分的项目。如房屋建筑与装饰工程划分的土石方工程、地基处理与桩基工程、砌筑工程、钢筋及钢筋混凝土工程等。

各类专业工程的分部分项工程划分见现行国家或行业计量规范。

1.2.2.2 措施项目费：是指为完成建设工程施工，发生于该工程施工前和施工过程中的技术、生活、安全、环境保护等方面的费用。内容包括：

1. 安全文明施工费

①环境保护费：指施工现场为达到环保部门要求所需要的各项费用。

②文明施工费：指施工现场文明施工所需要的各项费用。

③安全施工费：指施工现场安全施工所需要的各项费用。

④临时设施费：指施工企业为进行建设工程施工所必须搭设的生活和生产用的临时建筑物、构筑物和其他临时设施费用。包括临时设施的搭设、维修、拆除、清理费或摊销费等。

2. 夜间施工增加费：指因夜间施工所发生的夜班补助费、夜间施工降效、夜间施工照明设备摊销及照明用电等费用。

3. 二次搬运费：指因施工场地条件限制而发生的材料、构配件、半成品等一次运输不能到达堆放地点，必须进行二次或多次搬运所发生的费用。

4. 冬雨季施工增加费：指在冬季或雨季施工需增加的临时设施、防滑、排除雨雪，人工及施工机械效率降低等费用。

5. 已完工程及设备保护费：指竣工验收前，对已完工程及设备采取的必要保护措施所发生的费用。

6. 工程定位复测费：指工程施工过程中进行全部施工测量放线和复测工作的费用。

7. 特殊地区施工增加费：指工程在沙漠或其边缘地区、高海拔、高寒、原始森林等特殊地区施工增加的费用。

8. 大型机械设备进出场及安拆费：指机械整体或分体自停放场地运至施工现场或由一个施工地点运至另一个施工地点，所发生的机械进出场运输及转移费用及机械在施工现场进行安装、拆卸所需的人工费、材料费、机械费、试运转费和安装所需的辅助设施的费用。

9. 脚手架工程费：指施工需要的各种脚手架搭、拆、运输费用以及脚手架购置费的摊销（或租赁）费用。

措施项目及其包含的内容详见各类专业工程的现行国家或行业计量规范。

1.2.2.3 其他项目费

1. 暂列金额：指建设单位在工程量清单中暂定并包括在工程合同价款中的一笔款项。用于施工合同签订时尚未确定或者不可预见的所需材料、工程设备、服务的采购，施工中可能发生的工程变更、合同约定调整因素出现时的工程价款调整以及发生的索赔、现场签证确认等的费用。

2. 计日工：指在施工过程中，施工企业完成建设单位提出的施工图纸以外的零星项目或工作所需的费用。

3. 总承包服务费：指总承包人为配合、协调建设单位进行的专业工程发包，对建设单位自行采购的材料、工程设备等进行保管以及施工现场管理、竣工资料汇总整理等服务所需的费用。

1.2.2.4　规费：定义同1.2.1。

1.2.2.5　税金：定义同1.2.1。

1.2.3　建筑安装工程费用计算方法

1.2.3.1　各费用构成要素计算方法如下：

1. 人工费

公式1：

$$人工费 = \sum(工日消耗量 \times 日工资单价) \tag{1-1}$$

$$日工资单价 = \frac{生产工人平均月工资(计时、计件) + 平均月(奖金 + 津贴补贴 + 特殊情况下支付的工资)}{年平均每月法定工作日} \tag{1-2}$$

注：公式1主要适用于施工企业投标报价时自主确定人工费，也是工程造价管理机构编制计价定额确定定额人工单价或发布人工成本信息的参考依据。

公式2：

$$人工费 = \sum(工程工日消耗量 \times 日工资单价) \tag{1-3}$$

日工资单价是指施工企业平均技术熟练程度的生产工人在每工作日（国家法定工作时间内）按规定从事施工作业应得的日工资总额。

工程造价管理机构确定日工资单价应根据工程项目的技术要求，通过市场调查，参考实物工程量人工单价综合分析确定，最低日工资单价不得低于工程所在地人力资源和社会保障部门所发布的最低工资标准的：普工1.3倍；一般技工2倍；高级技工3倍。

工程计价定额不可只列一个综合工日单价，应根据工程项目技术要求和工种差别适当划分多种日人工单价，确保各分部工程人工费的合理构成。

注：公式2适用于工程造价管理机构编制计价定额时确定定额人工费，是施工企业投标报价的参考依据。

2. 材料费

（1）材料费

$$材料费 = \sum(材料消耗量 \times 材料单价) \tag{1-4}$$

$$材料单价 = [(材料原价 + 运杂费) \times [1 + 运输损耗率(\%)]] \times [1 + 采购保管费率(\%)] \tag{1-5}$$

（2）工程设备费

$$工程设备费 = \sum(工程设备量 \times 工程设备单价) \tag{1-6}$$

$$工程设备单价 = (设备原价 + 运杂费) \times [1 + 采购保管费率(\%)] \tag{1-7}$$

3. 施工机具使用费

(1) 施工机械使用费

$$\text{施工机械使用费} = \Sigma(\text{施工机械台班消耗量} \times \text{机械台班单价}) \quad (1-8)$$

$$\begin{aligned}\text{机械台班单价} = &\text{台班折旧费} + \text{台班大修费} + \text{台班经常修理费} \\ &+ \text{台班安拆费及场外运费} + \text{台班人工费} \\ &+ \text{台班燃料动力费} + \text{台班车船税费}\end{aligned} \quad (1-9)$$

1) 折旧费计算公式为：

$$\text{台班折旧费} = \frac{\text{机械预算价格} \times (1 - \text{残值率})}{\text{耐用总台班数}} \quad (1-10)$$

$$\text{耐用总台班数} = \text{折旧年限} \times \text{年工作台班} \quad (1-11)$$

2) 大修理费计算公式如下：

$$\text{台班大修理费} = \frac{\text{一次大修理费} \times \text{大修次数}}{\text{耐用总台班数}} \quad (1-12)$$

注：工程造价管理机构在确定计价定额中的施工机械使用费时，应根据《建筑施工机械台班费用计算规则》结合市场调查编制施工机械台班单价。施工企业可以参考工程造价管理机构发布的台班单价，自主确定施工机械使用费的报价，如租赁施工机械，公式为：

$$\text{施工机械使用费} = \Sigma(\text{施工机械台班消耗量} \times \text{机械台班租赁单价}) \quad (1-13)$$

(2) 仪器仪表使用费

$$\text{仪器仪表使用费} = \text{工程使用的仪器仪表摊销费} + \text{维修费} \quad (1-14)$$

4. 企业管理费费率

(1) 以分部分项工程费为计算基础

$$\begin{aligned}\text{企业管理费费率}(\%) = &\frac{\text{生产工人年平均管理费}}{\text{年有效施工天数} \times \text{人工单价}} \\ &\times \text{人工费占分部分项工程费比例}(\%)\end{aligned} \quad (1-15)$$

(2) 以人工费和机械费合计为计算基础

$$\begin{aligned}\text{企业管理费费率}(\%) = &\frac{\text{生产工人年平均管理费}}{\text{年有效施工天数} \times (\text{人工单价} + \text{每一工日机械使用费})} \\ &\times 100\%\end{aligned} \quad (1-16)$$

(3) 以人工费为计算基础

$$\text{企业管理费费率}(\%) = \frac{\text{生产工人年平均管理费}}{\text{年有效施工天数} \times \text{人工单价}} \times 100\% \quad (1-17)$$

注：上述公式适用于施工企业投标报价时自主确定管理费，是工程造价管理机构编制计价定额确定企业管理费的参考依据。

工程造价管理机构在确定计价定额中企业管理费时，应以定额人工费或（定额人工费+定额机械费）作为计算基数，其费率根据历年工程造价积累的资料，辅以调查数据确定，列入分部分项工程和措施项目中。

5. 利润

(1) 施工企业根据企业自身需求并结合建筑市场实际自主确定，列入报价中。

(2) 工程造价管理机构在确定计价定额中利润时，应以定额人工费或定额人工费与定额机械费之和作为计算基数，其费率根据历年工程造价积累的资料，并结合建筑市场实际确定，以单位（单项）工程测算，利润在税前建筑安装工程费的比重可按不低于5%且不高于7%的费率计算。利润应列入分部分项工程和措施项目中。

6. 规费

(1) 社会保险费和住房公积金

社会保险费和住房公积金应以定额人工费为计算基础,根据工程所在地省、自治区、直辖市或行业建设主管部门规定费率计算。

$$社会保险费和住房公积金 = \sum(工程定额人工费 \times 社会保险费和住房公积金费率) \quad (1-18)$$

式中:社会保险费和住房公积金费率可按每万元发承包价的生产工人人工费、管理人员工资含量与工程所在地规定的缴纳标准综合分析取定。

(2) 工程排污费

工程排污费等其他应列而未列入的规费应按工程所在地环境保护等部门规定的标准缴纳,按实计取列入。

7. 税金

税金计算公式:

$$税金 = 税前造价 \times 综合税率(\%) \quad (1-19)$$

综合税率:

(1) 纳税地点在市区的企业

$$综合税率(\%) = \frac{1}{1 - 3\% - (3\% \times 7\%) - (3\% \times 3\%) - (3\% \times 2\%)} - 1 = 3.48\%$$

(2) 纳税地点在县城、镇的企业

$$综合税率(\%) = \frac{1}{1 - 3\% - (3\% \times 5\%) - (3\% \times 3\%) - (3\% \times 2\%)} - 1 = 3.41\%$$

(3) 纳税地点不在市区、县城、镇的企业

$$综合税率(\%) = \frac{1}{1 - 3\% - (3\% \times 1\%) - (3\% \times 3\%) - (3\% \times 2\%)} - 1 = 3.28\%$$

(4) 实行营业税改增值税的,按纳税地点现行税率计算。

1.2.3.2 建筑安装工程计价公式如下

1. 分部分项工程费

$$分部分项工程费 = \sum(分部分项工程量 \times 综合单价) \quad (1-20)$$

式中:综合单价包括人工费、材料费、施工机具使用费、企业管理费和利润以及一定范围的风险费用(下同)。

2. 措施项目费

(1) 国家计量规范规定应予计量的措施项目,其计算公式为:

$$措施项目费 = \sum(措施项目工程量 \times 综合单价) \quad (1-21)$$

(2) 国家计量规范规定不宜计量的措施项目计算方法如下

1) 安全文明施工费

$$安全文明施工费 = 计算基数 \times 安全文明施工费费率(\%) \quad (1-22)$$

计算基数应为定额基价(定额分部分项工程费 + 定额中可以计量的措施项目费)、定额人工费或(定额人工费 + 定额机械费),其费率由工程造价管理机构根据各专业工程的

特点综合确定。

2）夜间施工增加费

$$夜间施工增加费 = 计算基数 \times 夜间施工增加费费率（\%） \quad (1-23)$$

3）二次搬运费

$$二次搬运费 = 计算基数 \times 二次搬运费费率（\%） \quad (1-24)$$

4）冬雨季施工增加费

$$冬雨季施工增加费 = 计算基数 \times 冬雨季施工增加费费率（\%） \quad (1-25)$$

5）已完工程及设备保护费

$$已完工程及设备保护费 = 计算基数 \times 已完工程及设备保护费费率（\%） \quad (1-26)$$

上述2）~5）项措施项目的计费基数应为定额人工费或（定额人工费+定额机械费），其费率由工程造价管理机构根据各专业工程特点和调查资料综合分析后确定。

3. 其他项目费

（1）暂列金额由建设单位根据工程特点，按有关计价规定估算，施工过程中由建设单位掌握使用、扣除合同价款调整后如有余额，归建设单位。

（2）计日工由建设单位和施工企业按施工过程中的签证计价。

（3）总承包服务费由建设单位在招标控制价中根据总包服务范围和有关计价规定编制，施工企业投标时自主报价，施工过程中按签约合同价执行。

4. 规费和税金

建设单位和施工企业均应按照省、自治区、直辖市或行业建设主管部门发布的标准计算规费和税金，不得作为竞争性费用。

1.2.4 建筑安装工程计价程序

建设单位工程招标控制价计价程序见表1-2；施工企业工程投标报价计价程序见表1-3，报价时按招标文件约定格式报价；竣工结算计价程序见表1-4。

建设单位工程招标控制价计价程序 表1-2

工程名称：　　　　　　　　　　　标段：

序号	内容	计算方法	金额（元）
1	分部分项工程费	按计价规定计算	
1.1			
1.2			
1.3			
2	措施项目费	按计价规定计算	
2.1	其中：安全文明施工费	按规定标准计算	
3	其他项目费		

续表

序号	内　容	计算方法	金额（元）
3.1	其中：暂列金额	按计价规定估算	
3.2	其中：专业工程暂估价	按计价规定估算	
3.3	其中：计日工	按计价规定估算	
3.4	其中：总承包服务费	按计价规定估算	
4	规费	按规定标准计算	
5	税金（扣除不列入计税范围的工程设备金额）	(1+2+3+4)×规定税率	

招标控制价合计 = 1 + 2 + 3 + 4 + 5

施工企业工程投标报价计价程序表

表 1-3

工程名称：　　　　　　　　　　　　　标段：

序号	内　容	计算方法	金额（元）
1	分部分项工程费	自主报价	
1.1			
1.2			
1.3			
2	措施项目费	自主报价	
2.1	其中：安全文明施工费	按规定标准计算	
3	其他项目费		
3.1	其中：暂列金额	按招标文件提供金额计列	
3.2	其中：专业工程暂估价	按招标文件提供金额计列	
3.3	其中：计日工	自主报价	
3.4	其中：总承包服务费	自主报价	
4	规费	按规定标准计算	
5	税金（扣除不列入计税范围的工程设备金额）	(1+2+3+4)×规定税率	

投标报价合计 = 1 + 2 + 3 + 4 + 5

竣工结算计价程序　　　　　　　　　　　　表1-4

工程名称：　　　　　　　　　　　　　　　标段：

序号	汇总内容	计算方法	金额（元）
1	分部分项工程费	按合同约定计算	
1.1			
1.2			
1.3			
2	措施项目	按合同约定计算	
2.1	其中：安全文明施工费	按规定标准计算	
3	其他项目		
3.1	其中：专业工程结算价	按合同约定计算	
3.2	其中：计日工	按计日工签证计算	
3.3	其中：总承包服务费	按合同约定计算	
3.4	索赔与现场签证	按发承包双方确认数额计算	
4	规费	按规定标准计算	
5	税金（扣除不列入计税范围的工程设备金额）	(1+2+3+4)×规定税率	
竣工结算总价合计 = 1+2+3+4+5			

1.3 建设工程定额

1.3.1 建设工程定额的分类

建设工程定额是工程建设中各类定额的总称。为对建设工程定额有一个全面的了解，可以按照不同的原则和方法对其进行科学的分类。

1.3.1.1 按生产要素内容分类

1. 人工定额

人工定额，也称劳动定额，是指在正常的施工技术和组织条件下，完成单位合格产品所必需的人工消耗量标准。

2. 材料消耗定额

材料消耗定额是指在合理和节约使用材料的条件下，生产单位合格产品所必须消耗的一定规格的材料、成品、半成品和水、电等资源的数量标准。

3. 施工机械台班使用定额

施工机械台班使用定额也称施工机械台班消耗定额,是指施工机械在正常施工条件下完成单位合格产品所必需的工作时间。它反映了合理地、均衡地组织劳动和使用机械时该机械在单位时间内的生产效率。

1.3.1.2 按编制程序和用途分类

1. 施工定额

施工定额是以同一性质的施工过程——工序,作为研究对象,表示生产产品数量与时间消耗综合关系的定额。施工定额是施工企业（建筑安装企业）为组织生产和加强管理在企业内部使用的一种定额,属于企业定额的性质。施工定额是建设工程定额中分项最细、定额子目最多的一种定额,也是建设工程定额中的基础性定额。施工定额由人工定额、材料消耗定额和施工机械台班使用定额所组成。

施工定额是施工企业进行施工组织、成本管理、经济核算和投标报价的重要依据。施工定额直接应用于施工项目的管理,用来编制施工作业计划、签发施工任务单、签发限额领料单以及结算计件工资或计量奖励工资等。施工定额和施工生产结合紧密,施工定额的定额水平反映施工企业生产与组织的技术水平和管理水平。施工定额也是编制预算定额的基础。

2. 预算定额

预算定额是以建筑物或构筑物各个分部分项工程为对象编制的定额。预算定额是以施工定额为基础综合扩大编制的,同时也是编制概算定额的基础。其中的人工、材料和机械台班的消耗水平根据施工定额综合取定,定额项目的综合程度大于施工定额。预算定额是编制施工图预算的主要依据,是编制单位估价表、确定工程造价、控制建设工程投资的基础和依据。与施工定额不同,预算定额是社会性的,而施工定额则是企业性的。

3. 概算定额

概算定额是以扩大的分部分项工程为对象编制的。概算定额是编制扩大初步设计概算、确定建设项目投资额的依据。概算定额一般是在预算定额的基础上综合扩大而成的,每一综合分项概算定额都包含了数项预算定额。

4. 概算指标

概算指标是概算定额的扩大与合并,它是以整个建筑物和构筑物为对象,以更为扩大的计量单位来编制的。概算指标的设定和初步设计的深度相适应,一般是在概算定额和预算定额的基础上编制的,是设计单位编制设计概算或建设单位编制年度投资计划的依据,也可作为编制估算指标的基础。

5. 投资估算指标

投资估算指标通常是以独立的单项工程或完整的工程项目为对象编制确定的生产要素消耗的数量标准或项目费用标准,是根据已建工程或现有工程的价格数据和资料,经分析、归纳和整理编制而成的。投资估算指标是在项目建议书和可行性研究阶段编制投资估算、计算投资需要量时使用的一种指标,是合理确定建设工程项目投资的基础。

1.3.1.3 按编制单位和适用范围分类

1. 国家定额

国家定额是指由国家建设行政主管部门组织,依据有关国家标准和规范,综合全国工程建设的技术与管理状况等编制和发布,在全国范围内使用的定额。

2. 行业定额

行业定额是指由行业建设行政主管部门组织，依据有关行业标准和规范，考虑行业工程建设特点等情况所编制和发布的，在本行业范围内使用的定额。

3. 地区定额

地区定额是指由地区建设行政主管部门组织，考虑地区工程建设特点和情况制定发布的，在本地区内使用的定额。

4. 企业定额

企业定额是指由施工企业自行组织，主要根据企业的自身情况，包括人员素质、机械装备程度、技术和管理水平等编制，在本企业内部使用的定额。

1.3.1.4 按投资的费用性质分类

按照投资的费用性质，可将建设工程定额分为建筑工程定额、设备安装工程定额、建筑安装工程费用定额、工器具定额以及工程建设其他费用定额等。

1. 建筑工程定额

建筑工程定额是建筑工程的施工定额、预算定额、概算定额和概算指标的统称。建筑工程一般理解为房屋和构筑物工程。建筑工程定额在整个建设工程定额中占有突出的地位。

2. 设备安装工程定额

设备安装工程定额是设备安装工程的施工定额、预算定额、概算定额和概算指标的统称。设备安装工程一般是指对需要安装的设备进行定位、组合、校正、调试等工作的工程。在通用定额中有时把建筑工程定额和安装工程定额合二为一，称为建筑安装工程定额。建筑安装工程定额仅仅包括施工过程中人工、材料、机械台班消耗的数量标准。

3. 建筑安装工程费用定额

建筑安装工程费用定额一般包括两部分内容：措施费定额和企业管理费定额。

4. 工具、器具定额

工具、器具定额是为新建或扩建项目投产运转首次配置的工具、器具数量标准。工具和器具是指按照有关规定不够固定资产标准而起劳动手段作用的工具、器具和生产用家具。

5. 工程建设其他费用定额

工程建设其他费用定额是独立于建筑安装工程定额、设备和工器具购置之外的其他费用开支的标准。其他费用定额是按各项独立费用分别编制的，以便合理控制这些费用的开支。

1.3.2 人工定额

人工定额反映生产工人在正常施工条件下的劳动效率，表明每个工人在单位时间内为生产合格产品所必需消耗的劳动时间，或者在一定的劳动时间中所生产的合格产品数量。

1.3.2.1 人工定额的编制

编制人工定额主要包括拟定正常的施工条件以及拟定定额时间两项工作，但拟定定额时间的前提是对工人工作时间按其消耗性质进行分类研究。

1. 工人工作时间消耗的分类

工人在工作班内消耗的工作时间，按其消耗的性质，基本可以分为两大类：必需消耗的时间和损失时间。

必需消耗的时间是工人在正常施工条件下，为完成一定产品（工作任务）所消耗的时间。它是制定定额的主要依据。

损失时间，是与产品生产无关，而与施工组织和技术上的缺陷有关，与工人在施工过程中的个人过失或某些偶然因素有关的时间消耗。

工人工作时间的分类如图1-3所示。

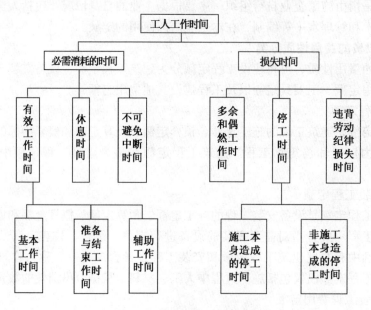

图1-3 工人工作时间分类图

（1）必需消耗的工作时间，包括有效工作时间，休息时间和不可避免中断时间。

1）有效工作时间是从生产效果来看与产品生产直接有关的时间消耗。包括基本工作时间、辅助工作时间、准备与结束工作时间。

基本工作时间是工人完成一定产品的施工工艺过程所消耗的时间。基本工作时间所包括的内容依工作性质各不相同，基本工作时间的长短和工作量大小成正比例。

辅助工作时间是指为保证基本工作能顺利完成所消耗的时间。在辅助工作时间里，不能使产品的形状大小、性质或位置发生变化。辅助工作时间的结束，往往就是基本工作时间的开始。辅助工作一般是手工操作，但如果在机手并动的情况下，辅助工作是在机械运转过程中进行的，为避免重复则不应再计辅助工作时间的消耗。

准备与结束工作时间是执行任务前或任务完成后所消耗的工作时间。如工作地点、劳动工具和劳动对象的准备工作时间，工作结束后的整理工作时间等。准备和结束工作时间的长短与所担负的工作量大小无关，但往往和工作内容有关。准备与结束工作时间可以分为班内的准备与结束工作时间和任务的准备与结束工作时间。

2）不可避免的中断时间是指由于施工工艺特点引起的工作中断所必需的时间。与施工过程、工艺特点有关的工作中断时间，应包括在定额时间内，但应尽量缩短此项时间消耗。与工艺特点无关的工作中断所占用时间，是由于劳动组织不合理引起的，属于损失时间，不能计入定额时间。

3）休息时间是工人在工作过程中为恢复体力所必需的短暂休息和生理需要的时间消耗。这种时间是为了保证工人精力充沛地进行工作，所以在定额时间中必须进行计算。休息时间的长短和劳动条件有关，劳动越繁重紧张、劳动条件越差（如高温），则休息时间越长。

（2）损失时间中包括多余和偶然工作、停工、违背劳动纪律所引起的损失时间。

1）多余工作是指工人进行了任务以外而又不能增加产品数量的工作。多余工作的工时损失，一般都是由于工程技术人员和工人的差错而引起的，因此，不应计入定额时间。偶然工作也是工人在任务外进行的工作，但能够获得一定产品。如抹灰工不得不补上偶然遗留的墙洞等。由于偶然工作能获得一定产品，拟定定额时要适当考虑它的影响。

2）停工时间是工作班内停止工作造成的工时损失。停工时间按其性质可分为施工本身造成的停工时间和非施工本身造成的停工时间两种。施工本身造成的停工时间，是由于施工组织不善、材料供应不及时、工作面准备工作做得不好、工作地点组织不良等情况引起的停工时间。非施工本身造成的停工时间，是由于水源、电源中断引起的停工时间。前一种情况在拟定定额时不应该计算，后一种情况定额中则应给予合理的考虑。

3）违背劳动纪律造成的工作时间损失，是指工人在工作班开始和午休后的迟到、午饭前和工作班结束前的早退、擅自离开工作岗位、工作时间内聊天或办私事等造成的工时损失。此项工时损失不应允许存在。因此，在定额中是要考虑的。

2. 拟定正常的施工作业条件

拟定施工的正常条件，就是要规定执行定额时应该具备的条件，正常条件若不能满足，则可能达不到定额中的劳动消耗量标准，因此，正确拟定施工的正常条件有利于定额的实施。

拟定施工的正常条件包括：拟定施工作业的内容；拟定施工作业的方法；拟定施工作业地点的组织；拟定施工作业人员的组织等。

3. 拟定施工作业的定额时间

施工作业的定额时间，是在拟定基本工作时间、辅助工作时间、准备与结束时间、不可避免的中断时间以及休息时间的基础上编制的。

上述各项时间是以时间研究为基础，通过时间测定方法，得出相应的观测数据，经加工整理计算后得到的。计时测定的方法有许多种，如测时法、写实记录法、工作日写实法等。

1.3.2.2 人工定额的形式

1. 按表现形式的不同

人工定额按表现形式的不同，可分为时间定额和产量定额两种形式。

（1）时间定额

时间定额，就是某种专业，某种技术等级工人班组或个人，在合理的劳动组织和合理使用材料的条件下，完成单位合格产品所必需的工作时间，包括准备与结束时间、基本工作时间、辅助工作时间、不可避免的中断时间及工人必需的休息时间。时间定额以工日为单位，每一工日按八小时计算。其计算方法如下：

$$单位产品时间定额（工日）= \frac{1}{每工产量} \tag{1-27}$$

$$或单位产品时间定额（工日）= \frac{小组成员工日数总和}{机械台班产量} \tag{1-28}$$

(2) 产量定额

产量定额，就是在合理的劳动组织和合理使用材料的条件下，某种专业、某种技术等级的工人班组或个人在单位工日中所应完成的合格产品的数量。其计算方法如下：

$$每工产量 = \frac{1}{单位产品时间定额（工日）} \tag{1-29}$$

产量定额的计量单位有：米（m）、平方米（m^2）、立方米（m^3）、吨（t）、公斤（kg）块、根、件、扇等。

时间定额与产量定额互为倒数，即：

$$时间定额 \times 产量定额 = 1 \tag{1-30}$$

$$时间定额 = \frac{1}{产量定额} \tag{1-31}$$

$$产量定额 = \frac{1}{时间定额} \tag{1-32}$$

2. 按定额的标定对象不同

按定额的标定对象不同，人工定额又分单项工序定额和综合定额两种，综合定额表示完成同一产品中的各单项（工序或工种）定额的综合。按工序综合的用"综合"表示，按工种综合的一般用"合计"表示。其计算方法如下：

$$综合时间定额 = \sum 各单项（工序）时间定额 \tag{1-33}$$

$$综合产量定额 = \frac{1}{综合时间定额（工日）} \tag{1-34}$$

时间定额和产量定额都表示同一人工定额项目，它们是同一人工定额项目的两种不同的表现形式。时间定额以工日为单位，综合计算方便，时间概念明确；产量定额则以产品数量为单位表示，具体、形象，劳动者的奋斗目标一目了然，便于分配任务。人工定额用复式表同时列出时间定额和产量定额，以便于各部门、企业根据各自的生产条件和要求选择使用。

复式表示法有如下形式：

$$\frac{时间定额}{每工产量} 或 \frac{人工时间定额}{机械台班产量}$$

1.3.2.3 人工定额的制定方法

人工定额是根据国家的经济政策、劳动制度和有关技术文件及资料制定的。制定人工定额，常用的方法有四种。

1. 技术测定法

技术测定法是根据生产技术和施工组织条件，对施工过程中各工序采用测时法、写实记录法、工作日写实法，测出各工序的工时消耗等资料，再对所获得的资料进行科学的分析，制定出人工定额的方法。

2. 统计分析法

统计分析法是把过去施工生产中的同类工程或同类产品的工时消耗的统计资料,与当前生产技术和施工组织条件的变化因素结合起来,进行统计分析的方法。这种方法简单易行,适用于施工条件正常、产品稳定、工序重复量大和统计工作制度健全的施工过程。但是,过去的纪录,只是实耗工时,不反映生产组织和技术的状况。所以,在这样条件下求出的定额水平,只是已达到的劳动生产率水平,而不是平均水平。实际工作中,必须分析研究各种变化因素,使定额能真实地反映施工生产平均水平。

3. 比较类推法

对于同类型产品规格多,工序重复、工作量小的施工过程,常用比较类推法。采用此法制定定额是以同类型工序和同类型产品的实耗工时为标准,类推出相似项目定额水平的方法。此法必须掌握类似的程度和各种影响因素的异同程度。

4. 经验估计法

根据定额专业人员、经验丰富的工人和施工技术人员的实际工作经验,参考有关定额资料,对施工管理组织和现场技术条件进行调查、讨论和分析制定定额的方法,叫作经验估计法。经验估计法通常作为一次性定额使用。

1.3.3 材料消耗定额

材料消耗定额指标的组成,按其使用性质、用途和用量大小划分为四类。

(1) 主要材料,指直接构成工程实体的材料;

(2) 辅助材料,直接构成工程实体,但比重较小的材料;

(3) 周转性材料(又称工具性材料),指施工中多次使用但并不构成工程实体的材料,如模板、脚手架等;

(4) 零星材料,指用量小,价值不大,不便计算的次要材料,可用估算法计算。

1.3.3.1 材料消耗定额的编制

编制材料消耗定额,主要包括确定直接使用在工程上的材料净用量和在施工现场内运输及操作过程中的不可避免的废料和损耗。

1. 材料净用量的确定

材料净用量的确定,一般有以下几种方法。

(1) 理论计算法

理论计算法是根据设计、施工验收规范和材料规格等,从理论上计算材料的净用量。如砖墙的用砖数和砌筑砂浆的用量可用下列理论计算公式计算各自的净用量。

标准砖砌体中,标准砖、砂浆用量计算公式:

$$A = \frac{1}{墙厚 \times (砖长 + 灰缝) \times (砖厚 + 灰缝)} \times K \tag{1-35}$$

式中:K——墙厚的砖数 $\times 2$(墙厚的砖数是 0.5 砖墙、1 砖墙、1.5 砖墙……)。

墙厚的砖数是指用标准砖的长度来标明墙厚。例如:半砖墙指 120 厚墙、3/4 砖墙指 180 厚墙,1 砖墙指 240 厚墙等。

【例 1-1】计算砌 $1m^3$ 240 厚标准砖的用砖量(注:标准砖尺寸 240mm×115mm×53mm,灰缝 10mm)。

【解】砌 $1m^3$ 240 厚标准砖的净用砖量为:

$$\frac{1}{0.24\times(0.24+0.01)\times(0.053+0.01)}\times 1\times 2=\frac{1}{0.00378}\times 2=529.1(块)$$

每 $1m^3$ 标准砖砌体砂浆净用量 = $1m^3$ 砌体 – $1m^3$ 砌体中标准砖的净体积

每 $1m^3$ 标准砖砌体砂浆净用量 = $1-0.24\times 0.115\times 0.053\times$ 标准砖数量 (1-36)

每 $1m^3$ 标准砖砌体砂浆净用量 = $1-0.0014628\times$ 标准砖数量

标准砖（砂浆）总消耗量 = 净用量 × （1 + 损耗率） (1-37)

【例1-2】 计算 $1m^3$ 370 厚标准砖墙的标准砖和砂浆的总消耗量（标准砖和砂浆的损耗率均为 1%）。

【解】 标准砖净用量 = $\frac{1.5\times 2}{0.365\times 0.25\times 0.063}=521.7$（块）

标准砖总消耗量 = $521.7\times(1+1\%)=526.92$（块）

砂浆净用量 = $1-0.0014628\times 521.7=1-0.763=0.237$（$m^3$）

砂浆总耗量 = $0.237\times(1+1\%)=0.239$（m^3）

答：每 $1m^3$ 370 厚标准砖墙的标准砖总消耗量为 526.92 块，砂浆总耗量为 $0.239m^3$。

（2）测定法

根据试验情况和现场测定的资料数据确定材料的净用量。

（3）图纸计算法

根据选定的图纸，计算各种材料的体积、面积、延长米或重量。

（4）经验法

根据历史上同类项目的经验进行估算。

2. 材料损耗量的确定

材料的损耗一般以损耗率表示。材料损耗率可以通过观察法或统计法计算确定。材料消耗量计算的公式如下。

$$损耗率=\frac{损耗量}{净用量}\times 100\% \quad (1-38)$$

$$总消耗量 = 净用量 + 损耗量 = 净用量 \times (1+损耗率) \quad (1-39)$$

1.3.3.2 周转性材料消耗定额的编制

周转性材料指在施工过程中多次使用、周转的工具性材料，如钢筋混凝土工程用的模板，搭设脚手架用的杆子、跳板，挖土方工程用的挡土板等。

周转性材料消耗一般与下列四个因素有关：

（1）第一次制造时的材料消耗（一次使用量）；

（2）每周转使用一次材料的损耗（第二次使用时需要补充）；

（3）周转使用次数；

（4）周转材料的最终回收及其回收折价。

定额中周转材料消耗量指标的表示，应当用一次使用量和摊销量两个指标表示。一次使用量是指周转材料在不重复使用时的一次使用量，供施工企业组织施工用；摊销量是指周转材料退出使用，应分摊到每一计量单位的结构构件的周转材料消耗量，供施工企业成本核算或投标报价使用。

例如，捣制混凝土结构木模板用量的计算公式如下。

$$一次使用量 = 净用量 \times (1 + 操作损耗率) \tag{1-40}$$

$$周转使用量 = \frac{一次使用量 \times [1 + (周转次数 - 1) \times 补损率]}{周转次数} \tag{1-41}$$

$$回收量 = \frac{一次使用量 \times (1 - 补损率)}{周转次数} \tag{1-42}$$

$$摊销量 = 周转使用量 - 回收量 \times 回收折价率 \tag{1-43}$$

又例如,预制混凝土构件的模板用量的计算公式如下。

$$一次使用量 = 净用量 \times (1 + 操作损耗率) \tag{1-44}$$

$$摊销量 = \frac{一次使用量}{周转次数} \tag{1-45}$$

1.3.4 施工机械台班使用定额

1.3.4.1 施工机械台班使用定额的形式

1. 施工机械时间定额

施工机械时间定额,是指在合理劳动组织与合理使用机械条件下,完成单位合格产品所必需的工作时间,包括有效工作时间(正常负荷下的工作时间和降低负荷下的工作时间)、不可避免的中断时间、不可避免的无负荷工作时间。机械时间定额以"台班"表示,即一台机械工作一个作业班时间。一个作业班时间为8h。

$$单位产品机械时间定额(台班) = \frac{1}{台班产量} \tag{1-46}$$

由于机械必须由工人小组配合,所以完成单位合格产品的时间定额也应同时列出人工时间定额。即:

$$单位产品人工时间定额(工日) = \frac{小组成员总人数}{台班产量} \tag{1-47}$$

例如,斗容量$1m^3$正铲挖土机,挖四类土,装车,深度在2m内,小组成员两人,机械台班产量为4.76(定额单位$100\ m^3$),则:

挖$100m^3$的人工时间定额为$\frac{2}{4.76} = 0.42$(工日)

挖$100m^3$的机械时间定额为$\frac{1}{4.76} = 0.21$(台班)

2. 机械产量定额

机械产量定额,是指在合理劳动组织与合理使用机械条件下,机械在每个台班时间内,应完成合格产品的数量。

$$机械台班产量定额 = \frac{1}{机械时间定额(台班)} \tag{1-48}$$

机械产量定额和机械时间定额互为倒数关系。

3. 定额表示方法

机械台班使用定额的复式表示法的形式如下:

$$\frac{人工时间定额}{机械台班产量}$$

例如，正铲挖土机每一台班劳动定额表中 $\frac{0.466}{4.29}$ 表示在挖一、二类土，挖土深度在 1.5m 以内，且需装车的情况下，斗容量为 0.5m³ 的正铲挖土机的台班产量定额为 4.29（100m³/台班）；配合挖土机施工的工人小组的人工时间定额为 0.466（工日/100m³）；同时可推算出挖土机的时间定额，应为台班产量定额的倒数，即：

$$\frac{1}{4.29} = 0.233 \text{（台班/100m}^3\text{）；}$$

可推算出配合挖土机施工的工人小组的人数为 $\frac{\text{人工时间定额}}{\text{机械时间定额}}$，即：$\frac{0.466}{0.233} = 2$（人）；或人工时间定额×机械台班产量定额，即 $0.466 \times 4.29 = 2$（人）。

1.3.4.2 机械台班使用定额的编制

1. 机械工作时间消耗的分类

机械工作时间的消耗，按其性质可作如下分类，如图 1-4 所示。机械工作时间也分为必需消耗的时间和损失时间两大类。

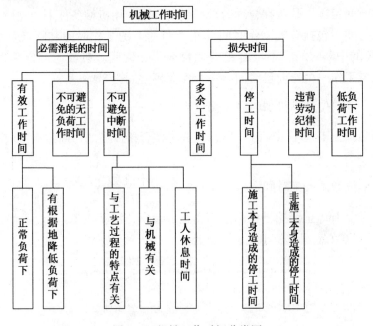

图 1-4 机械工作时间分类图

（1）在必需消耗的工作时间里，包括有效工作、不可避免的无负荷工作和不可避免的中断三项时间消耗。而在有效工作的时间消耗中又包括正常负荷下、有根据地降低负荷下的工时消耗。

正常负荷下的工作时间，是指机械在与机械说明书规定的计算负荷相符的情况下进行工作的时间。

有根据地降低负荷下的工作时间，是指在个别情况下由于技术上的原因，机械在低于其计算负荷下工作的时间。例如，汽车运输重量轻而体积大的货物时，不能充分利用汽车的载重吨位，因而不得不降低其计算负荷。

不可避免的无负荷工作时间,是指由施工过程的特点和机械结构的特点造成的机械无负荷工作时间。例如筑路机在工作区末端调头等,都属于此项工作时间的消耗。

不可避免的中断工作时间,是与工艺过程的特点、机械的使用和保养、工人休息有关的中断时间。

与工艺过程的特点有关的不可避免中断工作时间,有循环的和定期的两种。循环的不可避免中断,是在机械工作的每一个循环中重复一次。如汽车装货和卸货时的停车。定期的不可避免中断,是经过一定时期重复一次。比如把灰浆泵由一个工作地点转移到另一工作地点时的工作中断。

与机械有关的不可避免中断工作时间,是由于工人进行准备与结束工作或辅助工作时,机械停止工作而引起的中断工作时间。它是与机械的使用与保养有关的不可避免中断时间。

工人休息时间前面已经做了说明。要注意的是应尽量利用与工艺过程有关的和与机械有关的不可避免中断时间进行休息,以充分利用工作时间。

(2)损失的工作时间,包括多余工作、停工、违背劳动纪律所消耗的工作时间和低负荷下的工作时间。

机械的多余工作时间,是机械进行任务内和工艺过程内未包括的工作而延续的时间。如工人没有及时供料而使机械空运转的时间。

机械的停工时间,按其性质也可分为施工本身造成和非施工本身造成的停工。前者是由于施工组织得不好而引起的停工现象,如由于未及时供给机械燃料而引起的停工。后者是由于气候条件所引起的停工现象,如暴雨时压路机的停工。上述停工中延续的时间,均为机械的停工时间。

违反劳动纪律引起的机械的时间损失,是指由于工人迟到早退或擅离岗位等原因引起的机械停工时间。

低负荷下的工作时间,是由于工人或技术人员的过错所造成的施工机械在降低负荷的情况下工作的时间。例如,工人装车的砂石数量不足引起的汽车在降低负荷的情况下工作所延续的时间。此项工作时间不能作为计算时间定额的基础。

2. 机械台班使用定额的编制内容

(1)拟定机械工作的正常施工条件,包括工作地点的合理组织、施工机械作业方法的拟定、配合机械作业的施工小组的组织以及机械工作班制度等。

(2)确定机械净工作生产率,即机械纯工作1h的正常生产率。

(3)确定机械的利用系数。机械的正常利用系数指机械在施工作业班内对作业时间的利用率。

$$机械利用系数 = \frac{工作班净工作时间}{机械工作班时间} \tag{1-49}$$

(4)计算机械台班定额。施工机械台班产量定额的计算如下:

$$施工机械台班产量定额 = 机械净工作生产率 \times 工作班延续时间 \times 机械利用系数$$

$$施工机械时间定额 = \frac{1}{施工机械台班产量定额} \tag{1-50}$$

(5)拟定工人小组的定额时间。工人小组的定额时间指配合施工机械作业工人小组的工作时间总和。

$$工人小组定额时间 = 施工机械时间定额 \times 工人小组的人数 \qquad (1-51)$$

1.3.5 施工定额

施工定额是建筑安装工人或工人小组在合理的劳动组织和正常的施工条件下，为完成单位合格产品所需消耗的人工、材料、机械的数量标准。

1.3.5.1 施工定额的作用

施工定额是施工企业管理工作的基础，也是建设工程定额体系的基础。施工定额在企业管理工作中的基础作用主要表现在以下几个方面。

（1）施工定额是企业计划管理的依据。表现为施工定额是企业编制施工组织设计的依据，也是企业编制施工工作计划的依据。

（2）施工定额是组织和指挥施工生产的有效工具。企业通过下达施工任务书和限额领料单来实现组织管理和指挥施工生产。

（3）施工定额是计算工人劳动报酬的依据。工人的劳动报酬是根据工人劳动的数量和质量来计量的，而施工定额为此提供了一个衡量标准，它是计算工人计件工资的基础，也是计算奖励工资的基础。

（4）施工定额有利于推广先进技术。施工定额水平中包含着某些已成熟的先进的施工技术和经验，工人要达到和超过定额，就必须掌握和运用这些先进技术，如果工人想大幅度超过定额，他就必须创造性地劳动。

（5）施工定额是编制施工预算，加强企业成本管理和经济核算的基础。

1.3.5.2 施工定额的编制

1. 施工定额的编制原则

（1）施工定额水平必须遵循平均先进的原则。所谓平均先进水平，是指在正常的生产条件下，多数施工班组或生产者经过努力可以达到，少数班组或劳动者可以接近，个别班组或劳动者可以超过的水平。通常这种水平低于先进水平，略高于平均水平。平均先进水平是一种鼓励先进、勉励中间、鞭策后进的定额水平。贯彻"平均先进"的原则，才能促进企业的科学管理和不断提高劳动生产率，进而达到提高企业经济效益的目的。

（2）定额的结构形式简明适用的原则。所谓简明适用是指定额结构合理，定额步距大小适当，文字通俗易懂，计算方法简便，易为群众掌握运用，具有多方面的适应性，能在较大的范围内满足不同情况、不同用途的需要。

2. 编制施工定额前的准备工作

编制施工定额是一项非常复杂的工作，事先必须做好充分准备和全面规划。编制前的准备工作一般包括以下几个方面的内容。

（1）明确编制任务和指导思想；

（2）系统整理和研究日常积累的定额基本资料；

（3）拟定定额编制方案，确定定额水平、定额步距、表达方式等。

3. 施工定额的编制

施工定额包括劳动定额、材料消耗定额和施工机械台班使用定额，具体编制方法见1.3.2、1.3.3、1.3.4。

1.3.6 企业定额

企业定额是施工企业根据本企业的技术水平和管理水平，编制制定的完成单位合格产品所必需的人工、材料和施工机械台班消耗量，以及其他生产经营要素消耗的数量标准。企业定额反映企业的施工生产与生产消费之间的数量关系，是施工企业生产力水平的体现。企业的技术和管理水平不同，企业定额的定额水平也就不同。因此，企业定额是施工企业进行施工管理和投标报价的基础和依据，也是企业核心竞争力的具体表现。

1.3.6.1 企业定额的作用

随着我国社会主义市场经济体制的不断完善，工程造价管理制度改革的不断深入，企业定额将日益成为施工企业进行管理的重要工具。

（1）企业定额是施工企业计算和确定工程施工成本的依据，是施工企业进行成本管理、经济核算的基础。企业定额是根据本企业的人员技能、施工机械装备程度、现场管理和企业管理水平制定的，按企业定额计算得到的工程费用是企业进行施工生产所需的成本。在施工过程中，对实际施工成本的控制和管理，就应以企业定额作为控制的计划目标数开展相应的工作。

（2）企业定额是施工企业进行工程投标、编制工程投标价格的基础和主要依据。企业定额的定额水平反映出企业施工生产的技术水平和管理水平，在确定投标价格时，首先是依据企业定额计算出施工企业拟完成投标工程需发生的计划成本。在掌握工程成本的基础上，再根据所处的环境和条件，确定在该工程上拟获得的利润、预计的风险和其他应考虑的因素，从而确定投标价格。因此，企业定额是施工企业编制投标报价的基础。

（3）企业定额是施工企业编制施工组织设计的依据。企业定额可以应用于工程的施工管理，用于签发施工任务单、签发限额领料单以及结算计件工资或计量奖励工资等。企业定额直接反映本企业的施工生产力水平。运用企业定额可以更合理地组织施工生产，有效确定和控制施工中人力、物力消耗，节约成本开支。

1.3.6.2 企业定额的编制原则

施工企业在编制企业定额时应依据本企业的技术能力和管理水平，以基础定额为参照和指导，测定计算完成分项工程或工序所必需的人工、材料和机械台班的消耗量，准确反映本企业的施工生产力水平。

目前，为适应国家推行的工程量清单计价办法，企业定额可采用基础定额的形式，按统一的工程量计算规则、统一划分的项目、统一的计量单位进行编制。

在确定人工、材料和机械台班消耗量以后，需按选定的市场价格，包括人工价格、材料价格和机械台班价格等编制分项工程单价和分项工程的综合单价。

1.3.6.3 企业定额的编制方法

编制企业定额最关键的工作是确定人工、材料和机械台班的消耗量，以及计算分项工程单价或综合单价。具体测定和计算方法同前述施工定额及预算定额的编制。

人工消耗量的确定，首先是根据企业环境，拟定正常的施工作业条件，分别计算测定基本用工和其他用工的工日数，进而拟定施工作业的定额时间。

确定材料消耗量，是通过企业历史数据的统计分析、理论计算、实验试验、实地考察等方法计算确定材料包括周转材料的净用量和损耗量，从而拟定材料消耗的定额指标。

机械台班消耗量的确定，同样需要按照企业的环境，拟定机械工作的正常施工条件，确定机械净工作效率和利用系数，据此拟定施工机械作业的定额台班和与机械作业相关的工人小组的定额时间。

人工价格也即劳动力价格，一般情况下就按地区劳务市场价格计算确定。人工单价最常见的是日工资单价，通常是根据工种和技术等级的不同分别计算人工单价，有时可以简单地按专业工种将人工粗略划分为结构、精装修、机电等三大类，然后按每个专业需要的不同等级人工的比例综合计算人工单价。

材料价格按市场价格计算确定，其应是供货方将材料运至施工现场堆放地或工地仓库后的出库价格。

施工机械使用价格最常用的是台班价格。应通过市场询价，根据企业和项目的具体情况计算确定。

1.3.7 预算定额

预算定额是在施工定额的基础上进行综合扩大编制而成的。预算定额中的人工、材料和施工机械台班的消耗水平根据施工定额综合取定，定额子目的综合程度大于施工定额，从而可以简化施工图预算的编制工作。预算定额是编制施工图预算的主要依据。

预算定额项目中人工、材料和施工机械台班消耗量指标，应根据编制预算定额的原则、依据，采用理论与实际相结合、图纸计算与施工现场测算相结合、编制定额人员与现场工作人员相结合等方法进行计算。

表1-5为《全国统一建筑工程基础定额》中砖石结构工程分部部分砖墙项目的示例。

预算定额的说明包括定额总说明、分部工程说明及各分项工程说明。涉及各分部需说明的共性问题列入总说明，属某一分部需说明的事项列章节说明。

砖墙定额示例　　　　　表1-5

工作内容：调、运、铺砂浆，运砖；砌砖包括窗台虎头砖、腰线、门窗套；安装木砖、铁件等。

计量单位：10m³

	定额编号		4-2	4-3	4-5	4-8	4-10	4-11
	项目	单位	单面清水砖墙			混水砖墙		
			1/2砖	1砖	1砖半	1/2砖	1砖	1砖半
人工	综合工日	工日	21.79	18.87	17.83	20.14	16.08	15.63
材料	水泥砂浆 M5	m³	—	—	—	1.95	—	—
	水泥砂浆 M10	m³	1.95	—	—	—	—	—
	水泥混合砂浆 M2.5	m³	—	2.25	2.40	—	2.25	2.04
	普通黏土砖	千块	5.641	5.314	5.350	5.641	5.341	5.350
	水	m³	1.13	1.06	1.07	1.33	1.06	1.07
机械	灰浆搅拌机 200L	台班	0.33	0.38	0.40	0.33	0.38	0.40

1.3.7.1 人工消耗量指标的确定

预算定额中人工消耗量水平和技工、普工比例，以人工定额为基础，通过有关图纸规定，计算定额人工的工日数。

1. 人工消耗指标的组成

预算定额中人工消耗量指标包括完成该分项工程必需的各种用工量。

（1）基本用工

基本用工，指完成分项工程的主要用工量。例如，砌筑各种墙体工程的砌砖、调制砂浆以及运输砖和砂浆的用工量。

（2）其他用工

其他用工，是辅助基本用工消耗的工日。按其工作内容不同又分以下三类：

1）超运距用工。指超过人工定额规定的材料、半成品运距的用工。

2）辅助用工。指材料需在现场加工的用工，如筛砂子，淋石灰膏等增加的用工量。

3）人工幅度差用工。指人工定额中未包括的，而在一般正常施工情况下又不可避免的一些零星用工，其内容如下：

①各种专业工种之间的工序搭接及土建工程与安装工程的交叉、配合中不可避免的停歇时间；

②施工机械在场内单位工程之间变换位置及在施工过程中移动临时水电线路引起的临时停水、停电所发生的不可避免的间歇时间；

③施工过程中水电维修用工；

④隐蔽工程验收等工程质量检查影响的操作时间；

⑤现场内单位工程之间操作地点转移影响的操作时间；

⑥施工过程中工种之间交叉作业造成的不可避免的剔凿、修复、清理等用工；

⑦施工过程中不可避免的直接少量零星用工。

2. 人工消耗指标的计算

预算定额的各种用工量，应根据测算后综合取定的工程数量和人工定额进行计算。

（1）综合取定工程量

预算定额是一项综合性定额，它是按组成分项工程内容的各工序综合而成的。

编制分项定额时，要按工序划分的要求测算、综合取定工程量，如砌墙工程除了主体砌墙外，还需综合砌筑门窗洞口、附墙烟囱、垃圾道、预留抗震柱孔等含量。综合取定工程量是指按照一个地区历年实际设计房屋的情况，选用多份设计图纸，进行测算取定数量。

（2）计算人工消耗量

按照综合取定的工程量或单位工程量和劳动定额中的时间定额，计算出各种用工的工日数量。

1）基本用工的计算

$$\text{基本用工数量} = \sum(\text{工序工程量} \times \text{时间定额}) \tag{1-52}$$

2）超运距用工的计算

$$\text{超运距用工数量} = \sum(\text{超运距材料数量} \times \text{时间定额}) \tag{1-53}$$

其中，超运距 = 预算定额规定的运距 − 劳动定额规定的运距。

3）辅助用工的计算

$$\text{辅助用工数量} = \sum(\text{加工材料数量} \times \text{时间定额}) \tag{1-54}$$

4）人工幅度差用工的计算

人工幅度差用工数量 = ∑（基本用工 + 超运距用工 + 辅助用工）× 人工幅度差系数

(1-55)

1.3.7.2 材料耗用量指标的确定

材料耗用量指标是在节约和合理使用材料的条件下，生产单位合格产品所必须消耗的一定品种规格的材料、燃料、半成品或配件数量标准。材料耗用量指标是以材料消耗定额为基础，按预算定额的定额项目，综合材料消耗定额的相关内容，经汇总后确定。

1.3.7.3 机械台班消耗指标的确定

预算定额中的施工机械消耗指标，是以台班为单位进行计算，每一台班为八小时工作制。预算定额的机械化水平，应以多数施工企业采用的和已推广的先进施工方法为标准。预算定额中的机械台班消耗量按合理的施工方法取定并考虑增加了机械幅度差。

1. 机械幅度差

机械幅度差是指在施工定额中未曾包括的，而机械在合理的施工组织条件下所必需的停歇时间，在编制预算定额时应予以考虑。其内容包括：

（1）施工机械转移工作面及配套机械互相影响损失的时间；

（2）在正常的施工情况下，机械施工中不可避免的工序间歇；

（3）检查工程质量影响机械操作的时间；

（4）临时水、电线路在施工中移动位置所发生的机械停歇时间；

（5）工程结尾时，工作量不饱满所损失的时间。

由于垂直运输用的塔吊、卷扬机及砂浆、混凝土搅拌机是按小组配合，应以小组产量计算机械台班产量，不另增加机械幅度差。

2. 机械台班消耗指标的计算

（1）小组产量计算法：按小组日产量大小来计算耗用机械台班多少，计算公式如下：

$$\text{分项定额机械台班使用量} = \frac{\text{分项定额计量单位值}}{\text{小组产量}} \quad (1-56)$$

（2）台班产量计算法：按台班产量大小来计算定额内机械消耗量大小，计算公式如下：

$$\text{定额台班用量} = \frac{\text{定额单位}}{\text{台班产量}} \times \text{机械幅度差系数} \quad (1-57)$$

1.3.8 单位估价表

在拟定的预算定额的基础上，有时还需要根据所在地区的工资、物价水平计算确定相应的人工、材料和施工机械台班的价格，即相应的人工工资价格、材料预算价格和施工机械台班价格，计算拟定预算定额中每一分项工程的单位预算价格，这一过程称为单位估价表的编制。

单位估价表是由分部分项工程单价构成的单价表，具体的表现形式可分为工料单价和综合单价等。

1.3.8.1 工料单价单位估价表

工料单价是确定定额计量单位的分部分项工程的人工费、材料费和机械使用费的费用标准，也称为定额基价。

分部分项工程的单价，是用定额规定的分部分项工程的人工、材料、机械的消耗量，分别乘以相应的人工价格、材料价格、机械台班价格，从而得到分部分项工程的人工费、材料费和机械费，并将三者汇总而成的。因此，单位估价表是以定额为基本依据，根据相应地区和市场的资源价格，既需要人工、材料和机械的消耗量，又需要人工、材料和机械价格，经汇总得到分部分项工程的单价。

由于生产要素价格，即人工价格、材料价格和机械台班价格是随地区的不同而不同，随市场的变化而变化。所以，单位估价表应是地区单位估价表，应按当地的资源价格来编制地区单位估价表。同时，单位估价表应是动态变化的，应随着市场价格的变化，及时不断地对单位估价表中的分部分项工程单价进行调整、修改和补充，使单位估价表能够正确反映市场的变化。

通常，单位估价表是以一个城市或一个地区为范围进行编制，在该地区范围内适用。因此单位估价表的编制依据如下：

（1）全国统一或地区通用的概算定额、预算定额或基础定额，以确定人工、材料、机械台班的消耗量。

（2）本地区或市场上的资源实际价格或市场价格，以确定人工、材料、机械台班价格。

单位估价表的编制公式为：

$$\text{分部分项工程单价} = \text{分部分项人工费} + \text{分部分项材料费} + \text{分部分项机械费} = \sum(\text{人工定额消耗量} \times \text{人工价格}) + \sum(\text{材料定额消耗量} \times \text{材料价格}) + \sum(\text{机械台班定额消耗量} \times \text{机械台班价格}) \quad (1-58)$$

编制单位估价表时，在项目的划分、项目名称、项目编号、计量单位和工程量计算规则上应尽量与定额保持一致。

编制单位估价表，可以简化设计概算和施工图预算的编制。在编制概预算时，将各个分部分项工程的工程量分别乘以单位估价表中的相应单价后，即可计算得出分部分项工程的人、料、机费用，经累加汇总就可得到整个工程的人、料、机费用。

1.3.8.2 综合单价单位估价表

编制单位估价表时，在汇集分部分项工程人工、材料、机械台班使用费用，得到分部分项工程费单价以后，再按取定的企业管理费以及利润、规费和税金，计算出各项相应费用，汇总就构成一定计量单位的分部分项工程的综合单价。综合单价分别乘以分部分项工程量，可得到分部分项工程的造价费用。

1.3.8.3 企业单位估价表

作为施工企业，应依据本企业定额中的人工、材料、机械台班消耗量，按相应人工、材料、机械台班的市场价格，计算确定一定计量单位的分部分项工程的工料单价或综合单价，形成本企业的单位估价表。

第2章 工程项目投标与报价

投标是指投标人为了获得承包合同,根据招标文件向招标人提出完成项目报价的全过程。投标报价又称投标价,是指投标人依据招标文件规定的条件完成招标项目的设计(如果有的话)、施工、竣工和修补任何缺陷的报价。投标报价是投标文件的核心内容,也是工程施工成本管理的基础。

2.1 招标控制价

招标控制价是招标人根据国家或省级、行业建设主管部门颁发的有关计价依据和办法,以及拟定的招标文件和招标工程量清单,结合工程具体情况编制的招标工程的最高投标限价。

投标人的投标报价高于招标控制价的,其投标应予以拒绝。国有资金投资的工程项目,招标人编制并公布的招标控制价相当于招标人的采购预算,同时要求其不能超过批准的概算,因此,招标控制价是招标人在工程招标时能接受投标人报价的最高限价,投标人的投标报价不能高于招标控制价,否则,其投标将被拒绝。

招标控制价应在招标文件中公布,不应上调或下浮,招标人应将招标控制价及有关资料报送工程所在地工程造价管理机构备查。招标控制价的作用决定了招标控制价不同于标底,无须保密。为体现招标的公平、公正,防止招标人有意抬高或压低工程造价,招标人应在招标文件中如实公布招标控制价各组成部分的详细内容,不得对所编制的招标控制价进行上浮或下调。同时,招标人应将招标控制价报工程所在地的工程造价管理机构备查。

2.2 投标程序

工程项目施工投标程序如图2-1所示。

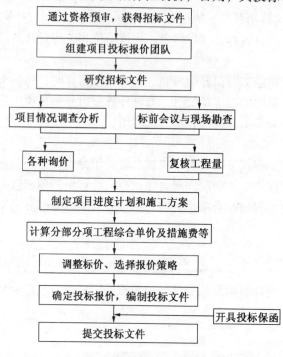

图2-1 工程项目施工投标程序

2.3 投标前期准备

施工企业通过资格预审，获得招标文件，标志着企业投标工作的正式开始。

2.3.1 组建项目投标报价团队

建立一个专业水平高、经验丰富、相对稳定的投标报价团队是工程项目投标获得成功的基本保证。团队中应包括企业决策层人员、工程估价与计量人员、施工计划与管理人员、材料采购与设备管理人员等，可分为报价决策人员、报价分析人员和基础数据采集人员三个层次，其分工如表2-1所示。

投标报价团队组成　　　　　表2-1

人　员	分　工
承包商高级管理人员	决定是否参加投标，商谈资金，标价调整
工程估价人员	负责人工、材料、设备基础单价的计算，分摊费用的计算，单价分析和标价汇总
公司内部设计人员	编制替代设计方案
临时工程设计人员	全部临时工程结构，模板工程，脚手架，围堰等
设备经理	对施工设备的适用性和新设备的购置提出建议，分析设备维修费用
现场人员	对施工方法、资源需求和各项施工作业的大概时间提出建议
计划人员	编制施工方法说明，按施工进度表配置资源
采购人员	获取材料报价并估算运输费用
法律合同人员	对合同条款和融资提出建议
工程测量员	估算实施项目的工程量
市场人员	寻找未来工程的机会，保证充分了解业主要求，协助估价人员校核资料
财务顾问	同金融机构商谈按最佳条件获取资金，商谈保函事宜

2.3.2 研究招标文件

投标人取得招标文件后，为了保证报价的合理性和竞争力，应重点针对招标文件中的投标人须知、合同条件、技术规范、图纸和工程量清单等内容进行分析，正确地理解工程项目的招标文件内容和业主的意图。

（1）研究投标人须知。投标人须知反映了招标人对投标的要求，因此，特别要注意项目的资金来源、投标书的编制、工程项目的报价范围和承发包双方责任、投标保证金、更改或备选方案、评标方法等，重点在于防止出现废标。

（2）分析合同条件。主要围绕以下几方面内容进行分析：

1) 合同背景分析。投标人有必要了解与自己可能承包的工程内容有关的合同背景，了解监理方式，了解合同的法律依据；

2）合同形式分析。主要分析可能采用的承包方式（如分项承包、施工承包、设计与施工总承包和管理承包等）；计价方式（如固定合同价格、可调合同价格和成本加酬金确定的合同价格，总价合同还是单价合同等）；

3）合同条款分析。主要包括：承包商的任务、工作范围和责任；工程变更及相应的合同价款调整；付款方式、时间，特别注意合同条款中关于工程预付款比例及回扣、进度款支付及调价、保留金比例及回扣的规定；工期分析，合同条款中有关合同工期、竣工日期、部分工程分期交付工期等规定，是投标人制定施工进度计划的依据，也是报价的重要依据；业主责任，投标人所制定的施工进度计划和做出的报价，都是以业主履行责任为前提的。应注意合同条款中有关业主责任措辞的严密性，以及关于索赔的有关规定。

（3）技术标准和要求分析。工程技术标准是按工程类型来描述工程技术和工艺内容特点，对设备、材料、施工和安装方法等所规定的技术要求，有的是对工程质量进行检验、试验和工程验收所规定的方法和要求。它们与工程量清单中各子项工作密不可分，报价人员应在准确理解招标人要求的基础上对有关工程内容进行报价。任何忽视技术标准的报价都是不完整、不可靠的，有时可能导致工程承包重大失误和亏损。

（4）图纸分析。图纸是确定工程范围、内容和技术要求的重要文件，其详细程度取决于招标人提供的施工图设计所达到的深度和所采用的合同形式。详细的设计图纸可使投标人比较准确地估价，而不够详细的图纸则需要估价人员采用综合估价方法，其结果一般不很精确。

2.3.3 项目情况调查分析

企业应安排有关人员对项目进行全面的调查分析，包括业主情况调查、自然条件调查、施工条件调查、合作伙伴调查等。项目调查分析的情况应填制相应表格，必要时应附带补充说明材料或影视资料，形成相应的调查分析报告。

1. 业主情况调查

《项目业主基本情况调查表》如表2-2所示。

2. 自然条件调查

（1）气象资料，包括年平均气温、年最高气温和年最低气温，风向图、最大风速和风压值，日照，年平均降雨（雪）量和最大降雨（雪）量，年平均湿度、最高和最低湿度，其中尤其要分析全年不能和不宜施工的天数（如气温超过或低于某一温度持续的天数、雨量和风力大于某一数值的天数，台风频发季节及天数等）；

（2）水文资料，包括地下水位、潮汐、风浪等；

（3）地震、洪水及其他自然灾害情况等；

（4）地质情况，包括地质构造及特征，承载能力，地基是否有大孔土、膨胀土，冬季冻土层厚度等。

3. 施工条件调查

（1）工程现场的用地范围、地形、地貌、地物、标高，地上或地下障碍物，现场的三通一平情况（是否可能按时达到开工要求）；

（2）工程现场周围的道路、进出场条件（材料运输、大型施工机具），有无特殊交通限制（如单向行驶、夜间行驶、转弯方向限制、货载重量、高度、长度限制等规定）；

项目业主情况调查表 表2-2

工程名称					
项目地址					
项目规模				投资额度	
项目用途		预计开工时间		计划竣工时间	
业主情况	单位名称			法人代表	
	办公地点			公司规模	
	所属行业			上级单位	
	项目主要负责人			联系电话	
	社会信誉			合作方评价	
业主资金情况	资金来源			有无垫资要求	
	资金到位情况			垫资数额	
支付条件	有无预付款			进度款支付方式	
投标保证金额		履约保证的方式及数额			
业主方近五年投资建设情况					
业主方对承包商要求					
与业主方接触情况描述					
竞争对手与业主关系描述					
工程设计情况					
业主方倾向性					
项目所在地政治、经济、社会环境分析					
业主方供物资的情况调查					
业主方指定分包情况调查					
其他					

37

（3）工程现场施工临时设施、大型施工机具、材料堆放场地安排的可能性，是否需要二次搬运；

（4）工程现场邻近建筑物与招标工程的间距、结构形式、基础埋深、新旧程度、高度；

（5）市政给水及污水、雨水排放管线位置、标高、管径、压力，废水、污水处理方式，市政消防供水管道管径、压力、位置等；

（6）当地供电方式、方位、距离、电压等；

（7）当地煤气供应能力，管线位置、标高等；

（8）工程现场通信线路的连接和铺设；

（9）当地政府有关部门对施工现场管理的一般要求、特殊要求及规定，是否允许节假日和夜间施工等。

4. 其他条件调查

（1）建筑构件和半成品的加工、制作和供应条件，商品混凝土的供应能力和价格。

（2）是否可以在工程现场安排工人住宿，对现场住宿条件有无特殊规定和要求。

（3）是否可以在工程现场或附近搭建食堂，自己供应施工人员伙食，若不可能，通过什么方式解决施工人员餐饮问题，其费用如何。

（4）工程现场附近治安情况如何，是否需要采用特殊措施加强施工现场保卫工作。

（5）工程现场附近的生产厂家、商店、各种公司和居民的一般情况，本工程施工可能对他们所造成的不利影响的程度。

（6）工程现场附近各种社会服务设施和条件，如当地的卫生、医疗、保健、通信、公共交通、文化、娱乐设施情况及其技术水平、服务水平、费用，有无特殊的地方病、传染病等。

2.3.4 参加标前会议和勘察现场

1. 标前会议

标前会议也称投标预备会，是招标人给所有投标人提供的一次答疑的机会，有利于加深对招标文件的理解，凡是想参加投标并希望获得成功的投标人，都应认真准备和积极参加标前会议。

在标前会议之前应事先深入研究招标文件，并将在研究过程中发现的各类问题整理成书面文件，寄给招标人要求给予书面答复或在标前会议上予以解释和澄清。参加标前会议时应注意以下几点：

（1）对工程内容范围不清的问题，应提请解释、说明，但不要提出任何修改设计方案的要求；

（2）如招标文件中的图纸、技术规范存在相互矛盾之处，可请求说明以何者为准，但不要轻易提出修改技术要求；

（3）对含糊不清、容易产生理解上歧义的合同条款，可以请求给予澄清、解释，但不要提出任何改变合同条件的要求；

（4）应注意提问的技巧，注意不使竞争对手从自己的提问中获悉本公司的投标设想和施工方案；

（5）招标人在标前会议上对所有问题的答复均应发出书面文件，并作为招标文件的组成部分，投标人不能仅凭口头答复来编制自己的投标文件。

2. 现场勘察

现场勘察一般是标前会议的一部分，招标人会组织所有投标人进行现场参观和说明。投标人应准备好现场勘察提纲并积极参加这一活动。派往参加现场勘察的人员事先应认真研究招标文件的内容，特别是图纸和技术文件，同时应派经验丰富的工程技术人员参加。现场勘察中，除与施工条件和生活条件相关的一般性调查外，应根据工程专业特点有重点地结合专业要求进行勘察。

现场勘察费用可列入投标报价中，不中标则投标人得不到任何补偿。

2.3.5 询价

投标报价之前，投标人必须通过各种渠道，采用各种手段对工程所需各种材料、设备等的价格、质量、供应时间和数量等进行全面的调查，同时还应了解分包项目的分包形式和范围、分包人的报价、履约能力及信誉等。询价是投标报价的基础，它为投标报价提供可靠的依据。询价时要特别注意两个问题：一是产品质量必须可靠，并满足招标文件的有关规定；二是供货方式、时间、地点，有无附加条件和费用。

询价的渠道主要包括：直接与生产厂商联系；向生产厂商的代理人或从事该项业务的经纪人了解；向经营该项产品的销售商了解；向咨询公司进行询价；通过互联网查询；自行进行市场调查或信函询价。

投标人询价的内容，主要包括生产要素询价和分包工程询价。

1. 生产要素询价

（1）材料询价，其内容包括调查对比材料价格、供应数量、运输方式、保险和有效期、不同买卖条件下的支付方式等。在施工方案初步确定后，询价人员应立即发出材料询价单，并催促材料供应商及时报价；收回询价单后，询价人员应将从各种渠道所询得的材料报价以及其他有关资料汇总整理；对同种材料从不同经销部门所得到的所有资料进行比较分析，选择合适、可靠的材料供应商的报价，供工程报价人员使用。

（2）施工机械设备询价。在外地承担工程项目施工所需用的机械设备，有时在当地租赁或采购可能更有利。因此，事前有必要进行施工机械设备的询价，对于必须采购的机械设备，可向供应厂商询价；对于需租赁的机械设备，可向专业租赁公司等机构询价，详细了解其计价方法。

（3）劳务询价。劳务询价主要有两种情况：一是成建制的劳务公司，相当于劳务分包，一般费用较高，但素质较可靠，工效较高，承包商的管理工作较轻；另一种是根据需要在劳务市场招募、选择零散劳动力，这种方式虽然劳务价格低廉，但有时素质达不到要求或工效降低，且承包商的管理工作较繁重。投标人应根据工程项目的具体情况决定采用哪种方式，并以此为依据进行投标报价。

2. 分包工程询价

总承包商在确定了分包工程内容后，即将有关工程施工图纸和技术说明送交预先选定的分包单位，约他们在规定的时间内报价，以便比较、最终选择合适的分包人。对分包人询价时应注意以下几方面：分包人的工程质量、信誉及可信赖程度；质量保证措施；分包标函是否完整；分包工程单价所包含的内容；分包报价。

2.3.6 工程量复核

工程量复核不仅是为了便于准确计算投标价格，也是安排施工进度计划、选定施工方案的重要依据。招标文件中通常情况下均附有工程量表，投标人应根据图纸，认真核对工程量清单中的各个分项，特别是工程量大的细目，力争做到这些分项中的工程量与实际工程中的施工部位能"对号入座"。如果招标的工程是一个大型项目，而且投标时间又比较短，不能在较短的时间内核算全部工程量，投标人至少也应重点核算那些工程量大和影响较大的子项。当发现遗漏或相差较大时，投标人不能随便改动工程量，仍应按招标文件的要求填报自己的报价，但可另在投标函中适当予以说明。

在核算完全部工程量表中的细目后，投标人可按大项分类汇总工程总量，以对这个工程项目的施工规模有一个全面和清楚的概念，并用以选择合适的施工方法和经济适用的施工机具设备。对于一般土建工程项目，主要工程量汇总的分类大致如下：建筑面积、土方工程、钢筋混凝土工程、砌筑工程、钢结构工程、门窗工程、木作工程、装修工程、设备及安装工程、管道安装工程、电气安装工程、室外工程。

2.3.7 确定施工进度计划与施工方案

1. 施工进度计划

在投标阶段编制的进度计划不是实际执行工程的施工计划，因此可以粗略一些，一般使用横道图表示即可，除招标文件中专门规定必须使用网络图以外，不一定使用网络计划图编制，但至少应当考虑和满足以下一些条件：

（1）总工期应符合招标文件的要求，如果合同条件要求分期、分批竣工交付使用，应标明分期、分批交付的时间和数量。

（2）表示各项主要工程（例如土方工程、基础工程、混凝土结构工程、屋面工程、装修工程和水电安装工程等）的开始和结束时间。

（3）体现主要工序相互衔接的合理安排。

（4）有利于基本上均衡安排劳动力，尽可能避免现场劳动力数量急剧起落，这样可以提高功效和节省临时设施。

（5）有利于充分有效地利用机械设备，减少机械设备占用周期。例如，尽可能将土方工程集中在一定时间内完成，以减少推土机、挖掘机、铲运机等大型机具设备占用周期。这样就可以降低机械设备使用费，或者有利于向外组织分包施工。

（6）便于相应地编制资金流动计划，可以降低流动资金占用量，节省资金利息。

2. 施工方案

制定施工方案要从工期要求、技术可行性、保证质量、降低成本等方面综合考虑，其内容应包括以下几个方面：

（1）根据分类汇总的工程数量和工程进度计划中该类工程的施工周期，以及招标文件的技术要求，选择和确定各项工程的主要施工方法。例如土方工程的大面积开挖，根据地质水文情况，需降低地下水位施工，是采用井点降水，还是地下截水墙方案。对各种不同施工方法应当从保证完成计划目标、保证工程质量、节约设备费用、降低劳务成本等多方面综合比较，选定最适用的、经济的施工方案。

（2）根据上述各类工程的施工方法，选择相应的机具设备，并计算所需数量和使用周期，研究确定是采购新设备，或调进现有设备，或在当地租赁设备。

(3) 研究确定哪些工程由自己施工，哪些分包，提出寻求分包的条件设想，以便询价。

(4) 用概略指标估算直接生产劳务数量，考虑其来源及进场时间安排。另外，从所需直接劳务的数量，可参考以往的经验，估算所需间接劳务和管理人员的数量，并可估算生活临时设施的数量和标准等。

(5) 用概略指标估算主要的建筑材料的需用量，考虑其来源和分批进场的时间安排，从而可以估算现场用于存储、加工的临时设施。如有些构件（如预制混凝土构件等）拟在现场自制，应确定相应的设备、人员和场地面积，并计算自制构件的成本价格。

(6) 根据现场设备、高峰人数和一切生产和生活方面的需要，估算现场用水、用电量，确定临时供电和供、排水设施。

(7) 考虑外部和内部材料供应的运输方式，估计运输和交通车辆的需要和来源。

(8) 考虑其他临时工程的需要和建设方案。例如进场道路、停车场地等。

(9) 提出某些特殊条件下保证正常施工的措施。例如降低地下水位以保证基础或地面以下工程施工的措施；冬期、雨期施工措施等。

(10) 其他必需的临时设施安排。例如现场保卫设施包括临时围墙或围篱、警卫设施、夜间照明、现场临时通信设施等。

2.4 工程量清单计价

2.4.1 工程量清单计价规范概述

工程量清单计价，是一种主要由市场定价的计价模式。为适应我国工程投资体制改革和建设管理体制改革的需要，加快我国建设工程计价模式与国际接轨的步伐，自 2003 年起开始在全国范围内逐步推广工程量清单计价方法。为深入推行工程量清单计价改革工作，规范建设工程工程量清单计价行为，统一建设工程工程量清单的编制和计价方法，在对《建设工程工程量清单计价规范》GB 50500—2008 进行修订的基础上，推出了新版《建设工程工程量清单计价规范》GB 50500—2013（以下简称《计价规范》）。《计价规范》规定，使用国有资金投资的建设工程发承包，必须采用工程量清单计价。非国有资金投资的建设工程，宜采用工程量清单计价。不采用工程量清单计价的建设工程，应执行本规范除工程量清单等专门性规定外的其他规定。工程量清单应采用综合单价计价。措施项目中的安全文明施工费必须按国家或省级、行业建设主管部门的规定计算，不得作为竞争性费用。规费和税金必须按国家或省级、行业建设主管部门的规定计算，不得作为竞争性费用。

2.4.2 工程量清单的作用

工程量清单是指建设工程的分部分项工程项目、措施项目、其他项目、规费项目和税金项目的名称和相应数量等的明细清单。工程量清单是工程量清单计价的基础，贯穿于建设工程的招投标阶段和施工阶段，是编制招标控制价、投标报价、计算工程量、支付工程款、调整合同价款、办理竣工结算以及工程索赔等的依据。工程量清单的主要作用如下：

1. 工程量清单为投标人的投标竞争提供了一个平等和共同的基础

工程量清单是由招标人负责编制，将要求投标人完成的工程项目及其相应工程实体数量全部列出，为投标人提供拟建工程的基本内容、实体数量和质量要求等的基础信息。这样，在建设工程的招标投标中，投标人的竞争活动就有了一个共同基础，投标人机会均等，受到的待遇是公正和公平的。

2. 工程量清单是建设工程计价的依据

在招标投标过程中，招标人根据工程量清单编制招标工程的招标控制价；投标人按照工程量清单所表述的内容，依据企业定额计算投标价格，自主填报工程量清单所列项目的单价与合价。

3. 工程量清单是工程付款和结算的依据

在施工阶段，发包人根据承包人完成的工程量清单中规定的内容以及合同单价支付工程款。工程结算时，承发包双方按照工程量清单计价表中的序号，对已实施的分部分项工程或计价项目按合同单价和相关合同条款核算结算价款。

4. 工程量清单是调整工程价款、处理工程索赔的依据

在发生工程变更和工程索赔时，可以选用或者参照工程量清单中的分部分项工程或计价项目及合同单价来确定变更价款和索赔费用。

2.4.3 工程量清单计价的基本过程

工程量清单计价过程可以分为两个阶段：工程量清单编制和工程量清单应用。工程量清单的编制程序如图 2-2 所示，工程量清单应用过程如图 2-3 所示。

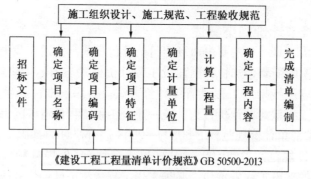

图 2-2　工程量清单编制程序

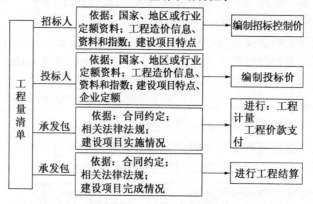

图 2-3　工程量清单计价应用过程

2.4.4 工程量清单计价的方法
2.4.4.1 工程造价的计算

采用工程量清单计价，建筑安装工程造价由分部分项工程费、措施项目费、其他项目费、规费和税金组成。在工程量清单计价中，如按分部分项工程单价组成来分，工程量清单计价主要有三种形式：（1）工料单价法；（2）综合单价法；（3）全费用综合单价法。

$$\text{工料单价} = \text{人工费} + \text{材料费} + \text{施工机具使用费} \tag{2-1}$$

$$\text{综合单价} = \text{人工费} + \text{材料费} + \text{施工机具使用费} + \text{管理费} + \text{利润} \tag{2-2}$$

$$\text{全费用综合单价} = \text{人工费} + \text{材料费} + \text{施工机具使用费} + \text{管理费} + \text{规费} + \text{利润} + \text{税金} \tag{2-3}$$

《计价规范》规定，分部分项工程量清单应采用综合单价计价。利用综合单价法计价，需分项计算清单项目，再汇总得到工程总造价。

$$\text{分部分项工程费} = \sum \text{分部分项工程量} \times \text{分部分项工程综合单价} \tag{2-4}$$

$$\text{措施项目费} = \sum \text{措施项目工程量} \times \text{措施项目综合单价} + \sum \text{单项措施费} \tag{2-5}$$

$$\text{其他项目费} = \text{暂列金额} + \text{暂估价} + \text{计日工} + \text{总承包费} + \text{其他} \tag{2-6}$$

$$\text{单位工程报价} = \text{分部分项工程费} + \text{措施项目费} + \text{其他项目费} + \text{规费} + \text{税金} \tag{2-7}$$

$$\text{单项工程报价} = \sum \text{单位工程报价} \tag{2-8}$$

$$\text{总造价} = \sum \text{单项工程报价} \tag{2-9}$$

2.4.4.2 分部分项工程费计算

根据公式（2-4），利用综合单价法计算分部分项工程费需要解决两个核心问题，即确定各分部分项工程的工程量及其综合单价。

1. 分部分项工程量的确定

招标文件中的工程量清单标明的工程量是招标人编制招标控制价和投标人投标报价的共同基础，它是工程量清单编制人按施工图图示尺寸和清单工程量计算规则计算得到的工程净量。但是，该工程量不能作为承包人在履行合同义务中应予完成的实际和准确的工程量，发承包双方进行工程竣工结算时的工程量应按发、承包双方在合同中约定应予计量且实际完成的工程量确定，当然该工程量的计算也应严格遵照清单工程量计算规则，以实体工程量为准。

2. 综合单价的编制

《计价规范》中的工程量清单综合单价是指完成一个规定计量单位的分部分项工程量清单项目或措施清单项目所需的人工费、材料费、施工机具使用费和企业管理费与利润，以及一定范围内的风险费用。该定义并不是真正意义上的全费用综合单价，而是一种狭义的综合单价，规费和税金等不可竞争的费用并不包括在项目单价中。

综合单价的计算通常采用定额组价的方法，即以计价定额为基础进行组合计算。由于《计价规范》与定额中的工程量计算规则、计量单位、工程内容不尽相同，综合单价的计算不是简单地将其所含的各项费用进行汇总，而是要通过具体计算后综合而成。综合单价的计算可以概括为以下步骤：

（1）确定组合定额子目

清单项目一般以一个"综合实体"考虑，包括了较多的工程内容，计价时，可能出现一个清单项目对应多个定额子目的情况。因此计算综合单价的第一步就是将清单项目的工程内容与定额项目的工程内容进行比较，结合清单项目的特征描述，确定拟组价清单项目应该由哪几个定额子目来组合。如"预制预应力C20混凝土空心板"项目，计价规范规定此项目包括制作、运输、吊装及接头灌浆，若定额分别列有制作、安装、吊装及接头灌浆，则应用这4个定额子目来组合综合单价；又如"M5水泥砂浆砌砖基础"项目，按计价规范不仅包括主项"砖基础"子目，还包括附项"混凝土基础垫层"子目。

（2）计算定额子目工程量

由于一个清单项目可能对应几个定额子目，而清单工程量计算的是主项工程量，与各定额子目的工程量可能并不一致；即便一个清单项目对应一个定额子目，也可能由于清单工程量计算规则与所采用的定额工程量计算规则之间的差异，而导致二者的计价单位和计算出来的工程量不一致。因此，清单工程量不能直接用于计价，在计价时必须考虑施工方案等各种影响因素，根据所采用的计价定额及相应的工程量计算规则重新计算各定额子目的施工工程量。定额子目工程量的具体计算方法，应严格按照与所采用的定额相对应的工程量计算规则计算。

（3）测算人、材、机消耗量

人、材、机的消耗量一般参照定额进行确定。在编制招标控制价时一般参照政府颁发的消耗量定额；编制投标报价时一般采用反映企业水平的企业定额，投标企业没有企业定额时可参照消耗量定额进行调整。

（4）确定人、材、机单价

人工单价、材料价格和施工机械台班单价，应根据工程项目的具体情况及市场资源的供求状况进行确定，采用市场价格作为参考，并考虑一定的调价系数。

（5）计算清单项目的人、材、机费

按确定的分项工程人工、材料和机械的消耗量及询价获得的人工单价、材料单价、施工机械台班单价，与相应的计价工程量相乘得到各定额子目的人、材、机费，将各定额子目的人、材、机费汇总后算出清单项目的人、材、机费。

$$人、材、机费 = \sum 计价工程量 \times (\sum 人工消耗量 \times 人工单价 + \sum 材料消耗量 \times 材料单价 + \sum 台班消耗量 \times 台班单价) \qquad (2-10)$$

（6）计算清单项目的管理费和利润

企业管理费及利润通常根据各地区规定的费率乘以规定的计价基础得出。

（7）计算清单项目的综合单价

将清单项目的人、材、机费、管理费及利润汇总得到该清单项目的合价，将该清单项目合价除以清单项目的工程量即可得到该清单项目的综合单价。

$$综合单价 = (人、材、机费 + 管理费 + 利润)/清单工程量 \qquad (2-11)$$

【例2-1】某多层砖混住宅土方工程，土类别为三类土；基础为砖大放脚带形基础；垫层宽度为920mm，挖土深度为1.8m，基础总长度为1590.6m。根据施工方案，土方开挖的工作面宽度各边0.25m，放坡系数为0.2。除沟边堆土1000m^3外，现场堆土2170.5m^3，运距60m，采用人工运输。其余土方需装载机装，自卸汽车运，运距4km。已知人工挖土单价为8.4元/m^3，人工运土单价7.38元/m^3，装卸机装、自卸汽车运土需使用的机械有装载机（280元/台班，0.00398台班/m³）、自卸汽车（340元/台班，0.04925台班/m³）、推土机（500元/台班，0.00296台班/m³）和洒水车（300元/台班，0.0006台班/m³）。另外，装卸机装、自卸汽车运土需用工（25元/工日，0.012工日/m³）、用水（水1.8元/m³，每m³土方需耗水0.012m³）。试根据建筑工程量清单计算规则计算土方工程的综合单价（不含措施费、规费和税金），其中，管理费取人、材、机费的14%，利润取人、材、机费与管理费之和的8%。

【解】（1）招标人根据清单规则计算的挖方量为：

$$0.92m \times 1.8m \times 1590.6m = 2634.034m^3$$

（2）投标人根据地质资料和施工方案计算挖土方量和运土方量。

1）需挖土方量

工作面宽度各边0.25m，放坡系数为0.2，则基础挖土方总量为：

$$(0.92m + 2 \times 0.25m + 0.2 \times 1.8m) \times 1.8m \times 1590.6m = 5096.282m^3$$

2）运土方量

沟边堆土1000m³；现场堆土2170.5m³，运距60m，采用人工运输；装载机装，自卸汽车运，运距4km，运土方量为：$5096.282m^3 - 1000m^3 - 2170.5m^3 = 1925.782m^3$

（3）人工挖土人、材、机费：

人工费：$5096.282m^3 \times 8.4元/m^3 = 42808.77元$

（4）人工运土（60m内）人、材、机费：

人工费：$2170.5m^3 \times 7.38元/m^3 = 16018.29元$

（5）装卸机装自卸汽车运土（4km）人、材、机费：

1）人工费：$25元/工日 \times 0.012工日/m^3 \times 1925.782m^3 = 0.3元/m^3 \times 1925.782m^3 = 577.73元$

2）材料费（水）：$1.8元/m^3 \times 0.012m^3/m^3 \times 1925.782m^3 = 0.022元/m^3 \times 1925.782m^3 = 41.60元$

3）机械费：

装载机：$280元/台班 \times 0.00398台班/m^3 \times 1925.782m^3 = 2146.09元$

自卸汽车：$340元/台班 \times 0.04925台班/m^3 \times 1925.782m^3 = 32247.22元$

推土机：$500元/台班 \times 0.00296台班/m^3 \times 1925.782m^3 = 2850.16元$

洒水车：$300元/台班 \times 0.0006台班/m^3 \times 1925.782m^3 = 346.64元$

机械费小计：37590.11元

机械费单价 = $280元/台班 \times 0.00398台班/m^3 + 340元/台班 \times 0.04925台班/m^3 + 500元/台班 \times 0.00296台班/m^3 + 300元/台班 \times 0.0006台班/m = 19.519元/m^3$

4）机械运土人、材、机费合计：38209.44元。

（6）综合单价计算

1）人、材、机费合计

$$42808.77 + 16018.29 + 38209.44 = 97036.50元$$

2）管理费

人、材、机费 $\times 14\% = 97036.50 \times 14\% = 13585.11元$

3）利润

（人、材、机费＋管理费）×8％＝(97036.50＋13585.11)×8％＝8849.73 元
4）总计：97036.50＋13585.11＋8849.73＝119471.34 元。
5）综合单价
按招标人提供的土方挖方总量折算为工程量清单综合单价：
$$119471.34 \text{ 元}/2634.034 \text{m}^3 = 45.36 \text{ 元}/\text{m}^3$$
（7）综合单价分析
1）人工挖土方
$$单位清单工程量 = 5096.282/2634.034 = 1.9348 \text{m}^3$$
$$管理费 = 8.40 \text{ 元}/\text{m}^3 \times 14\% = 1.176 \text{ 元}/\text{m}^3$$
$$利润 = (8.40 \text{ 元}/\text{m}^3 + 1.176 \text{ 元}/\text{m}^3) \times 8\% = 0.766 \text{ 元}/\text{m}^3$$
$$管理费及利润 = 1.176 \text{ 元}/\text{m}^3 + 0.766 \text{ 元}/\text{m}^3 = 1.942 \text{ 元}/\text{m}^3$$
2）人工运土方
$$单位清单工程量 = 2170.5/2634.034 = 0.8240 \text{m}^3$$
$$管理费 = 7.38 \text{ 元}/\text{m}^3 \times 14\% = 1.033 \text{ 元}/\text{m}^3$$
$$利润 = (7.38 \text{ 元}/\text{m}^3 + 1.033 \text{ 元}/\text{m}^3) \times 8\% = 0.673 \text{ 元}/\text{m}^3$$
$$管理费及利润 = 1.033 \text{ 元}/\text{m}^3 + 0.673 \text{ 元}/\text{m}^3 = 1.706 \text{ 元}/\text{m}^3$$
3）装卸机自卸汽车运土方
$$单位清单工程量 = 1925.782/2634.034 = 0.7311 \text{m}^3$$
$$人、材、机费 = 0.3 \text{ 元}/\text{m}^3 + 0.022 \text{ 元}/\text{m}^3 + 19.519 \text{ 元}/\text{m}^3 = 19.841 \text{ 元}/\text{m}^3$$
$$管理费 = 19.841 \text{ 元}/\text{m}^3 \times 14\% = 2.778 \text{ 元}/\text{m}^3$$
$$利润 = (19.841 \text{ 元}/\text{m}^3 + 2.778 \text{ 元}/\text{m}^3) \times 8\% = 1.8095 \text{ 元}/\text{m}^3$$
$$管理费及利润 = 2.778 \text{ 元}/\text{m}^3 + 1.8095 \text{ 元}/\text{m}^3 = 4.588 \text{ 元}/\text{m}^3$$

表 2-3 为该工程分部分项工程量清单与计价表，表 2-4 为工程量清单综合单价分析表。

分部分项工程量清单与计价表　　　　　　表 2-3

工程名称：某多层砖混住宅工程　　　标段：　　　　　　　第　页共　页

序号	项目编码	项目名称	项目特征描述	计量单位	工程量	金额（元）		
						综合单价	合价	其中：暂估价
	010101003001	挖基础土方	土类别：三类土 基础类型：砖大放脚带形基础 垫层宽度：920m 挖土深度：1.8m 弃土距离：4m	m³	2634.034	45.36	119471.34	
			本页小计					
			合　　计					

工程量清单综合单价分析表　　　　　表2-4

工程名称：某多层砖混住宅工程　　　　　标段：　　　　　　第　页共　页

项目编码	010101003001	项目名称		挖基础土方		计量单位			m³
清单综合单价组成明细									
定额编号	定额名称	定额单位	数量	单价			合价		
				人工费	材料费	机具费	管理费和利润	人工费	材料费	机械费	管理费和利润

定额编号	定额名称	定额单位	数量	人工费	材料费	机具费	管理费和利润	人工费	材料费	机械费	管理费和利润
	人工挖土	m³	1.9348	8.40			1.942	16.25			3.76
	人工运土	m³	0.8240	7.38			1.706	6.08			1.41
	装卸机自卸汽车运土方	m³	0.7311	0.30	0.022	19.519	4.588	0.22	0.02	14.27	3.35
人工单价		小　　　计						22.55	0.02	14.27	8.52
元/工日		未 计 价 材 料 费									
清单项目综合单价								45.36			

材料费明细	主要材料名称、规格、型号	单位	数量	单价（元）	合价（元）	暂估单价（元）	暂估合价（元）
	水	m³	0.012	1.8	0.022		
	其他材料费			—	—		
	材料费小计			—	0.022	—	

2.4.4.3 措施项目费计算

措施项目费是指为完成工程项目施工，而用于发生在该工程施工准备和施工过程中的技术、生活、安全、环境保护等方面的非工程实体项目所支出的费用。措施项目清单计价应根据建设工程的施工组织设计，对可以计算工程量的措施项目，应按分部分项工程量清单的方式采用综合单价计价；其余的措施项目可以以"项"为单位的方式计价，应包括除规费、税金外的全部费用。

措施项目费的计算方法一般有以下几种：

1. 综合单价法

这种方法与分部分项工程综合单价的计算方法一样，就是根据需要消耗的实物工程量与实物单价计算措施费，适用于可以计算工程量的措施项目，主要是指一些与工程实体有紧密联系的项目，如混凝土模板、脚手架、垂直运输等。与分部分项工程不同，并不要求每个措施项目的综合单价必须包含人工费、材料费、机械费、管理费和利润中的每一项。

2. 参数法计价

参数法计价是指按一定的基数乘系数的方法或自定义公式进行计算。这种方法简单明了,但最大的难点是公式的科学性、准确性难以把握。这种方法主要适用于施工过程中必须发生,但在投标时很难具体分项预测,又无法单独列出项目内容的措施项目。如夜间施工费、二次搬运费、冬雨季施工的计价均可以采用该方法。

3. 分包法计价

在分包价格的基础上增加投标人的管理费及风险费进行计价的方法,这种方法适合可以分包的独立项目,如室内空气污染测试等。

有时招标人要求对措施项目费进行明细分析,这时采用参数法组价和分包法组价都是先计算该措施项目的总费用,这就需人为用系数或比例的办法分摊人工费、材料费、机械费、管理费及利润。

2.4.4.4 其他项目费计算

其他项目费由暂列金额、暂估价、计日工、总承包服务费等内容构成。

暂列金额和暂估价由招标人按估算金额确定。招标人在工程量清单中提供的暂估价的材料和专业工程,若属于依法必须招标的,由承包人和招标人共同通过招标确定材料单价与专业工程分包价;若材料不属于依法必须招标的,经发、承包双方协商确认单价后计价;若专业工程不属于依法必须招标的,由发包人、总承包人与分包人按有关计价依据进行计价。

计日工和总承包服务费由承包人根据招标人提出的要求,按估算的费用确定。

2.4.4.5 规费与税金的计算

规费和税金应按国家或省级、行业建设主管部门的规定计算,不得作为竞争性费用。每一项规费和税金的规定文件中,对其计算方法都有明确的说明,故可以按各项法规和规定的计算方式记取。具体计算时,一般按国家及有关部门规定的计算公式和费率标准进行计算。

2.4.4.6 风险费用的确定

风险具体指工程建设施工阶段承发包双方在招投标活动和合同履约及施工中所面临的涉及工程计价方面的风险。采用工程量清单计价的工程,应在招标文件或合同中明确风险内容及其范围(幅度),并在工程计价过程中予以考虑。

2.5 投标价的编制方法

《计价规范》规定,投标价是投标人参与工程项目投标时报出的工程造价。即投标价是指在工程招标发包过程中,由投标人或受其委托具有相应资质的工程造价咨询人按照招标文件的要求以及有关计价规定,依据发包人提供的工程量清单、施工设计图纸,结合工程项目特点、施工现场情况及企业自身的施工技术、装备和管理水平等,自主确定的工程造价。

投标价是投标人希望达成工程承包交易的期望价格,但不能高于招标人设定的招标控制价。投标报价的编制是指投标人对拟承建工程项目所要发生的各种费用的计算过程。作为投标计算的必要条件,应预先确定施工方案和施工进度,此外,投标计算还必须与采用的合同形式相一致。

2.5.1 投标价的编制原则

报价是投标的关键性工作，报价是否合理直接关系到投标工作的成败。工程量清单计价下编制投标报价的原则如下：

1. 投标报价由投标人自主确定，但必须执行《建设工程工程量清单计价规范》的强制性规定。投标价应由投标人或受其委托具有相应资质的工程造价咨询人编制。
2. 投标报价不得低于工程成本。
3. 投标人必须按招标工程量清单填报价格。项目编码、项目名称、项目特征、计量单位、工程量计算规则必须与招标工程量清单一致。
4. 投标人的投标报价高于招标控制价的应予废标。
5. 投标报价要以招标文件中设定的承发包双方责任划分，作为设定投标报价费用项目和费用计算的基础。
6. 应该以施工方案、技术措施等作为投标报价计算的基本条件。
7. 报价计算方法要科学严谨，简明适用。

2.5.2 投标价编制依据

投标报价应根据下列依据编制：

（1）《建设工程工程量清单计价规范》GB 50500—2013；（2）国家或省级、行业建设主管部门颁发的计价办法；（3）企业定额，国家或省级、行业建设主管部门颁发的计价定额；（4）招标文件、工程量清单及其补充通知、答疑纪要；（5）建设工程项目的设计文件及相关资料；（6）施工现场情况、工程项目特点及拟定投标文件的施工组织设计或施工方案；（7）与建设项目相关的标准、规范等技术资料；（8）市场价格信息或工程造价管理机构发布的工程造价信息；（9）其他的相关资料。

2.5.3 投标价的编制内容

在编制投标报价之前，需要先对清单工程量进行复核。因为工程量清单中的各分部分项工程量并不十分准确，若设计深度不够则可能有较大的误差，而工程量的多少是选择施工方法、安排人力和机械、准备材料必须考虑的因素，自然也影响分项工程的单价，因此一定要对工程量进行复核。

投标报价的编制过程，应首先根据招标人提供的工程量清单编制分部分项工程量清单计价表、措施项目清单计价表、其他项目清单计价表、规费、税金项目清单计价表，计算完毕后汇总而得到单位工程投标报价汇总表，再层层汇总，分别得出单项工程投标报价汇总表和工程项目投标总价汇总表。工程项目投标报价的编制过程，如图 2-4 所示。

1. 分部分项工程费报价

投标人应按招标人提供的工程量清单填报价格，填写的项目编码、项目名称、项目特征、计量单位、工程量必须与招标人提供的一致。编制分部分项工程量清单与计价表的核心是确定综合单价。综合单价的确定方法与招标控制价中综合单价的确定方法相同，但确定的依据有所差异，主要体现在：

（1）工程量清单项目特征描述

工程量清单中项目特征的描述决定了清单项目的实质，直接决定了工程的价值，是投标人确定综合单价最重要的依据。在招投标过程中，若出现招标文件中分部分项工程量清单特征描述与设计图纸不符，投标人应以分部分项工程量清单的项目特征描述为准，确定投标报价的综合单价；若施工中施工图纸或设计变更与工程量清单项目特征描述不一致时，发、承包双方应按实际施工的项目特征，依据合同约定重新确定综合单价。

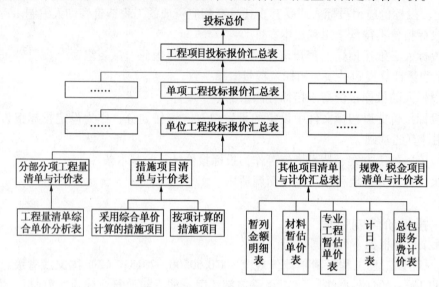

图 2-4　工程项目工程量清单投标报价流程

（2）企业定额

企业定额是施工企业根据本企业具有的管理水平、拥有的施工技术和施工机械装备水平而编制的，完成一个规定计量单位的工程项目所需的人工、材料、施工机械台班的消耗标准，是施工企业内部进行施工管理的标准，也是施工企业投标报价确定综合单价的依据之一。投标企业没有企业定额时可根据企业自身情况参照消耗量定额进行调整。

（3）资源可获取价格

综合单价中的人工费、材料费、机械费是以企业定额的人、料、机消耗量乘以人、料、机的实际价格得出的，因此投标人拟投入的人、料、机等资源的可获取价格直接影响综合单价的高低。

（4）企业管理费费率、利润率

企业管理费费率可由投标人根据本企业近年的企业管理费核算数据自行测定，当然也可以参照当地造价管理部门发布的平均参考值。

利润率可由投标人根据本企业当前盈利情况、施工水平、拟投标工程的竞争情况以及企业当前经营策略自主确定。

（5）风险费用

招标文件中要求投标人承担的风险费用，投标人应在综合单价中给予考虑，通常以风险费率的形式进行计算。风险费率的测算应根据招标人的要求结合投标企业当前的风险控制水平进行定量测算。在施工过程中，当出现的风险内容及其范围（幅度）在招标文件规定的范围（幅度）内时，综合单价不得变动，工程款不作调整。

（6）材料暂估价

招标文件中提供了暂估单价的材料，按暂估的单价计入综合单价。

2. 措施项目费报价

投标人可根据工程项目实际情况及施工组织设计或施工方案，自主确定措施项目费。招标人在招标文件中列出的措施项目清单是根据一般情况确定的，没有考虑不同投标人的具体情况。因此，投标人投标报价时应根据自身拥有的施工装备、技术水平和采用的施工方法确定措施项目，对招标人所列的措施项目进行调整。

措施项目费的计价方式，应根据《计价规范》的规定，可以计算工程量的措施项目采用综合单价方式计价；其余的措施项目采用以"项"为计量单位的方式计价，应包括除规费、税金外的全部费用。措施项目费由投标人自主确定，但其中安全文明施工费应按国家或省级、行业建设主管部门的规定确定。

3. 其他项目费报价

投标报价时，投标人对其他项目费应遵循以下原则：

（1）暂列金额应按照其他项目清单中列出的金额填写，不得变动。

（2）暂估价不得变动和更改。暂估价中的材料暂估价必须按照招标人提供的暂估单价计入分部分项工程费用中的综合单价；专业工程暂估价必须按照招标人提供的其他项目清单中列出的金额填写。

（3）计日工应按照其他项目清单列出的项目和估算的数量，自主确定各项综合单价并计算费用。

（4）总承包服务费应根据招标人在招标文件中列出的分包专业工程内容、供应材料和设备情况，由投标人按照招标人提出的协调、配合与服务要求以及施工现场管理需要自主确定。

4. 规费和税金报价

规费和税金应按国家或省级、行业建设主管部门规定计算，不得作为竞争性费用。

5. 投标价的汇总

投标人的投标总价应当与组成工程量清单的分部分项工程费、措施项目费、其他项目费和规费、税金的合计金额相一致，即投标人在进行工程项目工程量清单招标的投标报价时，不能进行投标总价优惠（或降价、让利），投标人对投标报价的任何优惠（或降价、让利）均应反映在相应清单项目的综合单价中。

2.5.4 投标价的分析

工程造价人员估算出初步计算标价之后，应当对这个标价进行多方面的分析和评估，其目的是探讨标价的经济合理性，从而做出最终报价决策。标价分析评估从以下几个方面进行。

1. 标价的宏观审核

标价的宏观审核是依据长期的工程实践中积累的大量的经验数据，用类比的方法，从宏观上判断初步计算标价的合理性。可采用下列宏观指标和评审方法。

（1）首先应当分项统计计算书中的汇总数据，并计算其比例指标。以一般房屋建筑工程为例。

1）统计建筑总面积与各单项建筑物面积。

2）统计材料费总价及各主要材料数量和分类总价，计算单位面积的总材料费用指标及各主要材料消耗指标和费用指标；计算材料费占标价的比重。

3）统计总劳务费及主要生产工人、辅助工人和管理人员的数量。算出单位建筑面积的用工数和劳务费；算出按规定工期完成工程时，生产工人和全员的平均人月产值和人年产值；计算劳务费占总标价的比重。

4）统计临时工程费用、机械设备使用费及模板脚手架和工具等费用，计算它们占总标价的比重。

5）统计各类管理费用，计算它们占总标价的比重；特别是计划利润、贷款利息的总数和所占比例。

（2）通过对上述各类指标及其比例关系的分析，从宏观上分析标价结构的合理性。例如，分析总直接费和总的管理费的比例关系，劳务费和材料费的比例关系，临时设施和机具设备费与总的直接费用的比例关系，利润、流动资金及其利息与总标价的比例关系等等。承包过类似工程的有经验的承包人不难从这些比例关系判断标价的构成是否基本合理。如果发现有不合理的部分，应当初步探讨其原因。首先研究本工程与其他类似工程是否存在某些不可比因素，如果考虑了不可比因素的影响后，仍存在不合理的情况，就应当深入探讨其原因，并考虑调整某些基价、定额或分摊系数。

（3）探讨上述平均人月产值和人年产值的合理性和实现的可能性。如果从本公司的实践经验角度判断这些指标过高或过低，就应当考虑所采用定额的合理性。

（4）参照同类工程的经验，扣除不可比因素后，分析单位工程价格及用工、用料量的合理性。

（5）从上述宏观分析得出初步印象后，对明显不合理的标价构成部分进行微观方面的分析检查。重点是在提高工效、改变施工方案、降低材料设备价格和节约管理费用等方面提出可行措施，并修正初步计算标价。

2. 标价的动态分析

标价的动态分析是假定某些因素发生变化，测算标价的变化幅度，特别是这些变化对计划利润的影响。

（1）工期延误的影响

由于承包人自身的原因，如材料设备交货拖延、管理不善造成工程延误、质量问题造成返工等等，承包人可能会增大管理费、劳务费、机械使用费以及占用的资金及利息，这些费用的增加不可能通过索赔得到补偿，而且还会导致误期罚款。一般情况下，可以测算工期延长某一段时间，上述各种费用增大的数额及其占总标价的比率。这种增大的开支部分只能用风险费和计划利润来弥补。因此，可以通过多次测算，得知工期拖延多久，利润将全部丧失。

（2）物价和工资上涨的影响

通过调整标价计算中材料设备和工资上涨系数，测算其对工程计划利润的影响。同时切实调查工程物资和工资的升降趋势和幅度，以便做出恰当判断。通过这一分析，可以得知投标计划利润对物价和工资上涨因素的承受能力。

(3) 其他可变因素的影响

影响标价的可变因素很多，而有些是投标人无法控制的，如贷款利率的变化、政策法规的变化等。通过分析这些可变因素的变化，可以了解投标项目计划利润的受影响程度。

3. 标价的盈亏分析

初步计算标价经过宏观审核与进一步分析检查，可能对某些分项的单价作必要的调整，然后形成基础标价，再经盈亏分析，提出可能的低标价和高标价，供投标报标决策时选择。盈亏分析包括盈余分析和亏损分析两个方面。

(1) 盈余分析

盈余分析是从标价组成的各个方面挖掘潜力、节约开支，计算出基础标价可能降低的数额，即所谓"挖潜盈余"，进而算出低标价。盈余分析主要从下列几个方面进行：

1) 定额和效率，即工料、机械台班消耗定额以及人工、机械效率分析；
2) 价格分析，即对劳务、材料设备、施工机械台班（时）价格三方面进行分析；
3) 费用分析，即对管理费、临时设施费等方面逐项分析；
4) 其他方面，如流动资金与贷款利息，保险费、维修费等方面逐项复核，找出有潜可挖之处。

考虑到挖潜不可能百分之百实现，尚需乘以一定的修正系数（一般取 0.5~0.7），据此求出可能的低标价，即：低标价 = 基础标价 - 挖潜盈余（修正系数）

(2) 亏损分析

亏损分析是分析在算标时由于对未来施工过程中可能出现的不利因素考虑不周和估计不足，可能产生的费用增加和损失。主要从以下几个方面分析：

1) 人工、材料、机械设备价格；
2) 自然条件；
3) 管理不善造成质量、工作效率等问题；
4) 建设单位、监理工程师方面问题；
5) 管理费失控。

以上分析估计出的亏损额，同样乘以修正系数（0.5~0.7），并据此求出可能的高标价。即：高标价 = 基础标价 +（估计亏损×修正系数）

2.6 工程项目投标报价策略与技巧

投标报价包括估价与报价两个过程。估价指估价师以招标文件中的合同条件、投标者须知、技术规程、设计图纸或工程数量表等为依据，以有关价格条件说明为基础，结合调研和现场考察获得的情况，根据本公司的工料消耗标准和水平、价格资料和费用指标，对本公司完成招标工程所需要支出的全部费用的估算。其原则是根据本公司的实际情况合理补偿成本，不考虑其他因素，不涉及投标决策问题。报价则是在估价的基础上，考虑本公司在该招标工程上的竞争地位、估价准确程度、风险偏好等因素，从本公司对于该工程的投标策略出发，确定在该工程上的预期利润水平。不难看出，报价实质上是投标决策问题，还要考虑运用适当的投标技巧，与估价的任务和性质是不同的。估价是一个预测工程建设费用的技术过程，而报价是随后基于净造价估算的一个单独商务与管理职能，二者密不可分，准确估价是报价的前提，合理报价是估价的目标。

2.6.1 工程项目投标报价决策

报价决策是投标人召集算标人员和本公司有关领导或高级咨询人员共同研究，就上述初步计算标价结果、标价宏观审核、动态分析及盈亏分析进行讨论，做出有关投标报价的最后决定。

为了在竞争中取胜，决策者应当对报价计算的准确度，期望利润是否合适，报价风险及本公司的承受能力，当地的报价水平，以及对竞争对手优势的分析评估等进行综合考虑，这样才能决定最后的报价金额。在报价决策中应注意以下问题。

1. 作为决策的主要依据应当是本公司算标人员的计算书和分析指标。报价决策不是干预算标人员的具体计算，而是由决策人员同算标人员一起，对各种影响报价的因素进行分析，并做出果断和正确的决策。

2. 各公司算标人员获得的基础价格资料是相近的，因此从理论上分析，各投标人报价同标底价格都应当相差不远。之所以出现差异，主要是由于以下原因：①各公司期望盈余（计划利润和风险费）不同；②各自拥有不同优势；③选择的施工方案不同；④管理费用有差别等等。鉴于以上情况，在进行投标决策研讨时，应当正确分析本公司和竞争对手情况，并进行实事求是的对比评估。

2.6.2 工程项目投标报价的策略

投标策略是承包商在工程项目投标竞争中的指导思想、系统工作部署及其参与投标竞争的方式和手段。投标人投标时，应该根据自身的经营状况、经营目标，既要考虑自身的优势和劣势，也要考虑市场竞争的状况，还要分析工程项目的整体特点，按照工程项目的特点、类别、施工条件等确定报价策略。

1. 生存型报价策略

由于社会、政治、经济环境的变化和投标人自身经营管理方面的原因，都可能造成投标人的生存危机。如市场竞争激烈，工程项目减少；政府调整固定资产投资方向，使某些投标人擅长的工程项目减少；投标人信誉降低，接到的投标邀请越来越少等等。这时投标人以克服生存危机为目标而争取中标时，可以不考虑其他因素，采取不盈利甚至赔本也要夺标的态度，只要能暂时维持生存，渡过难关，就会有东山再起的希望。

2. 竞争型报价策略

投标人在遇到以下几种情况，如经营状况不景气，近期接收到的投标邀请较少；竞争对手有威胁性；试图开拓新的地区、新的市场；承担新的工程项目类型或施工工艺；投标项目风险小，施工工艺简单、工程量大、社会效益好的项目；附近有本企业其他正在施工的项目。投标人应采取竞争型报价策略，以竞争为手段，以开拓市场、低盈利为目标，在精确计算成本的基础上，充分估计各竞争对手的报价，用具有竞争力的报价达到中标的目的。

3. 盈利型报价策略

若是投标人在工程项目所在地区已经打开局面，且施工能力饱和、信誉度高；竞争对手少、技术密集型项目；工程项目的施工条件差、专业要求高；规模小、总价低，不得不投标的工程项目；资金支付条件不理想的项目；工期要求紧、质量要求高的工程项目；特殊工程项目，如港口码头、地下开挖工程等等。投标人的策略是充分发挥自身优势，以实现最佳盈利为目标，对效益较小的项目热情不高，对盈利大的项目充满自信，其投标报价相对较高一些。

2.6.3 工程项目投标报价的技巧

投标报价的技巧（Know-how）指在投标报价中采用适当的方法，在保证中标的前提下，尽可能多的获得更多的利润。

1. 不平衡报价法

不平衡报价法（Unbalanced bids）也叫前重后轻法（Front loaded）。不平衡报价是指一个工程项目的投标报价，在总价基本确定后，如何调整内部各个项目的报价，以期既不提高总价从而影响中标，又能在结算时得到更理想的经济效益的投标报价方法。通常在以下情况可采用不平衡报价法，见表2-5。

常见的不平衡报价法 表2-5

序号	信息类型	变动趋势	不平衡结果
1	项目的资金结算时间	较早	单价适当提高
		较晚	单价适当降低
2	预计今后工程量	增加	单价适当提高
		减少	单价适当降低
3	设计图纸不明确	增加工程量	单价适当提高
		减少工程量	单价适当降低
4	暂定项目	自己承包的可能性大	单价适当提高
		自己承包的可能性小	单价适当降低
5	单价和包干混合制合同项目	固定包干价格项目	宜报高价
		其余单价项目	单价适当降低
6	综合单价分析表	人工费和机械费	适当提高
		材料费	适当降低
7	投标时招标人要求压低单价的项目	工程量大	单价小幅度降低
		工程量小	单价较大幅度降低
8	工程量不明确的项目	没有工程量	单价适当提高
		有假定的工程量	单价适中

对投标人来讲，采用不平衡报价法进行投标报价，可以降低一定的风险，但工程项目

的投标报价必须要建立在对工程量清单表中的工程量风险仔细核算、校对的基础上，特别是对于降低单价的项目，一旦工程项目的工程量增多，将会造成投标人的重大损失。同时一定要将价格调整控制在合理的幅度以内，一般控制在10%，以免引起招标人反对，甚至导致个别清单项目的报价不合理而失标。有时招标人也会针对一些报价过高的项目，要求投标人进行单价分析，并对单价分析中过高的内容进行压价，以致投标人得不偿失。

2. 多方案报价法

有时招标文件中规定，可以提一个建议方案。如果发现有些招标文件工程范围不很明确，条款不清楚或很不公正，或技术规范要求过于苛刻时，则要在充分估计投标风险的基础上，按多方案报价法处理。即是按原招标文件报一个价，然后再提出如"某条款作某些变动，报价可降低多少"的建议，由此可报出一个较低的价格。这样可以降低总造价，吸引招标人。

投标人应组织一批有经验的设计和施工工程师，对原招标文件的设计方案仔细研究，提出更合理的方案以吸引招标人，促成自己的方案中标。这种新的建议可以降低总造价或提前竣工。但要注意，对原招标方案一定也要报价，以供招标人进行比较。

增加建议方案时，不要将方案写得太具体，保留方案的技术关键，防止招标人将此方案交给其他投标人，同时要强调的是，建议方案一定要比较成熟，或过去有这方面的实践经验，避免匆忙提出一些没有把握的建议方案，导致出现不良后果。

3. 突然降价法

投标报价是一件保密性很强的工作，但竞争对手往往会通过各种渠道、手段来刺探情报，因之用此法可以在报价时迷惑竞争对手。即先按一般情况报价或表现出自己对该工程兴趣不大，而在临近投标截止时间时，突然降价。采用这种方法时，一定要在准备投标报价的过程中考虑好降价的幅度，在临近投标截止日期前，根据情况信息与分析判断，再做最后决策。采用突然降价法往往降低的是总价，而要把降低的部分分摊到各清单项目内，可采用不平衡报价进行，以期取得更高的效益。

4. 先亏后盈法

对于大型分期建设的工程项目，在第一期工程投标时，可以将部分间接费分摊到第二期工程中去，并减少利润以争取中标。这样在第二期工程投标时，凭借第一期工程的经验、临时措施以及创立的信誉，就会比较容易地获得到第二期工程。如第二期工程遥遥无期时，则不可以这样考虑。

5. 许诺优惠条件

投标报价附带优惠条件是行之有效的一种手段。招标人评标时，除了主要考虑报价和技术方案外，还要分析其他条件，如工期、支付条件等。因此，在投标时主动提出提前竣工、低息贷款、赠予施工设备、免费转让新技术或某种技术专利、免费技术协作、代为培训人员等等，均是吸引招标人、利于中标的辅助手段。

6. 计日工单价的报价

投标报价时，若是单纯报计日工单价，且不计入总价中，可以适当报高些，以便在招标人额外用工或使用施工机械时可多获得盈利；但若要将计日工单价计入总报价时，则需根据具体情况分析是否报高价，以免抬高总报价。总之，要分析招标人在工程项目开工后可能使用的计日工数量，再来确定报价策略。

7. 可供选择的项目的报价

有些工程项目的分项工程，招标人可能要求按某一方案报价，而后再提供几种可供选择方案的比较报价。投标时，投标人应对不同规格情况下的价格都进行调查，对将来有可能被选择使用的规格应适当提高其报价；对于技术难度大或其他原因导致的难以实现的规格，可将价格有意抬得更高一些，以阻挠招标人选用。但是，所谓"可供选择项目"并非由投标人任意选择，而是只有招标人才有权进行选择。因此，虽然适当提高了可供选择项目的报价，并不意味着肯定可以取得较好的利润，只是提供了一种可能性，一旦招标人今后选用，投标人方可得到额外加价的利益。

8. 暂定金额的报价

暂定金额有三种情况：（1）招标人规定了暂定金额的分项内容和暂定总价款，并规定所有投标人都必须在其总报价中加入这笔固定金额，但由于分项工程量不很准确，允许将来按投标人所报单价和实际完成的工程量计算付款。这种情况下，由于暂定总价款是固定的，对各投标人的总报价水平竞争力没有任何影响，因此，投标时应当对暂定金额的单价适当提高。（2）招标人列出了暂定金额的项目的数量，但并没有限制这些工程量的总报价估价款额，要求投标人列出单价，并按暂定项目的数量计算总价，但在未来结算付款时可按实际完成的工程量和所报单价计算。这种情况下，投标人必须慎重考虑。如果单价定得高了，同其他工程量计价一样，将会增大总报价，而影响投标报价的竞争力；如果单价定得低了，将来这类暂定项目数量增大，又将会影响收益。因此，对此类工程量可以采用正常价格。当然，若投标人估计今后工程项目的实际工程量肯定会增大，也可以适当提高单价，使将来可增加额外收益。（3）只有暂定金额的一笔固定总金额，将来这笔金额做什么用，由招标人确定。这种情况对投标竞争没有实际意义，投标人按招标文件要求将规定的暂定金额列入总报价即可。

第3章 施工成本预测和成本计划

3.1 施工成本预测

3.1.1 施工成本预测概述
3.1.1.1 施工成本预测
施工成本预测就是根据成本信息和施工项目的具体情况,运用一定的预测方法,对未来的成本水平及其可能发展趋势做出科学的估计,它是在工程施工以前对成本进行的估算。通过成本预测,可以在满足项目业主和本企业要求的前提下,选择成本低、效益好的最佳成本方案,并能够在施工项目成本形成过程中,针对薄弱环节,加强成本控制,克服盲目性,提高预见性。因此,施工成本预测是施工项目成本决策与计划的依据。施工成本预测,通常是对施工项目计划工期内影响其成本变化的各个因素进行分析,比照近期已完工施工项目或将完工施工项目的成本(单位成本),预测这些因素对工程成本中有关项目(成本项目)的影响程度,预测出工程的单位成本或总成本。

3.1.1.2 施工成本预测依据
施工成本预测是成本事前的预测分析,是对施工成本进行事前控制的重要手段。主要依据有:

(1) 建筑企业的利润目标

建筑企业根据经营决策提出利润目标后,便对企业降低成本提出了总目标。每个工程项目成本降低水平,应不低于企业的总成本降低水平,以保证降低成本总目标的实现。在此基础上才能确定施工项目的成本目标。

(2) 工程项目成本估算

成本估算是根据市场价格或定额价格对成本发生的社会平均水平做出估计。它既是合同价格的基础,又是成本决策的依据,也是量入为出的标准。这是最主要的依据。

(3) 建筑企业同类项目施工的成本降低水平

该水平是项目施工可能达到的水平,可与成本控制目标进行比较,从而做出成本目标决策。

3.1.1.3 施工成本预测过程
科学准确的预测必须遵循合理的程序,一般来讲,成本预测有以下七个过程:

(1) 制定预测计划

制定预测计划是预测工作顺利进行的保证。预测计划的内容主要包括:组织结构及工作布置,配合的部门,时间进度,材料收集范围等。

(2) 收集和整理预测资料

根据预测计划，收集预测资料是进行预测的重要条件，预测资料一般包括横向和纵向两个方面的数据。横向资料是指同类施工项目的成本资料，据以分析所预测项目与同类项目的差异；纵向资料是施工单位各类材料的消耗及价格的历史数据，据以分析其发展趋势。

（3）确定预测方法

预测方法依据是否可以量化可分为定性预测和定量预测两大类。

定性预测方法是根据已掌握的信息资料和直观材料，依据具有丰富经验和较强分析能力的内行和专家的意见，运用主观经验，对施工项目的材料消耗、市场行情及成本等，做出性质上和程度上的推断和估计，然后把各方面的意见进行综合，作为预测成本主要依据的一种预测方法。定量预测（也称统计预测）是根据已掌握的比较完备的历史统计资料，运用一定的数学方法进行科学的加工和处理，以揭示有关变量之间的规律，用于预测和推断未来发展变化情况的一类预测方法。其中定性预测方法主要包括专家会议法、专家调查法（德尔菲法）和主观概率预测法等；定量预测方法主要包括移动平均法、指数平滑法和回归预测法等，我们将在接下来的章节详细讨论这两大类方法，在这里不再详述。

（4）成本初步预测

主要是根据定性预测的方法结合横向成本资料的定量预测，对项目施工成本进行初步估算。

（5）影响成本水平的因素预测

影响成本的因素总是不断变化的，对影响成本的因素进行预测对于成本预测很有必要。这些因素主要包括：物价变化、劳动率变化、利率和汇率的变化、物料消耗指标的变化以及项目办公费用开支变化等。

（6）成本预测

依据初步的成本预测和影响成本变化因素的预测结果，确定该施工项目的成本情况。包括人工费、材料费和机械使用费等。

（7）分析预测误差

成本预测是在项目施工之前对成本所做的预计，这往往与实际施工成本有偏差，因此可以对可能产生的误差做出分析评价。预测误差大小反映预测的准确程度，如果误差较小，说明预测准确程度较高；如果误差较大，说明预测准确程度不够，就应分析产生误差的原因，并积累经验。

3.1.1.4 施工成本预测内容

直接工程费用的预测包括人工费、材料费、施工机具使用费的预测。

人工费的预测：分析施工采用的人工费单价和劳务市场的供求状况，根据工期及准备投入的人员数量分析该项合同价中的人工费。

材料费的预测：对材料费逐项分析，重新核定材料的供应地点、购买价、运输方式及装卸费等，并对比实际采用的材料规格和定额中材料规格的不同。

机具使用费的预测：投标施工组织中的机械设备的型号、数量一般是采用定额中的施工方法套算出来的，与工地实际施工有一定的差异，工作效率也不同，因此应测算实际将要发生的机械使用费。

除了人工费、材料费和机具使用费的预测外，施工成本预测的内容还包括现场临时设施成本、辅助工程费、施工方案变化引起费用变化等。施工成本准确预测的关键是要了解工程特点，熟悉施工方案，掌握特殊的施工方法。

3.1.1.5 施工成本预测方法

一般来讲，施工成本预测的方法可以分为定性预测方法和定量预测方法。定性预测方法是根据已掌握的信息资料和直观材料，依据具有丰富经验和较强分析能力的内行和专家的意见，运用主观经验，对施工项目的材料消耗、市场行情及成本等，做出性质上和程度上的推断和估计，然后把各方面的意见进行综合，作为预测成本主要依据的一种预测方法。定量预测（也称统计预测）是根据已掌握的比较完备的历史统计资料，运用一定的数学方法进行科学的加工和处理，以揭示有关变量之间的规律，用于预测和推断未来发展变化情况的一类预测方法。其中定性预测方法主要包括专家会议法、专家调查法（德尔菲法）和主观概率预测法等；定量预测方法主要包括移动平均法和指数平滑法等，我们将在接下来的章节详细讨论这两大类方法，在这里不再详述。

3.1.2 定性预测方法

定性预测偏重于对市场行情的发展方向和施工中各种影响施工项目成本因素的分析，能充分利用专家的经验和发挥专家的主观能动性，比较灵活且简单易行，可以较快的提出预测结果，但在进行定性预测时，也要尽可能地收集数据，运用数学方法，其结果通常是从数量上做出预测。

3.1.2.1 专家会议法

专家会议法又称集合意见法，是将有关人员集中起来，针对预测的对象，交换意见，预测施工成本。参加会议的人员，一般选择具有丰富经验，对经营管理熟悉，并有专长的各方面专家。这个方法可以避免依靠个人的经验进行预测而产生的片面性。使用该方法，预测值经常会出现较大的差异，一般采用预测值的平均值或加权平均值作为预测结果。

【例3-1】 A 建筑工程公司承建位于 B 市商住楼主体结构工程的施工（简称 M 工程），建筑面积 $12000m^2$，30层。公司在施工之前将要对 M 工程的施工成本进行预测，拟采用专家会议法预测施工成本。

【解】该公司召开由本公司12位专业人员参加预测会议，预测 M 工程的成本。第一轮各位专家的意见分别为：970、1000、1030、970、960、920、1036、1123、1029、1035、1067、961（单位：元/m²）。由于结果相差较大，经过反复讨论，意见集中在970（3人）、980（3人）、986（3人）、1004（3人），采用平均值预测 M 工程的施工成本 C：

$$C = \frac{(970 \times 3 + 980 \times 3 + 986 \times 3 + 1004 \times 3)}{12} = 985 \text{ 元/m}^2$$

3.1.2.2 专家调查法（德尔菲法）

德尔菲法，是采用背对背的通信方式征询专家小组成员的预测意见，经过几轮征询，使专家小组的预测意见趋于集中，最后做出符合市场未来发展趋势的预测结论。首先，草拟调查提纲，提供背景资料，轮番征询不同专家的预测意见，最后再汇总调查结果。对于调查结果，要整理出书面意见和报表。这种方法，具有匿名性，不受权威的影响，费用不高,节省时间。采用德尔菲法要比一个专家的预测判断或一组专家开会得出的预测方案要准确一些,一般用于较长期的预测。专家预测法的程序:

(1) 组织领导

开展德尔菲法预测,需要成立一个预测领导小组。领导小组负责草拟预测主题,编制预测事件一览表,选择专家,以及对预测结果进行整理、分析、归纳和处理。

(2) 专家的选择

选择专家是关键。专家一般是指掌握某一特定领域知识和技能的人,人数不宜过多,一般在 10~20 人为宜,可避免当面讨论时容易产生干扰的弊病,或者当面表达意见可能受到约束。该方法以信函的方式与专家直接联系,专家之间没有任何联系。

(3) 预测内容

根据预测任务,制定专家应答的问题提纲,说明做出定量估计、进行预测的依据及其对判断的影响程度。

(4) 预测程序

1) 提出要求,明确预测目标,用书面方式通知被选定专家或专门人员。要求每位专家说明可用来分析这些问题的特别资料以及这些资料的使用方法,同时请专家提出进一步需要哪些资料。

2) 专家接到通知后,根据自己的知识和经验,对所预测事件的未来发展趋势提出自己的观点,并说明其依据和理由,以书面方式回答主持预测的单位。

3) 预测领导小组,根据专家预测意见,加以归纳整理,对不同的预测值分别说明其依据和理由(根据专家意见,但不注明哪个专家的意见),然后再寄给各位专家,要求专家根据最新的意见重新预测,以及提出还有什么要求。

4) 专家等人接到第二次信后,就各种预测意见及其依据和理由进行分析,再次预测,提出自己的修改意见及其依据和理由。如此反复往返征询、归纳、修改直到意见基本一致为止。修改的次数,根据需要决定。

【例 3-2】 A 建筑工程公司成立预测领导小组,采用德尔菲法对 2012~2013 两年内建筑材料市场价格的年平均增长率做出预测。

【解】 本例中,A 建筑工程公司预测领导小组选择 10 名专家,分布于建设行业主管部门、建材行业主管部门及建筑企业、建材企业。给这 10 名专家发送的"征询函"的内容包括:①征询的目的和要求,即要求专家预测 2012~2013 两年内建筑材料市场价格的年平均增长率;②向专家提供一些必要的资料用于预测时参考,主要有 2000~2010 年建筑材料价格数据、物价指数和建材供求状况。最后经过 5 轮征询,最后专家的意见集中在 5% (3 人)、6% (2 人)、7% (2 人)、8% (3 人)。采用平均值法求得预测值 F:

$$F = \frac{(5\% \times 3 + 6\% \times 2 + 7\% \times 2 + 8\% \times 3)}{10} = 6.5\%$$

3.1.2.3 主观概率法

由于缺乏历史经验数据,不能进行精确分析,不得不根据自己的主观想象来估计某一事件发生的可能性,这种根据"个人主观臆测"而估计概率的方法称为主观概率法。主观概率法是与专家会议法或德尔菲法相结合的方法,即在采用专家会议法或德尔菲法时,让专家们提出几个预测值,并评定各值出现的概率;然后计算各个专家预测值的期望;最后，对所有专家预测值期望值求平均值，以此作为预测结果。

主观概率法的计算公式如下：

$$E_i = \sum_{j=1}^{m} F_{ij} \cdot P_{ij} \tag{3-1}$$

$$E = \sum_{i}^{n} E_i / n \tag{3-2}$$

$$i = 1, 2, L_n; j = 1, 2, L_m$$

式中 F_{ij}——第 i 个专家所作出的第 j 个估计值；

P_{ij}——第 i 个专家所作出的第 j 个估计值出现的概率；

E_i——第 i 个专家预测值的期望值；

E——预测结果，即所有专家预测期望值的平均值；

n——专家数；

m——每个专家做出估计值的个数。

【例3-3】 在例3-1中，进一步要求各位专家对四个值发生的可能性进行主观概率评定，然后依据主观概率法预测施工成本。各位专家的预测值见表3-1。

各位专家的预测值　　　　　　　　　　　表3-1

专家 估计值	最高值 ($A=1004$) (a)	第二高值 ($B=986$) (b)	第三高值 ($C=980$) (c)	最低值 ($D=970$) (d)	概率合计 $(e)=(a)+(b)$ $+(c)+(d)$	期望值 $(F)=A\times(a)+B\times(b)$ $+C\times(c)+D\times(d)$
1	0.1	0.2	0.3	0.4	1	
2	0.2	0.3	0.1	0.4	1	
3	0.4	0.3	0.2	0.1	1	
4	0.3	0.2	0.2	0.3	1	
5	0.25	0.35	0.2	0.2	1	
6	0.4	0.25	0.15	0.2	1	
7	0.5	0.1	0.1	0.3	1	
8	0.2	0.4	0.3	0.1	1	
9	0.3	0.25	0.25	0.2	1	
10	0.1	0.3	0.3	0.3	1	
11	0.4	0.1	0.3	0.2	1	
12	0.2	0.4	0.3	0.1	1	

【解】 计算过程和结果见表3-2。

计算过程和结果　　　　　　　　　　表3-2

专家\估计值	最高值 ($A=1004$) (a)	第二高值 ($B=986$) (b)	第三高值 ($C=980$) (c)	最低值 ($D=970$) (d)	概率合计 $(e)=(a)+(b)+(c)+(d)$	期望值 $(F)=A\times(a)+B\times(b)+C\times(c)+D\times(d)$
1	0.1	0.2	0.3	0.4	1	979.6
2	0.2	0.3	0.1	0.4	1	982.6
3	0.4	0.3	0.2	0.1	1	990.4
4	0.3	0.2	0.2	0.3	1	985.4
5	0.25	0.35	0.2	0.2	1	986.1
6	0.4	0.25	0.15	0.2	1	989.1
7	0.5	0.1	0.1	0.3	1	989.6
8	0.2	0.4	0.3	0.1	1	986.2
9	0.3	0.25	0.25	0.2	1	986.7
10	0.1	0.3	0.3	0.3	1	981.2
11	0.4	0.1	0.3	0.2	1	988.2
12	0.2	0.4	0.3	0.1	1	986.2

以各位专家预测期望值的平均值作为预测结果 E：

$$E = (979.6+982.6+990.4+985.4+986.1+989.1+989.6+986.2\\+986.7+981.2+988.2+986.2)/12 = 985.94$$

3.1.3 定量预测方法

定量预测法是根据已掌握的比较完备的历史统计数据，运用一定的数学方法进行科学的加工整理，借以揭示有关变量之间的规律，用于预测和推断未来发展变化情况的一类预测方法。定量预测方法主要包括移动平均法、指数平滑法和回归预测法等。一般来说，定量预测方法可以分为两大类：一类是时间序列预测法，另一类是回归预测法。

时间序列预测法是以一个指标本身的历史数据的变化趋势，去寻找市场变化规律，作为预测依据，即把未来作为过去历史的延伸；而回归预测法是指从一个指标与其他指标的历史与现实变化的相互关系中，探索他们的规律性联系，作为预测未来的依据。

相对于定性预测，定量预测法的优点在于偏重于数理方面的分析，重视预测对象的变化程度，能将变化程度进行量化；它主要是把历史统计数据和客观实际资料作为预测的依据，运用数学方法进行数据的处理与分析，受主观因素影响少；它利用现代化的计算方法，来进行大量的计算工作和数据处理，拟合出适合工程进展的最佳数据曲线，缺点在于比较机械，缺乏灵活性，不易掌握，对数据质量要求较高。

使用定量预测方法，积累和收集数据是必不可少的。如果把某一指标的数值，按时间先后顺序排列起来，以便于研究其发展变化的水平和趋势，这种数列就是动态数列。这种预测，就是对时间序列进行加工整理和分析，利用数列所反映出来的客观变动过程、发展趋势和发展速度，进行外推和延伸，借以预测未来可能达到的水平。

时间序列每一期的数值，都是很多不同因素综合作用的结果。总的来讲，这些因素可以分为三大类：

第一，长期趋势。长期趋势是时间序列变量在较长时间内的总趋势，即在长时间内连续不断地增长或下降的总趋势。它反映预测对象在长时间内的变动趋势，这种变动趋势，可能表现为向上发展，如劳动生产力的增长；也可能表现为向下发展，如物料消耗的降低；也可能表现为向上发展与向下发展的转变，如消费者价格指数、生产者价格指数。长期趋势经常是工程项目施工成本在数量上的反应，因此，它是进行预测和分析的重点。

第二，季节变动。这是指发生于每一年特定时期的周期波动，即这种波动会以年为周期不断出现。简单的说，每一年重复出现的循环波动，就是季节变动。季节性施工安排是季节性规律如自然气候作用于施工活动的结果，如雨季施工和冬季施工等。

第三，不规则变动，又称为随机变动，其变化无规则可循。这种变动都是由偶然因素引起的，如自然灾害、政治运动、法律变更等影响经济活动的事件，不规则变动幅度往往较大，而且预测难度较大，但可以用随机过程理论和不确定理论进行研究，这里不再介绍。

简单的讲，时间序列就是将各种社会、经济、自然现象的数量指标按照时间顺序排列起来的统计数据。所谓时间序列分析法，即揭示时间序列自身变化规律和相互联系的数学方法。简单易行，但准确性不好，只能在环境比较稳定的条件下才有一定的实用价值。

3.1.3.1 移动平均法

移动平均法是时间序列分析中最基本的一种分析方法，广泛运用于短期预测。所谓移动平均就是从时间序列的第一项数值开始，按一定项数求序时的平均数，然后逐项移动，边移动边平均。这样，就可以得到一个由移动平均数构成的新的数列，它仍然是一个时间序列。它把原有统计数据中的随机因素加以剔除，消除数据中的不规则变动，总体上使不规则的线形大致规则化，以显示预测对象的发展方向和趋势。移动平均法包括一次移动平均法、二次移动平均法、加权移动平均法、趋势修正移动平均法、指数平滑法等，这里主要介绍一次移动平均法、加权移动平均法和指数平滑法。

（1）一次移动平均法

计算公式：
$$M_t = (X_{t-1} + X_{t-2} + L + X_{t-N})/N \tag{3-3}$$

式中 t——期数；

N——分段数据点数；

X_{t-N}——第 $t-N$ 的实际值；

M_t——第 t 期的一次移动平均预测值；

一次移动平均法的递推公式如下：
$$M_t = M_{t-1} + (X_{t-1} - X_{t-(N+1)})/N \tag{3-4}$$

【例 3-4】在例 3-1 中。A 建筑工程公司利用一次移动平均法预测 M 工程劳动生产率的提高。分别取 $N=3$，$N=5$，预测 M 工程第 2011 年劳动生产率的增长率。

【解】当 $N=3$，第 4 年的预测值为

$M_4 = (1.5+2.1+3.4)/3 = 2.333$

$M_5 = M_4 + (X_4 - X_{5-(3+1)})/3 = 2.333 + (4.2-1.5)/3 = 3.233$

同理可得 M_6, L, M_{12}。

当 $N=5$,第 6 年的预测值为

$$M_6 = (1.5 + 2.1 + 3.4 + 4.2 + 4.6)/5 = 3.16$$
$$M_7 = M_6 + (X_6 - X_{7-(5+1)})/5 = 3.16 + (5.3 - 1.5)/5 = 3.92$$

同理可得 M_8, L, M_{12},计算结果见表 3-3。

计算结果 表 3-3

年 份	年次	各年度劳动生产率的实际增长率 ($Y\%$)	一次移动平均值 ($N=3$)	一次移动平均值 ($N=5$)
2000	1	1.5		
2001	2	2.1		
2002	3	3.4		
2003	4	4.2	2.333	
2004	5	4.6	3.233	
2005	6	5.3	4.067	3.16
2006	7	5.8	4.700	3.92
2007	8	6.3	5.233	4.66
2008	9	6.9	5.800	5.24
2009	10	7.8	6.333	5.78
2010	11	8.2	7.000	6.42
2011	12		7.633	7.00

根据表中的实际数据与预测数据的对比分析可以得出:

1)N 值越大,反应越慢,对新值缺乏适应性;N 值越小,反应越灵敏,易把偶然因素当成趋势;

2)数据多,N 取值大些;数据少,N 取值小些;

3)凭积累的经验确定 N 的取值,时间序列如有周期性波动,N 取此周期。

3.1.3.2 加权移动平均法

在计算移动平均值时,对于时间序列赋予不同的权重,由于近期发生的数据比远期发生的数据影响大,因此所取权重也较大。公式如下:

$$M_t = (\alpha_1 X_{t-1} + \alpha_2 X_{t-2} + L + \alpha_N X_{t-N})/N \tag{3-5}$$

式中 α_i 表示加权系数,$\alpha_1 \geq \alpha_2 \geq L\alpha_N$,$\sum \alpha_i / N = 1$。

【例 3-5】对案例 3-4,取 $N=5$,采取移动加权平均法预测 2011 年的劳动生产率的增长率。权重分别为 1.5、1.2、1.0、0.8、0.5。

【解】第六年的预测值为

$$M_6 = (1.5 \times 4.6 + 1.2 \times 4.2 + 1.0 \times 3.4 + 0.8 \times 2.1 + 0.5 \times 1.5)/5 = 3.554$$

同理可以计算 M_7,LM_{12},计算结果见表 3-4。

计算结果　　　　　　　　　　　　　　　　表3-4

年 份	年次	各年度劳动生产率的实际增长率（Y%）	加权移动平均值 M（$N=5$ 时）
2000	1	1.5	
2001	2	2.1	
2002	3	3.4	
2003	4	4.2	
2004	5	4.6	
2005	6	5.3	3.554
2006	7	5.8	4.288
2007	8	6.3	4.944
2008	9	6.9	5.498
2009	10	7.8	6.05
2010	11	8.2	6.714
2011	12		7.3

3.1.3.3 指数平滑法

指数平滑法（也加指数修正法），是一种简便易行的时间序列预测方法。它是在移动平均法的基础上发展起来的预测方法，是移动平均法的改进形式。移动平均法有两个不可避免的缺陷：一是它需要有大量历史数据的储备；二是要用时间序列的近期观测值的加权方法来解决，由于最新的观测值中包含着最多的未来情况的信息，所以必须相对的比前期观测值赋予更大的权重，即对最近期的观测值应赋予最大的权重，而较远的观测值就赋予递减的权重。而指数平滑法就是一种既反映大量历史数据信息，同时又可以较多地反映最新观测数据信息的方法，而且需要储存的历史数据也不多。

计算公式： $$F_{t+1} = \alpha X_t + (1-\alpha) F_t \tag{3-6}$$

式中　α——平滑指数，$\alpha \in [0, 1]$；
　　　X_t——第 t 期发生的实际值；
　　　F_t——第 t 期的预测值，也是第 $t-1$ 期的指数平滑值。

【例3-6】对案例3-5，采用一次指数平滑法预测2011年劳动生产率的增长率。分别取 $\alpha = 0.3$ 和 0.7。

【解】式中 X_1，X_2，$\cdots X_{11}$ 分别代表1，2，$\cdots$，11年次的实际值，令 $F_1 = X_1$。

当 $\alpha = 0.3$ 时

$F_2 = \alpha X_1 + (1-\alpha) F_1 = 0.3 \times 1.5 + (1-0.3) \times 1.5 = 1.5$

$F_3 = \alpha X_2 + (1-\alpha) F_2 = 0.3 \times 2.1 + (1-0.3) \times 1.5 = 1.68$

$LF_{12} = \alpha X_{11} + (1-\alpha) F_{11} = 0.3 \times 8.2 + (1-0.3) \times 6.25 = 2.46 + 4.375 = 6.838$

当 $\alpha = 0.7$ 时，同理可得 F_2，F_3，LF_{12}。计算结果见表3-5。

计 算 结 果　　　　　　　　　　表 3-5

年　份	年次	各年度劳动生产率的实际增长率（Y%）	利用指数平滑法所得预测值 F（α=0.3）	利用指数平滑法所得预测值 F（α=0.7）
2000	1	1.5		
2001	2	2.1	1.500	1.500
2002	3	3.4	1.680	1.920
2003	4	4.2	2.196	2.956
2004	5	4.6	2.797	3.827
2005	6	5.3	3.338	4.368
2006	7	5.8	3.927	5.020
2007	8	6.3	4.489	5.566
2008	9	6.9	5.032	6.080
2009	10	7.8	5.592	6.654
2010	11	8.2	6.254	7.456
2011	12		6.838	7.977

3.2 施工预算

施工预算是施工单位为了加强企业内部的经济核算，在施工图预算的控制下，以建筑安装单位工程为对象，根据施工图纸、施工定额、施工及验收规范、标准图集、施工组织设计（或施工方案）编制的单位工程（或分部分项工程）施工所需的人工、材料和施工机械台班用量的技术经济文件，它是施工企业的内部文件，同时也是施工企业进行劳动调配，物资技术供应，控制成本开支，进行成本分析和班组经济核算的依据。它不仅规定了单位工程（或分部分项工程）所需人工、材料和施工机械台班用量，还规定了工种的类型，工程材料的规格、品种，所需各种机械的规格，以便有计划、有步骤合理组织施工，从而达到节约人力、物力和财力的目的。

3.2.1 施工预算内容

施工预算的内容是以单位工程为对象，进行人工、材料、机械台班数量及其费用总和的计算。它由编制说明和预算表格两部分组成。

3.2.1.1 编制说明部分

施工预算的编制说明应简明扼要地叙述为以下几个方面的内容：
(1) 工程概况及建设地点；
(2) 编制的依据（如采用的定额、图纸、图集、施工组织设计等）；
(3) 对设计图纸和说明书的审查意见及编制中的处理方法；

（4）所编工程的范围；
（5）在编制时所考虑的新技术、新材料、新工艺、冬雨期施工措施、安全措施等；
（6）工程中还存在和需要进一步解决的其他问题。

3.2.1.2 预算表格部分

（1）工程量计算汇总表

工程量计算汇总表是按照施工定额的工程量计算规则做出的重要基础数据。为了便于生产、调度、计划、统计及分期材料供应，根据工程情况，可将工程量按分层、分段、分部位进行汇总，然后进行单位工程汇总。

（2）施工预算工料分析表

施工预算工料分析表与施工图预算的工料分析表编制方法基本相同，要注意按照工程量计算汇总表的划分，做出分层、分段、分部位的工料分析结果，为施工分期生产计划提供方便条件。

（3）人工汇总表

人工汇总表是将工料分析表中的人工按工种分层、分段、分部位进行汇总的表格，是编制劳动力计划、合理调配劳动力的依据。

（4）材料消耗量汇总表

将工料分析表中不同品种、规格的材料按层、段、部位进行汇总。材料消耗量汇总表是编制材料供应计划的依据。一般工程常见的汇总表有：

1）钢筋混凝土预制构件委托加工表；
2）金属构件委托加工表；
3）钢木门窗委托加工表；
4）门窗五金明细表；
5）周转性材料需用量表；
6）现场分规格、品种的钢材、木材、水泥需用量表；
7）现场分规格、品种的地方性材料需用量表；
8）各种其他成品、半成品需用量表。

（5）机械台班使用量汇总表

将工料分析表中各种施工机具及消耗台班数量按层、段、部位进行汇总。

（6）施工预算表

将已汇总的人工、材料、机械台班消耗数量分别乘以所在地区的人工工资标准、材料预算价格、机械台班单价，计算出人、料、机具费（有定额单价时可直接使用定额单价）。

（7）"两算"对比表

指同一工程内容的施工预算与施工图预算的对比分析表。将计算出的人工、材料、机具台班消耗数量，以及人工费、材料费、机具费等与施工图预算进行对比，找出节约或超支的原因，作为开工之前的预测分析表。

3.2.2 施工预算编制要求、依据和方法

3.2.2.1 施工预算编制要求

（1）编制深度的要求

1）施工预算的项目要能满足签发施工任务单和限额领料单的要求，以便加强管理、实行队组经济核算。

2）施工预算要能反映出经济效果，以便为经济活动分析提供可靠的依据。

（2）编制要紧密结合现场实际

按照所承担的任务范围、现场实际情况及采取的施工技术措施，结合企业管理水平，实事求是地进行编制。

3.2.2.2 施工预算编制依据

（1）会审后的施工图纸、设计说明书和有关的标准图；

（2）施工组织设计或施工方案；

（3）施工图预算书；

（4）现行的施工定额，材料预算价格，人工工资标准，机械台班费用定额及有关文件；

（5）工程现场实际勘察与测量资料，如工程地质报告、地下水位标高等；

（6）建筑材料手册等常用工具性资料。

3.2.2.3 施工预算编制方法

（1）熟悉施工图纸、施工组织设计及现场资料；

（2）熟悉施工定额及有关文件规定；

（3）列出工程项目，计算工程量；

（4）套用定额，计算人、料、机具费并进行工料分析；

（5）单位工程人、料、机具费及人工、材料、机械台班消耗量汇总；

（6）进行"两算"对比分析；

（7）编写编制说明并填写封面，装订成册。

3.2.2.4 编制时应注意的问题

（1）当定额中仅给出砌筑砂浆、混凝土标号（强度等级），而没有给出砂、石子、水泥用量时，必须根据砂浆或混凝土的标号（强度等级），按定额附录《砂浆配合比表》及《混凝土配合比表》的使用说明进行二次分析，计算出各原材料的用量。

（2）凡确定外加工的成品、半成品，如预制混凝土构件、钢木门窗制作等，不需进行工料分析，应与现场施工的项目区别开，便于基层施工班组的经济核算。

（3）人工分析中的其他用工，系指各工种搭接和单位工程之间转移操作地点影响工效，临时停水停电，个别材料超运距以及其他细小难以计算工程量的直接用工，不作为下达班组施工任务单之用。

3.2.3 施工图预算与施工预算的对比

"两算"对比是指施工图预算与施工预算的对比。通过对比分析，找出节约和超出的原因，研究提出解决的措施，防止人工、材料和机械用量及使用费的超支，以避免发生预算成本的亏损。通过"两算"对比，并在完工后加以总结，取得经验教训，积累资料，加强和改进施工组织管理，以减少工料消耗，提高劳动生产率，降低工程成本，节约资金，增加积累，取得更大的经济效益。

（1）实物对比法

即将施工预算中的各分部工程的人工、主要材料、机械台班量与施工图预算的人工、主要材料和机械台班消耗量分别进行对比。

(2) 金额对比法

将施工预算的人工费、材料费、机械费、与施工图预算中的人工费、材料费、机械费分别进行对比。

3.3 施工成本计划

3.3.1 施工成本计划概述

施工成本计划是以货币形式编制工程项目施工在计划期内的生产费用、成本水平、成本降低率以及为降低成本所采取的主要措施和规划的书面方案，它是建立工程项目施工成本管理责任制、开展成本控制和核算的基础，同时也是降低施工成本的指导文件，是设立施工目标成本的依据。可以说，施工成本计划是施工目标成本的一种形式。

对于施工项目而言，其成本计划是一个不断深化的过程。在这一过程的不同阶段形成深度和作用不同的成本计划，若按照其发挥的作用可以分为以下三类：

(1) 竞争性成本计划

竞争性成本计划是施工项目投标及签订合同阶段的估算成本计划。这类成本计划以招标文件中的合同条件、投标者须知、技术规范、设计图纸和工程量清单为依据，以有关价格条件说明为基础，结合调研、现场踏勘、答疑获得的情况，根据施工企业自身的工料消耗标准、水平、价格资料和费用指标，对本企业完成投标工作所需要支出的全部费用进行估算。在投标报价过程中，虽也着力考虑降低成本的途径和措施，但总体上比较粗略。

(2) 指导性成本计划

指导性成本计划是选派项目经理阶段的预算成本计划，是项目经理的责任成本目标。它是以合同价为依据，按照企业的预算定额标准制定的设计预算成本计划，且一般情况下确定责任总成本目标。

(3) 实施性成本计划

实施性成本计划是项目施工准备阶段的施工预算成本计划，它是以项目实施方案为依据，以落实项目经理责任目标为出发点，采用企业的施工定额通过施工预算的编制而形成的实施性施工成本计划。

上述三类成本计划相互衔接和不断深化，构成了整个工程项目施工成本的计划过程。其中，竞争性成本计划带有成本战略的性质，是施工项目投标阶段商务标书的基础，而有竞争力的商务标书又是以其先进合理的技术标书为支撑的。因此，它奠定了施工成本的基本框架和水平。指导性成本计划和实施性成本计划，都是战略性成本计划的进一步开展和深化，是对战略性成本计划的战术安排。此外，根据施工项目管理的需要，成本计划又可按照施工成本组成、按施工项目组成、按施工进度分别编制施工成本计划。

3.3.2 施工成本计划内容

3.3.2.1 施工成本计划的组成

施工成本计划一般由施工直接成本计划和施工间接成本计划组成。

（1）施工直接成本计划

施工直接成本计划主要反映施工成本的预算价值，计划降低额和计划降低率。一般包括以下几方面的内容：

1）总则包括对施工项目的概述，项目管理机构及层次介绍，有关工程的进度计划、外部环境特点，对合同中有关经济问题责任，成本计划编制中依据其他文件及其他规格也均应做适当介绍。

2）目标及核算原则包括施工项目降低成本计划及计划利润总额、主要材料和能源节约额、贷款和流动资金节约额等。核算原则系指参与项目的各单位在成本、利润结算中采用何种核算方式，如承包方式、费用分配方式、会计核算原则（权责发生制还是收付实现制）、结算款所用币种等，如有不同，应予以说明。

3）降低成本计划总表或总控制方案项目主要部分的分部成本计划，如施工部分，编写施工项目施工成本计划，按人工费、材料费、机具费、管理费、计划利润的合同中标数、计划支出数、计划降低额分别填入。如有多家单位参与施工时，要分单位编制后再汇总。

4）对施工项目成本计划中计划支出数估算过程的说明

要对材料、人工、机械费、运费等主要支出项目加以说明。以材料费为例，应说明：钢材、木材、水泥、沙石、加工订货制品等主要材料和加工预制品的计划用量、价格，模板摊销列入成本的幅度，脚手架等租赁用品计划多少款，材料采购发生的成本差异是否列入成本等，以便在实际施工中加以控制和考核。

5）计划降低成本的来源分析

应反映项目管理过程中计划采取的增产节约、增收节支和各项措施与预期效果。以施工部分为例，应反映技术组织措施的主要项目及预期经济效果。可依据技术、劳资、机械、材料、能源、运输等各部门提出的节约措施，加以整理计算。

（2）施工间接成本计划

间接成本计划主要反映施工现场管理费的计划数、预算收入数及降低额。间接成本计划应根据工程项目的核算期，以项目总收入为管理费的基础，制定各部门费用的收支计划，汇总后作为工程项目的管理费用计划。在间接成本计划中，收入应与取费口径一致，支出应与会计核算中管理费用的二级科目一致。间接成本的计划收支总额，应与项目成本计划中管理费一栏的数额相符。各部门应按照节约开支、压缩费用的原则，制定管理费用归口包干指标落实办法，以保证计划的实施。

3.3.2.2 施工成本计划表

编制了施工成本计划以后还需要通过各种成本计划表的形式将成本降低任务落实到整个施工项目的全工程，并在项目实施的过程中实现对成本的控制。施工成本计划表通常由施工成本计划任务表、技术措施表和降低成本计划表组成，间接成本计划可用施工现场管理费用计划表来控制。

（1）施工成本计划任务表

施工成本计划任务表见表3-6，它是主要反映工程项目施工预算成本、计划成本、成本降低额、成本降低率的文件。成本降低额能否实现主要取决于企业采取的技术组织措施。因此，计划成本降低额一栏要根据技术组织措施表和降低成本计划表来填写。

（2）技术组织措施表

技术组织措施表见表3-7，它是预测项目计划期内施工项目成本各项直接费用计划降低额的依据，是提出各项节约措施和确定各项措施的经济效益文件。由项目经理部有关人员分别就应采取的技术组织措施预测其经济效益，最后汇总编制而成。编制技术组织措施表的目的，是为了在不断采用新工艺、新技术的基础上提高施工技术水平，改善施工工艺过程，推广工业化和机械化的施工方法，以及通过采纳合理化建议以降低成本。

施工成本计划任务表　　　　　　　　　　　　表3-6

工程名称：　日期：
项目经理：　单位：

项　目	预算成本	计划成本	计划成本降低额	计划成本降低率
1. 直接成本				
（1）人工费				
（2）材料费				
（3）机具使用费				
2. 间接成本				
施工管理费				
合　计				

技术组织措施表　　　　　　　　　　　　表3-7

工程名称：　日期：
项目经理：　单位：

措施项目	措施内容	涉及对象			降低成本来源		成本降低额			
		实物名称	单价	数量	预算收入	计划开支	合计	人工费	材料费	机具费

（3）降低成本计划表

降低成本计划表见表3-8，它是根据企业下达给项目的降低成本任务和该项目经理部自己确定的降低成本指标而制定出施工项目成本降低计划，它是编制施工成本计划任务表的重要依据。它是由项目经理部有关技术人员编制的。其根据是项目总包和分包的分工,项目中各有关部门提供降低成本资料及技术组织措施计划。在编制成本计划任务表时还应参照企业内外以往同类施工项目成本计划的实际执行情况。

降低成本计划表 表3-8

工程名称: 日期:
项目经理: 单位:

分项工程名称	成本降低额				
	总计	直接成本			间接成本
		人工费	材料费	机具费	

(4) 施工现场管理费用计划表

施工现场管理费用计划表见表3-9,是项目经理部为组织和管理项目施工编制的费用计划表,以确定施工现场管理费的预算收入、计划支出和计划降低额。特别注意,这里所说的管理费是施工现场项目经理部所发生的费用,不包括企业本部发生的管理费。

施工现场管理费计划表 表3-9

工程名称: 日期:
项目经理: 单位:

项 目	预算收入	计划数	计划降低额	计划降低率
管理人员工资				
管理人员奖金				
工资附加费				
固定资产折旧、修理费				
办公费				
低值易耗品摊销				
差旅交通费				
劳动保护费				
取暖费、水电费				
……				
合 计				

3.3.2.3 施工成本计划的分析

(1) 施工进度成本分析

为了便于在分部分项工程的施工中同时进行进度和成本的控制,掌握进度与成本的变化过程,可以按照横道图与网络图的特点分别进行处理分析。

1) 基于横道图的进度计划和施工成本分析

从横道图中可以掌握很多信息,包括:

①每道工序(即分项工程,下同)的进度与成本的同步关系,即施工到什么阶段,将发生多少成本;

②每道工序的计划施工时间与实际施工时间(从开始到结束)之比(提前或拖期),以及对后道工序的影响;

③每道工序的计划成本与实际成本之比(节约或超支),以及对完成某一时期责任成本的影响;

④每道工序施工进度的提前或拖期对成本的影响程度;

⑤整个施工阶段的进度和成本情况。

通过进度与成本同步跟踪的横道图,要求实现:

①以计划进度控制实际进度;

②以计划成本控制实际成本;

③随着每道工序进度的提前或拖期,对每个分项工程的成本实行动态控制,以保证项目成本目标的实现。

【例3-7】施工单位做钢筋混凝土浇筑。该钢筋混凝土工程由三个施工过程组成,每个施工过程分为四个工作段,进行流水施工,其流水节拍(D)见表3-10。

流水节拍 表3-10

施工过程	工作段			
	②	②	③	④
绑扎钢筋	2	3	2	1
支模板	3	2	4	2
浇筑混凝土	3	4	2	2

问题:

(1) 试确定流水步距、工期并绘出横道图。

(2) 塔吊租赁为560元/天,由于业主改变施工方案导致浇筑工程停工三天,请问工期如何变化?施工塔吊成本如何变化?

【解】(1) 确定流水步距、工期,并绘制其横道图

①求各施工过程流水节拍的累加数列:

阶段过程Ⅰ:$a_1 = 2$, $a_2 = 3$, $a_3 = 2$, $a_4 = 1$

$A_1 = a_1 = 2$, $A_2 = a_1 + a_2 = 2 + 3 = 5$,

$A_3 = a_1 + a_2 + a_3 = 2 + 3 + 2 = 7$, $A_4 = a_1 + a_2 + a_3 + a_4 = 2 + 3 + 2 + 1 = 8$

所以阶段过程Ⅰ的累加数列：2，5，7，8
同理可以计算：
阶段过程Ⅱ的累加数列：3，5，9，11
阶段过程Ⅲ的累加数列：3，7，9，11
②错位相减求的"差数列"：
Ⅰ与Ⅱ：2，5，7，8
－）　 3，5，9，11
　　　　────────────
　　　　2，2，2，-1，-11

Ⅱ与Ⅲ：3，5，9，11
－）　 3，7，9，11
　　　　────────────
　　　　3，2，2，2，-11

③在"差数列"中取最大值求得流水步距：
阶段过程Ⅰ与Ⅱ之间的流水步距：$K_{1,2}$ = max [2，2，2，-1，-11] = 2（天）
阶段过程Ⅱ与Ⅲ之间的流水步距：$K_{2,3}$ = max [3，2，2，2，-11] = 3（天）
④计算流水总工期：T = 2 + 3 + 3 + 4 + 2 + 2 = 16（天）
⑤绘横道图（图3-1）

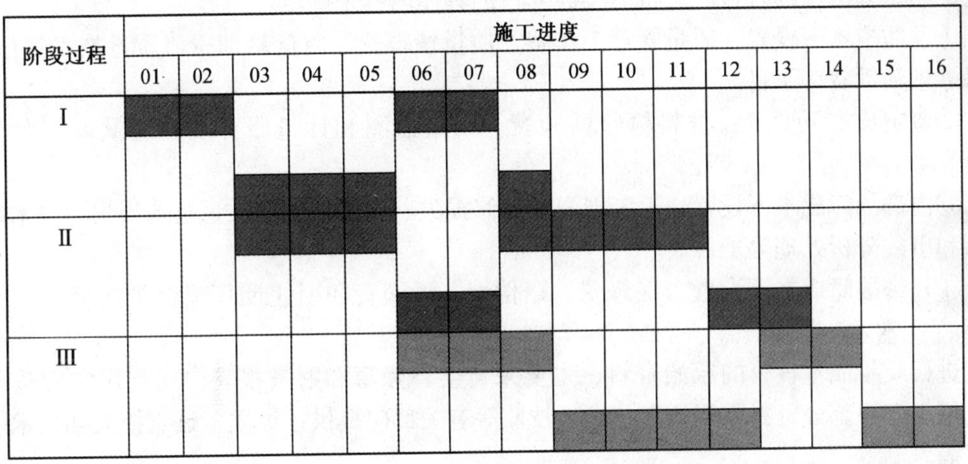

阶段过程	施工进度															
	01	02	03	04	05	06	07	08	09	10	11	12	13	14	15	16
Ⅰ																
Ⅱ																
Ⅲ																

图3-1 横道图

（2）工期、塔吊成本变化
①工期延长了三天，T = 19 天
②塔吊成本增加 C = 560 × 3 = 1680（元）
由于业主原因导致施工单位进度延后和成本增加，应该向业主进行索赔。
2）基于网络计划图的进度与成本的同步控制
网络计划图进度与成本的同步控制，与横道图有异曲同工之妙。所不同的是，网络计划图在施工进度的安排上更具逻辑性，而且可在网络图上进行优化和调整，因而对每道工序的成本控制也更为有效，在项目成本计划优化过程中，项目管理人员对降低成本的目标提出各项施工改进措施，在成本分析的过程中，既要制定成本控制目标，又要制定出降低成本的计划，例如在核算材料时，在确定工程实体净消耗的基础上，合理确定材料损耗水平，提出各环节材料损耗的理想目标和方法，力争将成本控制在目标成本之下。在施工工艺中，则由技术人员和管理人员共同分析工艺中存在的可改进环节，采用降低成本保证质量、提高施工效率的新工艺，从根本上改进成本控制目标。在项目施工前，项目管理人员就可以依据施工项目成本管理计划，制定奖惩标准，激励施工人员投入到成本控制工作。

（2）施工质量成本分析

施工质量成本是指施工项目为保证和提高产品质量而付出的一切费用，以及为达到质量标准而产生的一切损失和费用。质量成本包括控制成本和故障成本。控制成本包括预防成本和鉴定成本，属于质量保证费用，与质量水平成正比，也就是说工程质量越高，鉴定成本和预防成本就越大；故障成本包括内部故障成本和外部故障成本，属于损失性费用，与质量水平成反比，即工程质量越高，故障成本越低。

施工质量成本研究，首先始于质量成本核算，而后质量成本分析，终于质量成本控制。

1）质量成本核算

质量成本核算即将施工过程中发生的质量成本费用，按照预防成本、鉴定成本、内部故障成本和外部故障成本的明细科目记录，然后计算各个时期各项质量成本的发生情况。质量成本核算的明细科目。可根据实际支付的具体内容来确定。

①预防成本下设置：质量管理工作费、质量情报费、质量培训费、质量技术宣传费、质量管理活动费等子目。

②鉴定成本下设置：材料检验试验费、工量监测和计量服务费、质量评审费用等子目。

③内部故障成本下设置：返工损失、返修损失、停工损失、质量过剩损失、技术超前支出和事故分析处理等子目。

④外部故障成本下设置：保修费、赔偿费、诉讼费和因违反环境保护法而发生的罚款等。

进行质量成本核算的原始资料，主要来自会计账簿和财务报表，或利用它们整理而得。但也有一部分资料需要依靠技术、技监等有关部门提供，如质量过剩损失和技术超前支出等。

2）质量成本分析

质量成本分析是根据质量成本核算的资料进行归纳、比较和分析，包括四个分析内容：

①质量成本总额的构成内容分析；

②质量成本总额的构成比例分析；

③质量成本总额的构成关系比例分析；

④质量成本占预算成本的比例分析。

3）质量成本控制

根据以上分析资料，对影响质量成本较大的关键因素，采取有效措施，进行质量成本控制。

(3) 风险分析

在编制施工项目成本计划时,风险是不得不考虑的因素。目前我们实行的是社会主义市场经济,市场这只"看不见的手"为配置资源的主要方式,通过竞争机制,使有限的资源得到最优配置,这必将促进企业之间的竞争,从而产生风险。在编制施工成本计划时,可能存在以下因素导致支出增加,甚至造成亏损:

①由于技术上、工艺上的变更,造成施工方案的变化;

②交通、能源、环保方面的要求带来的变化;

③原材料价格变化、通货膨胀带来的连锁反应;

④工资与福利方面的变化;

⑤气候带来的自然灾害。

3.3.3 施工成本计划编制

3.3.3.1 施工成本计划编制原则

为了编制出能够发挥积极作用的施工成本计划,在编制施工成本计划时应遵循以下一些原则:

(1) 从实际情况出发的原则

编制成本计划必须根据国家的方针政策,从企业的实际情况出发,充分挖掘企业内部潜力,使降低成本指标既积极可靠,又切实可行。施工项目管理部门降低成本的潜力在于正确选择施工方案,合理组织施工;提高劳动生产率;改善材料供应;降低材料消耗,提高机械利用率;节约施工管理费用等。但必须注意的是不能为了降低成本而偷工减料,忽视质量,不顾机械的维护修理而拼机械,片面增加劳动强度,加班加点,或减掉必要的劳保费用,忽视安全工作。

(2) 与其他计划相结合的原则

施工成本计划必须与施工项目的其他计划,如施工方案、生产进度计划、财务计划、材料供应及消耗计划等密切结合,保持平衡。一方面,成本计划要根据施工项目的生产、技术组织措施、劳动工资、材料供应和消耗等计划来编制;另一方面,其他各项计划指标又影响着成本计划,应考虑适应降低成本的要求,与成本计划密切配合,而不能单纯考虑每一种计划本身的需要。

(3) 采用先进技术经济定额的原则

施工成本计划必须以各种先进的技术经济定额为依据,并结合工程的具体特点,采取切实可行的技术组织措施作保证。只有这样,才能编制出既有科学依据,又有实现可能的成本计划,从而发挥施工成本计划的积极作用。

(4) 统一领导、分级管理的原则

编制成本计划时应采用统一领导、分级管理的原则,采取走群众路线的工作方法,应在项目经理的领导下,以财务部门和计划部门为主体,发动全体职工共同进行总结降低成本的经验,找出降低成本的正确途径,使成本计划的制定与执行具有广泛的群众基础。

(5) 弹性原则

施工成本计划应留有一定的余地,保持计划的弹性。在计划期内,项目经理部的内部或外部环境都有可能发生变化,尤其是材料供应、市场价格等千变万化,给拟定计划带来困难,因此在编制计划时应充分考虑到这些情况,使计划保持一定的适应环境变化的能力。

3.3.3.2 施工成本计划编制依据

施工成本计划是施工项目成本管理的一个重要环节,是实现降低施工成本任务的指导性文件。编制施工成本计划,需要广泛收集相关资料并进行整理,以作为施工成本计划编制的依据。在此基础上,根据有关设计文件、工程承包合同、施工组织设计、施工成本预测资料等,按照施工项目应投入的生产要素,结合各种因素的变化和准备采取的各种措施,估算施工项目生产费用支出的总水平,进而提出施工项目的成本计划控制指标,确定目标总成本。目标成本确定后,应将总目标分解落实到各个机构、班组、便于进行控制的子项目或工序。最后,通过综合平衡,编制完成施工成本计划。

施工成本计划的编制依据包括:
(1) 投标报价文件;
(2) 企业定额、施工预算;
(3) 施工组织设计或施工方案;
(4) 人工、材料、机械台班的市场价格;
(5) 施工企业颁布的材料指导价格、施工企业内部机械台班价格、劳动力内部挂牌价格;
(6) 周转设备内部租赁价格、摊销损耗标准;
(7) 已签订的工程合同、分包合同(或估价书);
(8) 建筑结构配件外加工计划和合同;
(9) 有关财务成本核算制度和财务历史资料;
(10) 施工成本预测资料;
(11) 拟采取的降低施工成本的措施;
(12) 其他相关资料。

3.3.3.3 施工成本计划编制方法

施工成本计划的编制以成本预测为基础,关键是确定目标成本。施工成本计划的编制需要结合施工组织设计的编制,通过不断地优化施工技术方案和合理配置生产要素,进行人、机、料消耗分析,制定一系列节约成本的措施,确定施工成本计划。施工成本总额一般应控制在目标成本总额之内,并使成本计划建立在切实可行的基础上。施工总成本目标确定以后,还需要编制详细的具有实施性的施工成本计划,把目标成本逐层分解,落实到施工过程的每一个环节,有效地进行成本控制。施工成本计划的编制方式主要有:

①按施工成本组成编制施工成本计划;
②按项目组成编制施工成本计划;
③按工程进度编制施工成本计划。

(1) 按施工成本组成编制施工成本计划

施工成本可以按成本构成分解为人工费、材料费、施工机具使用费和管理费,如图3-2所示。

(2) 按项目组成编制施工成本计划

大中型的工程项目通常是由若干单项工程构成的,而每个单项工程包括了多个单位工程,每个单位工程又是由若干个分部分项工程构成,因此,首先要把项目总施工成本分解到单项工程和单位工程中，再进一步分解为分部工程和分项工程，如图 3-3 所示。

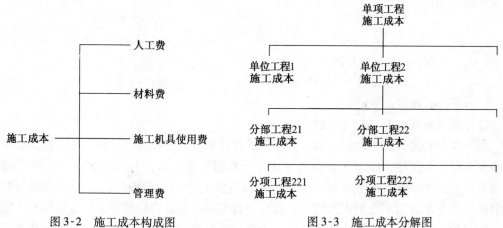

图 3-2 施工成本构成图　　　　图 3-3 施工成本分解图

（3）按工程进度编制施工成本计划

编制按时间进度的施工成本计划，通常可利用控制项目进度的网络图进一步扩充而得。即在建立网络图时，一方面确定完成各项工作所需花费的时间，另一方面同时确定完成这一工作的合适的施工成本支出计划。

在实践中，将工程项目分解为既能方便地表示时间，又能方便地表示施工成本支出计划的工作是不容易的，通常如果项目分解程度对时间控制合适的话，则对施工成本支出计划可能分解过细，以至于不可能对每项工作确定其施工成本支出计划，反之亦然。因此，在编制网络计划时，应在充分考虑进度控制对项目划分要求的同时，还要考虑确定施工成本支出计划对项目划分的要求，做到二者兼顾。

通过对施工成本目标按时间进行分解，在网络计划基础上，可获得项目进度计划的横道图，并在此基础上编制成本计划。其表示方式有两种：一种是在时标网络图上按月编制的成本计划，如图 3-4 所示；另一种是利用时间-成本曲线（S 形曲线）表示，如图 3-5 所示。

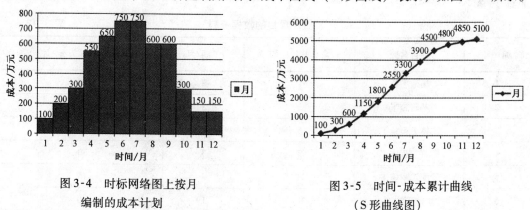

图 3-4　时标网络图上按月　　　图 3-5　时间-成本累计曲线
　　　编制的成本计划　　　　　　　　　（S 形曲线图）

①确定工程项目进度计划，编制进度计划的横道图。

②根据每单位时间内完成的实物工程量或投入的人力、物力和财力，计算单位时间的成本，在时标网络图上按时间编制成本支出计划。

③计算规定时间计划支出的累计支出成本额,其计算方法为各单位时间计划完成的成本额累加求和:

$$Q_t = \sum_{n=1}^{t} q_n \tag{3-7}$$

式中　Q_t——时间 t 计划累计成本支出额;

　　　q_n——单位时间 n 计划支出成本额;

　　　t——某规定计划时刻。

④按规定时间的 Q_t 值,绘制 S 形曲线

每一条 S 形曲线都对应某一特定的工程进度计划。因为在进度计划的非关键路径中存在很多有时差的工序,因而 S 形曲线(成本计划值曲线)必然包括在由全部工作都按最早可以时间开始和按最迟必须时间开始的曲线所围成的"香蕉图"内,项目经理可根据编制的成本支出计划来合理安排资金,同时项目经理也可以根据筹措的资金来调整 S 形曲线,即通过调整非关键路径上的工序项目的最早或最迟开工时间,力争将实际的成本支出控制在计划的范围内。一般说来,如果所有工作都按最迟开始时间开始,对节约资金贷款利息是有利的;但同时也降低了项目按期竣工的可能性,因此项目经理必须合理确定成本支出计划,达到既节约成本支出,又能控制项目工期的目的。

以上三种编制施工成本计划的方法并不是相互独立的。在实践中,往往是将这几种方法结合起来使用,从而达到扬长避短的效果。例如:将按子项目分解项目总施工成本与按施工成本构成分解项目总施工成本两种方法相结合,横向按施工成本构成分解,纵向按子项目分解,或相反。这种分解方法有助于检查各分部分项工程施工成本构成是否完整,有无重复计算或漏算;同时还有助于检查各项具体的施工成本支出的对象是否明确或落实,并且可以从数字上校核分解的结果有无错误。或者还可将按子项目分解项目总施工成本计划与按时间分解项目总施工成本计划结合起来,一般纵向按子项目分解,横向按时间分解。

【例3-8】已知某施工项目的数据资料如表3-11,绘制该项目的时间-成本累计曲线。

某施工项目的数据资料　　　　　表3-11

编　号	项目名称	最早开始时间	工期/月	成本强度(万元/月)
1	场地平整	1	2	15
2	基础施工	3	3	20
3	主体工程施工	5	4	30
4	砌筑工程施工	7	3	30
5	屋面工程施工	10	3	15
6	楼地面施工	10	1	20
7	室内设施安装	11	2	20
8	室内装修	12	1	30
9	室外装修	12	1	10

【解】1）确定施工项目的进度计划，编制进度计划的横道图，如图 3-6 所示。

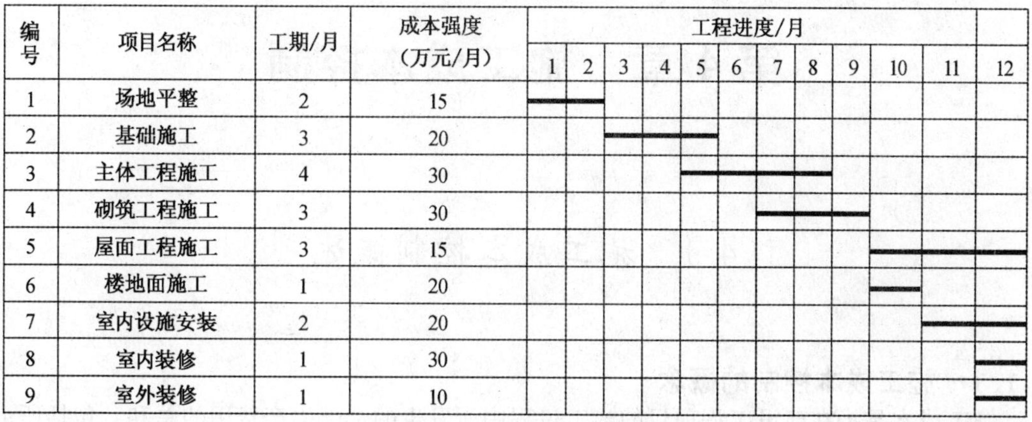

编号
项目名称
工期/月
成本强度（万元/月）
工程进度/月
1 2 3 4 5 6 7 8 9 10 11 12
1 场地平整 2 15
2 基础施工 3 20
3 主体工程施工 4 30
4 砌筑工程施工 3 30
5 屋面工程施工 3 15
6 楼地面施工 1 20
7 室内设施安装 2 20
8 室内装修 1 30
9 室外装修 1 10

图 3-6　进度计划的横道图

2）在横道图上按时间编制成本计划，如图 3-7 所示。

q_1，q_2，$\cdots q_{11}$，q_{12} 分别为 15，15，20，20，50，30，60，60，30，35，35，75。

3）计算规定时间 t 计划累计支出的成本额。

根据公式 $Q_t = \sum_{n=1}^{t} q_n$，可得如下结果：Q_1，Q_2，…，Q_{11}，Q_{12} 分别为 15，30，50，70，120，150，210，270，300，335，370，445。

4）按规定时间的 Q_t 值，绘制 S 形曲线，如图 3-8 所示。

成本/万元
80
70
60
50
40
30
20
10
0
15 15 20 20 50 30 60 60 30 35 35 75
1 2 3 4 5 6 7 8 9 10 11 12
时间/月
月

图 3-7　时标网络图上按月编制的成本计划

成本/万元
500
450
400
350
300
250
200
150
100
50
0
15 30 50 70 120 150 210 270 300 335 370 445
1 2 3 4 5 6 7 8 9 10 11 12
时间/月
月

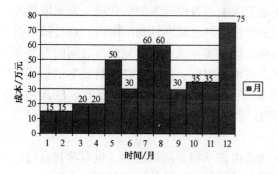

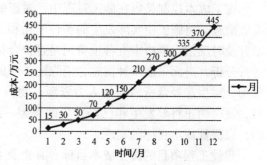

图 3-8　时间-成本累计曲线

第4章 施工成本控制

4.1 施工成本控制概述

4.1.1 施工成本控制的概念

施工成本是指在建设工程项目的施工过程中所发生的全部生产费用的总和，包括所消耗的原材料、辅助材料、构配件等的费用，周转材料的摊销费或租赁费等，施工机械的使用费或租赁费等，支付给生产工人的工资、奖金、工资性质的津贴等，以及进行施工组织与管理所发生的全部费用支出。建设工程项目施工成本由直接成本和间接成本所组成。直接成本是指施工过程中耗费的构成工程实体或有助于工程实体形成的各项费用支出，是直接计入工程对象的费用，包括人工费、材料费、施工机具使用费。间接成本是指为施工准备、组织和管理施工生产的全部费用的支出，是非直接用于也无法直接计入工程对象，但为进行工程施工所必须发生的费用，包括管理人员工资、办公费、差旅交通费等。建设工程项目施工成本是施工企业的主要产品成本，一般以建设项目的单位工程作为成本核算的对象，通过各单位工程成本核算的综合来反映建设工程项目的施工成本。

施工成本控制是指在施工过程中，对影响施工成本的各种因素加强管理，并采取各种有效措施，将施工中实际发生的各种消耗和支出严格控制在成本计划范围内。通过随时揭示并及时反馈，严格审查各项费用是否符合标准，计算实际成本和计划成本之间的差异并进行分析，进而采取多种措施，消除施工中的损失浪费现象。通常是在项目成本的形成过程中，对生产经营所消耗的人力资源、物资资源和费用开支进行指导、监督、检查和调整，及时纠正将要发生和已经发生的偏差，把各项生产费用，控制在计划成本的范围之内，以保证成本目标的实现。

建设工程项目的施工成本目标，有企业下达或内部承包合同规定的，也有项目自行制定的。但这些成本目标，一般只有一个成本降低率或降低额，即使加以分解，也不过是一个相对细化的降本指标而已。为落实成本目标，实现目标管理，发挥控制成本的作用，建设工程项目部必须以成本目标为依据，结合项目施工的具体情况，制订明确而又具体的成本计划，使之成为"看得见、摸得着、能操作"的实施性文件。这种成本计划，应该包括每一个分部、分项工程的资源消耗水平，以及每一项技术组织措施的具体内容和节约数量（金额），既可指导项目管理人员有效地进行成本控制，又可作为企业对项目成本检查考核的依据。由于项目管理是一次性行为，它的管理对象只有一个建设工程项目，且将随着项目建设的完成而结束其历史使命。在施工期间，项目成本能否降低，有无经济效益，得失在此一举，别无回旋余地，因此有很大的风险性。为了确保项目施工盈余不亏，成本控制不仅必要，而且必须做好。

从上述观点来看，项目施工成本控制的目的，在于降低项目成本，提高经济效益。然而项目成本的降低，除了控制成本支出以外，还必须增加工程预算收入。因为，只有在增加收入的同时节约支出，才能更有效地降低项目施工成本。

4.1.2 施工成本控制的原则

（1）开源与节流相结合的原则

降低项目成本，需要一面增加收入，一面节约支出。因此，在成本控制中，也应该坚持开源与节流相结合的原则。要求做到：每发生一笔金额较大的成本费用，都要查一查有无与其相对应的预算收入，是否支大于收，在经常性的分部分项工程成本核算和月度成本核算中，也要进行实际成本与预算收入的对比分析，以便从中探索成本节超的原因，纠正项目成本的不利偏差，提高项目成本的降低水平。节流即节约，是提高项目经济效益的核心，是成本控制的一项基本原则。节约绝不是消极的限制与监督，而是要积极创造条件，从提高项目的科学管理水平入手。在实际工作中，不少企业或项目只注重严格执行成本开支范围和有关规章制度，强调事后的分析和检查，这实际上是"亡羊补牢"式的成本控制。这种做法对具有一次性特点的施工项目组织来说，在成本控制方面造成的危害较大。为了更好地贯彻开源与节流原则，我们不但要加强成本的反馈控制和事后检查分析，还应着眼于成本的事前控制，优化施工方案，深入研究项目的设计文件和具体施工条件，拟定预防成本失控的技术、组织和措施，消灭成本控制的先天不足，做到防患于未然，有效地发挥前馈控制的作用。

（2）全面控制原则

全面控制原则包含三层含义，即施工成本的全员控制、全过程控制和全因素控制。

1）项目成本的全员控制

项目成本是一项综合性很强的指标，它涉及项目组织中各个部门、单位和班组的工作业绩，也与每个职工的切身利益有关。因此，项目成本的高低需要大家关心，项目施工成本管理（控制）也需要项目建设者群策群力。要降低成本、实现成本计划，就必须充分调动每个部门或单位（从项目经理部到施工队、班组）及每个职工（从项目经理到技术人员、管理人员和工人）控制成本、关心成本的积极性和主动性，仅靠项目经理和专业成本管理人员及少数人的努力是无法收到预期效果的。在加强专业成本管理的基础上，要求在项目施工过程中，人人、处处、事事都要按照费用标准、定额、预算或计划来进行成本控制，只有做到专群结合控制成本，才能有效地降低成本，全面完成项目施工的成本计划。项目成本的全员控制，并不是抽象的概念，而应该有一个系统的实质性内容，其中包括各部门、各单位的责任网络和班组经济核算等，防止成本控制人人有责又都人人不管。

2）项目成本的全过程控制

项目施工成本的全过程控制，是指在建设工程项目确定以后，自施工准备开始，经过工程施工，到竣工交付使用后的保修期结束，其中每一项经济业务，都要纳入成本控制的轨道。首先，成本控制工作要随着项目施工进展的各个阶段连续进行，既不能疏漏，又不能时紧时松，使施工项目成本自始至终置于有效的控制之下，不能等到花钱的时候才想到或进行成本控制。其次，成本控制工作要考虑项目整个生命周期的总成本。如在施工阶段制定最佳施工方案，按照设计要求和技术规范施工，不仅能充分利用项目组织现有的资源，减少施工过程中的成本费用支出,而且,由于工程质量得到保证,减少了工程竣工移交后的保修费用,甚至可能减少用户在使用阶段的维修保养费用,这样的节约才是真正的节约。

3) 项目成本的全因素控制

项目成本的全因素控制是指对形成成本的各因素进行控制,包括节约各种资源和各种费用,把项目的环境、工序和方法选择均与成本控制联系在一起。

(3) 动态控制原则

动态控制原则又称中间控制原则,对于具有一次性特点的施工项目成本来说,应该特别强调项目成本的中间控制。因为施工准备阶段的成本控制,只是根据上级要求按施工组织设计的具体内容确定成本目标、编制成本计划、制订成本控制的方案,为今后的成本控制做好准备。而竣工阶段的成本控制,由于成本盈亏已经基本定局,即使发生了偏差,也已来不及纠正。因此,把成本控制的重心放在基础、结构、装饰等主要施工阶段上,则是十分必要的。

(4) 目标管理原则

目标管理是贯彻执行计划的一种方法,它把计划的方针、任务、目的和措施等逐一加以分解,提出进一步的具体要求,并分别落实到执行计划的部门、单位甚至个人。目标管理的内容包括:目标的设定和分解,目标的责任到位和执行,检查目标的执行结果,评价目标和修正目标,形成目标管理的 P(计划) D(实施) C(检查) A(处理) 循环。成本控制作为目标管理的一项重要内容,其工作的开展要遵循目标管理的原理,要以目标成本为依据,作为对项目各种经济活动进行控制和指导的准绳,力求做到以最少的成本支出,获得最佳的经济效益。

目标管理的基本思想和工作方法是 PDCA 循环。PDCA 是 Plan(计划)、Do(实施)、Check(检查) 和 Action(处理) 四个词的缩写。一个施工项目是一个大循环,下属的施工队、工段、班组或个人,都有各自的 PDCA 循环,上一级的 PDCA 循环又是下一级 PDCA 循环的依据,下一级的 PDCA 循环又是上一级 PDCA 循环的具体贯彻。通过这些大环套小环、大小循环一起运行,一层一层地解决问题,把项目成本控制的各项通过这些大环套小环、大小循环一起运行,一层一层地解决问题,把项目成本管理的各项工作有机地联系起来,彼此协同,互相促进,如图 4-1 所示。PDCA 循环的四个阶段,周而复始,循环一次,改善一次,提高一步,螺旋上升,如图 4-2 所示。在 PDCA 循环中关键是抓住 A 阶段,把成功的经验制定成技术或管理的标准、规范,防止以后再出现同样的缺陷、错误,对遗留的问题则转入下一循环加以解决。

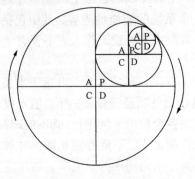

图 4-1 大环套小环

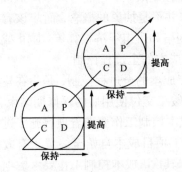

图 4-2 PDCA 循环的改进提高

(5) 节约原则

节约人力、物力、财力的消耗，是提高经济效益的核心，也是成本控制的一项最主要的基本原则。节约要从三方面入手：一是严格执行成本开支范围、费用开支标准和有关财务制度，对各项成本费用的支出进行限制和监督；二是提高施工项目的科学管理水平，优化施工方案，提高生产效率，节约人、财、物的消耗；三是采取预防成本失控的技术组织措施，制止可能发生的浪费。

(6) 责、权、利相结合的原则

要使成本控制真正发挥及时有效的作用，必须严格按照经济责任制的要求，贯彻责、权利相结合的原则。在项目施工过程中，一方面，项目经理、工程技术人员、业务管理人员以及各单位和生产班组都负有一定的成本控制责任，从而形成整个项目的成本控制责任网络。另一方面，各部门、各单位、各班组在肩负成本控制责任的同时，还应享有成本控制的权力，即在规定的权力范围内可以决定某项费用能否开支、如何开支和开支多少，以行使对项目成本的实质性控制。此外，为充分调动每个成本中心的主动性和积极性，项目经理还要对各部门、各班组在成本控制中的业绩进行定期的检查和考评，并与工资分配紧密挂钩，实行有奖有罚。实践证明，只有责、权、利相结合的成本控制，才是名实相符的项目控制，才能收到预期的效果。

(7) 例外管理原则

例外管理是西方国家现代管理常用的方法，它起源于决策科学中的"例外"原则，目前则被更多地用于成本指标的日常控制。

在建设工程项目建设过程的诸多活动中，有许多活动是例外的，如施工任务单和限额领料单的流转程序等，通常是通过制度来保证其顺利进行的。但也有一些不经常出现的问题，我们称之为"例外"问题。这些"例外"问题，往往是关键性问题，对成本目标的顺利完成影响很大，必须予以高度重视。在成本控制中，属于例外问题的通常有以下四种。

1) 成本项目的重要性

重要性是根据成本差异金额的大小来决定的。一般来说，只有在金额上具有重要意义的差异，才是例外问题，才需要给予特别重视。这个金额的确定，应当根据施工项目的具体情况规定，如差异额达到目标成本10%以上即视为例外。必须指出，这里所说的差异，既包括有利差异又包括不利差异。实际成本低于目标成本过多并不一定是好事，它可能给后续分部分项工程或作业带来不利影响，或者导致工程质量低，除了可能带来返工和增加保修费用支出外，还会影响施工企业的信誉。当然，在达到设计文件和承包合同要求的前提下，追求成本的有利差异，达到施工成本控制的最终目标。

2) 成本项目的一惯性

尽管有些成本差异未达到或超过规定的百分率或最低金额，但一直在控制线的上下限附近徘徊，也应视为例外。因为这可能表示，原来的成本标准已经过时或不准确，应该根据实际情况及时进行调整。

3) 控制能力

凡是项目管理人员无法控制的成本项目，即使发生较大的差异，也不应视之为例外。如土地拆迁补偿费、临时租赁费用的上升及通货膨胀的发生等。

4) 成本项目的特殊性

凡对项目施工全过程都有影响的成本项目，即使差异没有达到重要性的地位，也应受到成本管理人员的密切注意。如片面强调节约机械维修费用，在短期内虽然可以降低成本，但由于维修不及时或不足可能造成未来的停工修理，从而影响正常施工，导致延长工期，这些损失可能远比节约的维修费用大得多。

对于以上例外问题，应进行重点、深入的检查和分析，并采取相应的积极措施加以纠正。

4.1.3 施工成本控制的内容

建设工程项目施工成本控制根据控制对象的划分不同，具体的控制内容如下。

1. 以建设工程项目施工成本的费用组成项目为对象，具体的控制内容包括：

(1) 人工费的控制

人工费的控制实行"量价分离"的原则。人工用工数通过项目经理与施工劳务承包人的承包合同，按照内部施工图预算，钢筋放样单或量计算出定额人工工日，并将安全生产、文明施工及零星用工按定额工日的比例（一般15%~25%）一起发包。

(2) 材料费的控制

材料费的控制按照"量价分离"的原则，一是材料用量的控制，二是材料价格的控制。

1) 材料用量的控制

在保证符合设计规格和质量标准的前提下，合理使用材料和节约使用材料，通过定额管理、计量管理等手段以及施工质量控制，避免返工等，有效控制材料物资的消耗。

2) 材料价格的控制

材料的价格主要由材料采购部门在采购中加以控制，由于材料价格是由买价、运杂费、运输中的合理损耗等组成，因此控制材料价格，主要是通过市场信息、询价、应用竞争机制和经济合同手段等控制材料、设备、工程用品的采购价格，包括买价、运费和损耗等。

(3) 机械费的控制

机械费用主要由台班数量和台班单价两方面决定，为有效控制台班费用支出，从以下几个方面控制：

1) 合理安排施工生产，加强设备租赁计划管理，减少因安排不当引起的设备闲置。
2) 加强机械设备的调度工作，尽量避免窝工，提高现场设备利用率。
3) 加强现场设备的维修保养，避免因不正当使用造成机械设备的停置。
4) 做好上机人员与辅助生产人员的协调与配合，提高机械台班产量。

(4) 管理费的控制

现场施工管理费在项目成本中占有一定比例，控制与核算上都比较难把握，在使用和开支时弹性较大，主要采取以下控制措施：

1) 根据现场施工管理费在项目施工计划总体成本的比重，确定施工项目经理施工管理费总额。
2) 在施工项目经理的领导下，编制项目经理部施工管理费总额预算和各管理部门的施工管理费预算，作为现场施工管理费的控制依据。

3）制定项目施工管理开支标准和范围，落实各部门条线和岗位的控制责任。

4）制定并严格执行施工项目经理部的施工费使用的审批，报销程序等。

2. 以项目施工成本形成的过程作为控制的对象，对施工项目成本的形成进行全过程、全面的控制，具体的控制内容包括以下内容。

（1）在工程投标阶段，根据工程概况和招标文件，进行项目成本预测，提出投标决策意见。

（2）在施工准备阶段，结合设计图样的自审、会审和其他资料（如地质勘探资料等），编制实施性施工组织设计，通过多方案的技术经济比较，从中选择经济合理、先进可行的施工方案，编制成本计划，进行成本目标风险分析，对项目成本进行事前控制。

（3）在施工阶段，以施工图预算、施工定额和费用开支标准等为依据，对实施发生的成本费用进行控制。

（4）在竣工交付使用及保修期阶段，对竣工验收过程发生的费用和保修费用进行控制。

3. 以施工项目的职能部门、施工队和班组作为成本控制的对象

成本控制的具体内容是日常发生的各种费用和损失。它们都发生在施工项目的各个部门、施工队和班组。因此，成本控制也应以部门、施工队和班组作为成本控制对象，将施工项目总的成本责任进行分解，形成项目的成本责任系统，明确项目中每个成本中心应承担的责任，并据此进行控制和考核。

4. 以分部分项工程作为成本控制的对象

为了把成本控制工作做得扎实、细致，落到实处，应以分部分项工程作为成本控制的对象。根据分部分项工程的实物量，参照施工预算定额，编制施工预单价，分解成本计划，按分部分项工程分别计算工、料、机的数量及单价，以此作为成本控制的标准，及对分部分项工程进行成本控制的依据。分部分项工程施工预算的表格形式见表4-1。

5. 以合同作为成本控制的对象

在市场经济体制下，施工项目的对外经济业务，都要以经济合同为纽带建立契约关系，已明确双方的权利和义务。在签订各种经济合同时，除了要根据业务要求规定时间、质量、结算方式和履（违）约奖罚等条款外，还应将合同中涉及的数量、单价及总金额控制在预算以内。

4.1.4 施工成本控制的程序

要搞好施工成本的过程控制，就必须有规范化的过程控制程序。在对成本的过程控制中，有两类控制程序，一是管理控制程序，二是指标控制程序。管理控制程序是对成本全过程控制的基础，指标控制程序则是成本进行过程控制的重点。两个程序即相对独立又相互联系，既相互补充又相互制约。

（1）管理控制程序

管理的目的是确保每个岗位人员在成本管理过程中的管理行为符合事先确定的程序和方法的要求。从这个意义上讲，首先要明白企业建立的成本管理体系是否能对成本形成的过程进行有效的控制，其次是体系是否处在有效的运行状态。管理控制程序就是为规范项目施工成本的管理行为而制定的约束和激励机制，内容如下：

1）建立项目施工成本管理体系的评审组织和评审程序。

成本管理体系的建立不同于质量管理体系，质量管理体系反映的是企业的质量保证能力，由社会有关组织进行评审和认证；成本管理体系的建立是企业自身生存发展的需要，没有社会组织来评审和认证。因此企业必须建立项目施工成本管理体系的评审组织和评审程序，定期进行评审和总结，持续改进。

2）建立项目施工成本管理体系运行的评审组织和评审程序。

项目施工成本管理体系的运行具有"变法"的性质，往往会遇到习惯势力的阻力和管理人员素质跟不上的影响，有一个逐步推行的渐进过程。一个企业的各分公司、建设工程项目部的运行质量往往是不平衡的。一般采用点面结合的做法，面上强制运行，点上总结经验，再指导面上的运行。因此，必须建立专门的常设组织，依照程序不间断地进行检查和评审。发现问题，总结经验，促成成本管理体系的保持和持续改进。

3）目标考核，定期检查。

管理程序文件应明确每个岗位人员在成本管理中的职责，确定每个岗位人员的管理行为，如应提供的报表、提供的时间和原始数据的质量要求等。要把每个岗位人员是否按要求去履行职责作为一个目标来考核。为了方便检查，应将考核指标具体化，并设专人定期或不定期地检查。表4-1是为规范管理行为而设计的检查内容。

项目成本岗位责任考核表　　　　　　　　　　　　　　　　表4-1

序号	岗位名称	职　责	检查方法	检查人	检查时间
1	项目经理	1. 建立项目成本管理组织 2. 组织编制项目施工成本管理手册 3. 定期或不定期地检查有关人员管理行为是否符合岗位职责要求	1. 查看有无组织结构图 2. 查看《项目施工成本管理手册》	上级或自查	开工初期检查一次，以后每月检查一次
2	项目工程师	1. 指定采用新技术降低成本的措施 2. 编制总进度计划 3. 编制总的工具及设备使用计划	1. 查看资料 2. 现场实际情况与计划进行对比	项目经理或其委托人	开工初期检查一次，以后每月检查1~2次
3	主管材料员	1. 编制材料采购计划 2. 编制材料采购月报表 3. 对材料管理工作每周组织检查一次 4. 编制月材料盘点表及材料收发结存报表	1. 查看资料 2. 现场实际情况与管理制度中的要求进行对比	项目经理或其委托人	每月或不定期抽查
4	成本会计	1. 编制月度成本计划 2. 进行成本核算，编制月度成本核算表 3. 每月编制一次材料复核报告	1. 查看资料 2. 审核编制依据	项目经理或其委托人	每月检查一次

续表

序号	岗位名称	职 责	检查方法	检查人	检查时间
5	施工员	1. 编制月度用工计划 2. 编制月材料需求计划 3. 编制月度工具及设备计划 4. 开具限额领料单	1. 查看资料 2. 计划与实际对比，考核其准确性及实用性	项目经理或其委托人	每月或不定期抽查

应将考核根据检查的内容编制相应的检查表，由项目经理或其委托人检查后填写检查表。检查表要由专人负责整理归档。表4-2是检查施工员工作情况的检查表（仅供参考）。

岗位工作检查表（施工员） 表4-2

序 号	检查内容	资 料	完 成	备 注
1	月度用工计划			
2	月度材料需求计划			
3	月度工具及设备计划			
4	限额领料单			
5	其 他			

检查人员（签字）： 日期：

4）制定对策，纠正偏差。

对管理工作进行检查的目的是为了保证管理工作按预定的程序和标准进行，从而保证项目施工成本管理能够达到预期的目的。因此，对检查中发现的问题，要及时进行分析，然后根据不同的情况，及时采取对策。管理控制程序如图4-3所示。

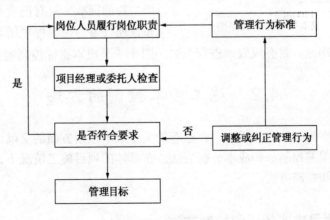

图4-3 管理控制程序图

（2）指标控制程序

施工项目的成本目标是进行成本管理的目的，能否达到预期的成本目标，是施工项目施工成本管理是否成功的关键。在成本管理过程中,对各岗位人员的成本管理行为进行控制,就是为了保证成本目标的实现。可见,施工项目的成本目标是衡量施工项目施工成本管理业绩的主要标志。施工项目成本目标控制程序如下:

1)确定施工项目成本目标及月度成本目标。

在工程开工之初,建设工程项目部应根据公司与项目签订的《项目承包合同》确定项目的成本管理目标,并根据工程进度计划确定月度成本计划目标。

2)搜集成本数据,监测成本形成过程。

过程控制的目的就在于不断纠正成本形成过程中的偏差,保证成本项目的发生是在预定范围之内,因此,在施工过程中要定时搜集反映施工成本支出情况的数据,并将实际发生情况与目标计划进行对比,从而保证有效控制成本整个形成过程。

3)分析偏差原因,制定对策。

施工过程是一个多工种、多方位立体交叉作业的复杂活动。

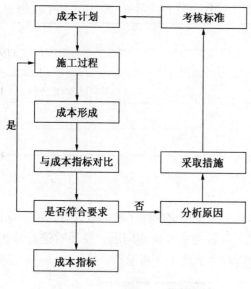

图 4-4 成本指标控制程序图

成本的发生和形成是很难按预定的理想目标进行的,因此,需要对产生的偏差及时分析原因,分清是客观因素(如市场调价)还是人为因素(如管理行为失控),及时制定对策并予以纠正。

4)用成本指标考核管理行为,用管理行为来保证成本指标。

管理行为的控制程序和成本指标的控制程序是对项目施工成本进行过程控制的主要内容,这两个程序在实施过程中,是相互交叉、相互制约又相互联系的。在对成本指标的控制过程中,一定要有标准规范行为和管理业绩,要把是否能够达到成本指标作为一个主要的标准。只有把成本指标的控制程序和管理行为的控制程序结合起来,才能保证成本管理工作有序地、富有成效地进行下去。图4-4是成本指标控制程序图。

4.2 施工成本控制的方法

施工项目成本控制的方法较多,在已有的关于成本控制方面的文献中,主要介绍的成本控制方法多为偏差控制法和成本分析表法。在具体的项目施工情况下,就要采取与之相适应的控制手段和控制方法。

4.2.1 施工项目成本的过程控制方法

施工阶段是控制建设工程项目成本发生的主要阶段,它通过确定成本目标并按计划成本进行施工、资源配置,对施工现场发生的各种成本费用进行有效控制,其具体的控制方法如下。

1. 人工费的控制

人工费的控制实行"量价分离"的方法,将作业用工及零星用工按定额工日的一定比例综合确定用工数量与单价,通过劳务合同进行控制。控制人工费,主要途径有:提高劳动生产率,改善劳动组织结构,减少窝工浪费;实行合理的奖励制度和激励办法,提高员工的劳动积极性和工作效率;加强劳动纪律,加强技术教育和培训工作;压缩非生产用工和辅助用工,严格控制非生产人员比例等。

2. 材料费的控制

材料费控制同样按照"量价分离"原则,控制材料用量和材料价格。

(1) 材料用量的控制

在保证符合设计要求和质量标准的前提下,合理使用材料,通过定额管理、计量管理等手段有效控制材料物资的消耗,具体方法如下:

1) 定额控制。对于有消耗定额的材料,以消耗定额为依据,实行限额发料制度。在规定限额内分期分批领用,超过限额领用的材料,必须先查明原因,经过一定的审批手续方可领料。

2) 指标控制。对于没有消耗定额的材料,则实行计划管理和指标控制相结合的办法。根据以往项目的实际耗用情况,结合具体施工项目的内容和要求,制定领用材料指标,据以控制发料。超过施工项目的内容和要求,制定领用材料指标,据以控制发料。超过指标的材料,必须经过一定的审批手续方可领用。

3) 计量控制。准确做好材料物资的收发计量检查和投料计量检查。

4) 包干控制。在材料使用过程中,对部分小型及零星材料(如钢钉、钢丝等)根据工程量计算出所需材料量,将其折算成费用,由作业者包干控制。

(2) 材料价格的控制

材料价格主要由材料采购部门控制。由于材料价格是由买价、运杂费、运输中的合理损耗等所组成,因此控制材料价格,主要是通过掌握市场信息,应用招标和询价等方式控制材料价格,主要是通过掌握市场信息,应用招标和询价等方式控制材料、设备的采购价格。

施工项目的材料物资,包括构成工程实体的主要材料和结构件,以及有助于工程实体形成的周转使用材料和低值易耗品。从价值角度看,材料物资的价值,约占建筑安装工程造价的60%~70%,其重要程度自然是不言而喻。由于材料物资的供应渠道和管理方式各不相同,所以控制的内容和所采取的控制方法也将有所不同。

3. 施工机械使用费的控制

合理选择、使用施工机械设备对成本控制具有十分重要的意义,尤其是高层建筑施工。据某些工程实例统计,高层建筑地面以上部分的总费用中,垂直运输机械费用约占6%~10%。由于不同的起重运输机械各有不同的用途和特点,因此在选择起重运输机械时,首先应根据工程特点和施工条件确定采取何种不同起重运输机械的组合方式。在确定采用何种组合方式时,首先应满足施工需要,同时还要考虑到费用的高低和综合经济效益。

施工机械使用费主要由台班数量和台班单价两方面决定,为有效控制施工机械使用费支出,主要从以下几个方面进行控制:

（1）合理安排施工生产，加强设备租赁计划管理，减少因安排不当引起的设备闲置。
（2）加强机械设备的调度工作，尽量避免窝工，提高现场设备利用率。
（3）加强现场设备的维修保养，避免因不正确使用造成机械设备的停置。
（4）做好机上人员与辅助生产人员的协调与配合，提高施工机械台班产量。

4. 施工分包费用的控制

分包工程价格的高低，必然对项目经理部的施工项目成本产生一定的影响。因此，施工项目成本控制的重要工作之一是对分包价格的控制。项目经理部应在确定施工方案的初期就要确定需要分包的工程范围。决定分包范围的因素主要是施工项目的专业性和项目规模。对分包费用的控制，主要是要做好分包工程的询价、订立平等互利的分包合同、建立稳定的分包关系网络、加强施工验收和分等互利的分包合同、建立稳定的分包关系网络、加强施工验收和分包结算等工作。

4.2.2 常用的施工项目成本控制方法

1. 时间、进度、费用法

项目的施工过程，从时间上看，可以分为三个阶段：施工开始阶段、全面施工阶段和收尾阶段。每个施工阶段有不同的费用支出特点，单位时间费用耗费情况如图 4-5 所示。

由图可以看出：在施工开始阶段，成本支出呈线性上升趋势，同时，单位时间完成的工程量也呈线性上升趋势；当项目进入全面施工阶段后，成本支出趋于稳定，完成的工程量也相应稳定；进入收尾阶段，需完成的工程量逐渐减少。把图中的单位时间成本支出曲线用累计数来表示，那么它就成了一条拉长的S形曲线，又称"成长曲线"，如图 4-6 所示。

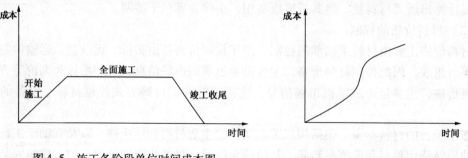

图 4-5 施工各阶段单位时间成本图　　图 4-6 项目施工总成本图

图 4-6 是我们进行成本控制的理论基础。利用 S 曲线原理，利用下面两个图表，用来结合工程进度进行成本控制。

（1）工时成本与进度关系图

将实际工时耗用、工时成本支出、实际完成进度、竣工尚需费用估算结合于一张图中，便可得到工时成本与进度关系图。使人们不但能看到已发生的情况、存在的差距，还可估计出将要发生的情况，有利于进一步采取措施，顺利完成成本计划。

（2）成本估算和进度计划综合图

将建设工程项目的总成本支出和进度情况绘制进入成本估算和进度计划综合图中，以作为项目管理中成本控制和进度控制措施制定、实施的依据。图中绘有：项目进度的计划曲线和实际曲线，项目成本支付的累计值曲线，由此可以看出项目进度、成本的现状和发展趋势，为结合进度控制成本提供了依据。

2. 成本控制图法

在现有的关于成本控制方法的文献中，最常介绍的是偏差控制法，我们认为，这种方法有值得改进之处。于是，我们将全面质量管理方法中的质量控制图法原理引入成本的日常控制之中，称为成本控制图法，作为成本形成过程控制中的一种常用方法。

在施工项目中，有关成本的偏差有三种：实际偏差、计划偏差和目标偏差。它们的计算公式如下。

$$实际偏差 = 实际成本 - 预算成本 \tag{4-1}$$
$$计划偏差 = 预算成本 - 计划成本 \tag{4-2}$$
$$目标偏差 = 实际成本 - 计划成本 \tag{4-3}$$

项目成本控制的目的是力求减少目标偏差，目标偏差越小，说明成本控制的效果越好，表明了项目系统运行的状态是正常的。计划成本、预算成本和实际成本三者之间的关系如图4-7所示。

从图4-7中可知，施工项目的实际成本总是围绕着计划成本为均值轴线，上下波动。通常，实际成本总是低于预算成本，偶尔也可能高于预算成本。

施工项目成本控制法的基本程序如下。

（1）根据计划成本、预算成本、预算成本以及最低成本（如果能找出的话，否则也不妨碍该方法的使用），确定实际成本的变化范围，并在成本控制图中绘出各自相应的曲线。

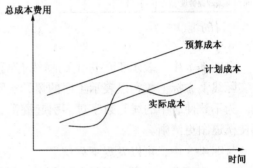

图4-7 计划成本、预算成本和实际成本关系图

（2）根据成本核算资料，及时在图中描点连线，绘制实际成本曲线。

（3）对实际成本曲线进行分析。偏差分析留待后面讨论，下面对实际成本曲线的变化趋势做一些说明。

1）实际成本线并未超过预算成本线，但实际数据点连续呈上升趋势排列。这表示成本控制过程已出现异常。应迅速查明原因，采取相应措施，否则就会出现亏损。

2）实际成本线始终位于计划成本线的一侧。这种情况也不能说明成本控制过程处于正常状态。如果实际成本数据点连续位于计划成本线的上方一侧，则可能存在这样两种问题：一是预算成本偏低而导致计划成本制定得不合理，二是计划成本制定得不合理与预算成本无关。不管哪种情况，都要及时进行调整，否则会影响成本控制工作的深入开展。如果实际成本数据点连续排列于计划成本线的下侧，要注意两个问题：一是计划成本制定的合理性问题，另一个是会不会造成质量低劣而导致返工或影响后续作业的问题。

3）实际成本线超出预算成本线，要迅速查明原因，或虽未超越界限，而数据点的跳动幅度较大，出现忽高忽低的现象，也应深入追查其原因。

3. 联系成本的横道图法

对分部分项工程，甚至工序的成本控制，用横道图法更加直接、有效。

横道图法是安排施工进度计划和组织流水作业施工的一种常用方法。长期以来，它只被用来为制定进度计划服务，事实上，横道图法完全可以用于对进度与成本进行控制。

为了便于在分部分项工程中同时进行进度与成本的控制，掌握进度与成本的变化过程，可在横道图中补充有关进度的实际情况、成本的计划情况和实际情况等栏目，并在图中做相应的进度与成本实际情况横线，从而有利于发现差异，进行对比和估计未来。经过改进的进度与成本控制横道图法如图 4-8 所示。

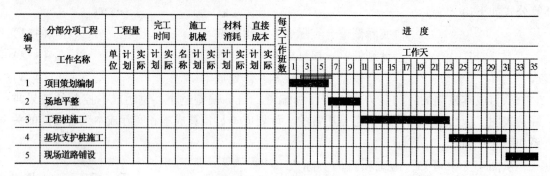

图 4-8　改进的横道图

在图 4-8 中，表示工序进度的横线有两条，一条为计划线，一条为实际线。还可以在实际线上方标上数字以表示工序的累计实际工程量，下方标上数字表示成本支出的累计数。为不致使表中的线与数字过多引起混乱，在实际应用时，可用不同的颜色来区分，从而使横道图更清晰。

从图 4-8 中，可以发现下列信息。

（1）每项作业的开工日期与计划开工日期之比。
（2）每项作业的计划工程量与实际工程量之比。
（3）每项作业的工作量完成与成本支出之比。
（4）每项作业的完工日期及工期的提前与落后。
（5）还有多少时间、工作量和成本。

4. 成本计划评审法

网络计划技术是 20 世纪 50 年代在美国首先发展起来的。由于这种方法是建立在网络模型的基础上，主要用于计划和控制，故称为网络计划技术。在日常成本控制中，结合网络计划进行成本费用控制，有其独到之处，能充分发挥网络计划法的优点。应用成本计划评审法，从网络图中能清楚地看出每一项工序计划进度与实际进度、计划成本与实际成本的对比情况，也能清楚地看出控制进度、控制成本的方向。

所谓"成本计划评审法"，是在网络计划图上标出各工序的计划成本和工期。箭线下方的数字为工期，字母 C 表示成本，其后的数字为计划成本额。

在计划开始执行后，将实际经过的时间和开支的成本（主要是直接成本）累积计算，并定期将实际时间、实际成本和计划相比，发现偏差，及时采取措施加以纠正。图 4-9 为网络计划执行 4 周后的情况。方框中的数字为实际值。

由图 4-9 可知，当计划执行 4 周后，工序①→③为关键线路，按期完成，成本也正好与计划成本相等；工序①→②为非关键线路，工期延后了 1 周，虽然不影响总工期，但按单位时间计算的成本却超过了计划值,应及时查明原因,如属异常,要采取措施予以纠正。

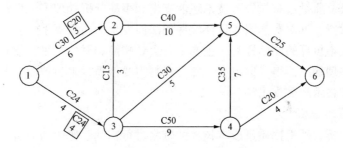

图4-9 实际与计划对比网络计划图

5. 时间成本优化法

时间成本优化法又称费用优化法,是寻求最低成本时的最短工期安排,或按要求工期寻求最低成本的计划安排的方法。

施工项目的总成本由直接成本和间接成本组成,其中,直接成本随着工期的缩短而增加,间接成本则随着工期的缩短而减少。这样,必定有一个总成本最少的工期,这就是时间成本优化法所要寻求的目标。

一般用 α 表示某项作业(或工序)的直接费率,则有

$$\alpha = \frac{C_C - C_N}{D_N - D_C} \tag{4-4}$$

式中　C_C——在最短持续时间下,作业所需的直接成本;
　　　C_N——在正常持续时间下,作业所需的直接成本;
　　　D_N——作业的正常持续时间;
　　　D_C——作业的最短持续时间。

一般用 β 表示某工程的管理费率。则有

$$TC = \sum C + \beta \cdot t \tag{4-5}$$

式中　TC——计算工期为 t 的工程的总成本;
　　　$\sum C$——计算工期为 t 的工程的直接成本之和。

6. 控制质量成本

质量成本是指项目为保证和提高产品质量而支出的一切费用,以及未达到质量标准而产生的一切损失费用之和。质量成本包括两个主要方面:控制成本和故障成本。控制成本包括预防成本和鉴定成本,属于质量和保证费用,与质量水平成正比关系,即工程质量越高,鉴定成本和预防成本就越大;故障成本包括内部故障成本和外部故障成本,属于损失性费用,与质量水平成反比关系,即工程质量越高,故障成本就越低。控制质量成本,首先要从质量成本核算开始,而后是质量成本分析和质量成本控制。

(1) 质量成本核算

即将施工过程中发生的质量成本费用,按照预防成本、鉴定成本、内部故障成本和外部故障成本的明细科目归集,然后计算各个时期各项质量成本的发生情况。质量成本的明细科目,可根据实际支付的具体内容来确定。预防成本设置质量管理工作费、质量情报费、质量培训费、质量技术宣传费、质量管理活动费等子目;鉴定成本设置材料检验试

费、工序监测和计量服务费、质量评审活动费等子目；内部故障成本设置返工损失、返修损失、停工损失、质量过剩损失、技术超前支出和事故分析处理等子目；外部故障成本设置保修费、赔偿费、诉讼费和因违反环境保护法而发生的罚款等子目。

进行质量成本核算的原始资料，主要来自会计账簿和财务报表，或利用会计账簿和财务报表的资料整理加工而得。但也有一部分资料需要依靠技术、技监等有关部门提供，如质量过剩损失和技术超前支出等。

（2）质量成本分析

质量成本分析，即根据质量成本核算的资料进行归纳、比较和分析，共包括四个分析内容。

1）质量成本总额的构成内容分析。

2）质量成本总额的构成比例分析。

3）质量成本各要素之间的比例关系分析。

4）质量成本占预算成本的比例分析。

上述分析内容，可在一张质量成本分析表中反映，格式见表4-3。

质量成本分析表　　　　　　　　　表4-3

质量成本项目		金额/元	质量成本率（%）		对比分析（%）
			占本项	站总额	
预防成本	质量管理工作费				
	质量情报费				
	质量培训费				
	质量技术宣传费				
	质量管理活动费				
	小计				
鉴定成本	材料检验费				
	工序质量检查费				
	小计				
内部故障成本	返工损失				
	返修损失				
	事故分析处理费				
	停工损失				
	质量过剩支出				
	技术超前支出费				
	小计				
外部故障成本	回访修理费				
	劣质材料额外支出费				
	小计				
	质量成本支出额				

(3) 质量成本控制

根据以上分析资料,对影响质量成本较大的关键因素,采取有效措施,进行质量成本控制。质量成本控制表格式见表4-4。

质量成本控制表　　　　　　　　　　　　　　　表4-4

关键因素	措　施	执行人	检查人
降低返工、停工损失,将其控制在占预算成本的1%以内	1. 对每道工序事先进行技术质量交底 2. 加强班组技术培训 3. 设置班组质量干事,把好第一道关 4. 设置施工队技监点,负责对每道工序进行质量复检和验收 5. 建立严格的质量奖罚制度,调动班组的积极性		
减少质量过剩支出	1. 施工员要严格掌握定额标准,力求在保证质量的前提下,使人工和材料消耗不超过定额水平 2. 施工员和材料员要根据设计要求和质量标准,合理使用人工和材料		
健全材料验收制度,控制劣质材料额外损失	1. 材料员在对现场材料和构配件进行验收时,发现劣质材料时要拒收、退货,并向供应单位索赔 2. 根据材料质量的不同,合理加以利用以减少损失		
增加预防成本,强化质量意识	1. 建立从班组到施工队的质量QC攻关小组 2. 定期进行质量培训 3. 合理地增加质量奖励,调动职工积极性		

7. 现场管理标准化

现场管理标准化的范围很广,比较突出而又需要特别关注的是现场平面布置管理和现场安全生产管理,如稍有不慎,就会造成浪费和损失。

(1) 现场平面布置管理:施工现场的平面布置,是根据工程特点和场地条件,以配合施工为前提合理安排的,有一定的科学根据。但是,在施工过程中,往往会出现不执行现场平面布置,造成人力、物力浪费的情况。例如:材料、构件不按规定地点堆放,造成二次搬运,不仅浪费人力,材料、构件在搬运中还会受到损失;任意开挖道路,又不采取措施,造成交通中断,影响物资运输;排水系统不畅,一遇下雨,现场积水严重,造成电器设备受潮,引起触电,水泥受潮就会变质报废,至于用钢模具、海底笆铺路的现象更是比比皆是。由此可见,施工项目一定要强化现场平面布置的管理,堵塞一切可能发生的漏洞,争创"文明工地"。

(2) 现场安全生产管理:现场安全生产管理的目的在于保护施工现场的人身安全和设备安全,减少和避免不必要的损失。要达到这个目的,就必须强调按规定的标准去管理,不允许有任何细小的疏忽。应避免:不遵守现场安全操作规程,导致发生工伤事故,甚至死亡事故;不遵守机电设备的操作规程,导致一般设备事故,甚至重大设备事故,不仅损坏机电设备,还影响正常施工;忽视消防工作和消防设施的检查,存在火灾隐患。诸如此类的事情，都是不利于项目成本的因素，必须从现场标准化管理着手，切实做好预防工作，把可能发生的经济损失减少到最低限度。

8. 定期开展"三同步"检查

项目经济核算的"三同步"，就是统计核算、业务核算、会计核算的"三同步"。统计核算即产值统计，业务核算即人力资源和物质资源的消耗统计，会计核算即成本会计核算。根据项目经济活动的规律，这三者之间有着必然的同步关系。这种规律性的同步关系，具体表现为：完成多少产值，消耗多少资源，发生多少成本，三者应该同步；否则，项目成本就会出现盈亏异常情况。开展"三同步"检查的目的，就在于查明不同步的原因，纠正项目成本盈亏异常的偏差。"三同步"的检查方法，可从以下三方面入手。

（1）时间上的同步

即产值统计、资源消耗统计和成本核算的时间应该统一（一般为上月26日到本月25日）。如果在时间上不统一，就不可能实现核算口径的同步。

（2）分部分项工程直接成本的同步

即产值统计是否与施工任务单的实际工程量和形象进度相符；资源消耗统计是否与施工任务单的实耗人工和限额领料单的实耗材料相符；机械和周转材料的租费是否与施工任务单的施工时间相符。如果不符，应查明原因，予以纠正，直到同步为止。

（3）其他成本费用是否同步

这要通过统计报表与财务付款逐项核对才能查明原因。

4.2.3 施工项目成本分析表法

成本分析表法是进行施工项目成本控制的主要财务方法之一。作为成本分析控制手段之一的成本分析表，包括成本日报、周报、月报表、分析表和成本预测报告等。这种方法是目前在进行施工项目成本控制时经常采用的方法，它要求准确、及时和简单明了，分析表的填制可以每日、每周或每月一次，依实际需要而定。常见的成本分析表有以下几种。

（1）月成本分析表

格式见表4-5和表4-6。在该表中，要求填列工程期限、成本项目、生产数量、工程成本、单价等数据。该表既可用于施工项目的综合成本分析，也可用于每一个成本责任中心的成本分析。

成本分析表　　　　　　　　　　　表4-5

编号	工程部位名称	实物单位	工程量		预算成本		计划成本		实际成本		实际偏差		目标偏差	
			计划	实际										
			本期	累计	本期	累计	本期	累计	本期	累计	本期	累计	本期	累计
1	2	3	4	5	6	7	8	9	10	11	12	13	14=8−12	15=9−13	16=10−12	17=11−13

成本项目分析表　　　　　　　　　　　表4-6

编号	成本项目	完成工程量	预算成本	计划成本	实际成本	差异		本月计划单位成本	本月实际单位成本	上月实际单位成本
						实际差异	目标差异			
1	2	3	4	5	6	7=4-6	8=5-6	9=5÷3	10=6÷3	11

（2）成本日报或成本周报

格式见表4-7和表4-8。为了便于准确掌握项目施工的动态情况，施工项目各级管理人员需要及时了解自己责任范围的进度与成本情况，及时发现工作中的难点和弱点，并据此采取有效措施。因此，良好的成本控制，应该每日、每周进行成本核算和分析。成本日报的主要内容是记录人工的投入，周报则要求反应人工、材料和机械使用费的计划与实际支出情况。

日人工费表　　　　　　　　　　　表4-7

分部分项工程名称	月 日		月 日		月 日		月 日	
	数量	单位	数量	单位	数量	单位	数量	单位

周工、料、机三费表　　　　　　　　　　　表4-8

编号	工程部位名称	间接成本	数量			单价		成本			比较	
			单位	总计	本周数	预算	实际	总计	实际总计	最终预测	节约	超支

（3）月成本计算及最终成果预测报告

月成本计算及最终成果预测报告是施工项目成本控制的重要内容之一，它应报告记载的主要内容有：已支出金额、到竣工时尚需金额预计、盈亏估计等。月成本计算及最终成果预测报告要求在月末编制会计报表的同时完成,一般先由会计人员根据各会计账簿将"已支出金额"填好,其余由成本工程师完成。

4.2.4 施工项目成本差异分析方法

常用的成本差异分析方法主要有因果分析图法和成本项目分析表法。

(1) 因果分析图法

因果分析图又称鱼刺图,是全面质量管理中的常用方法,是一种分析问题、查找原因的系统方法。它主要用于分析质量问题产生的原因。

我们知道,成本发生差异,即出现目标偏差的原因是多方面的,如人工费超支,可能是由质量事故造成的返工,劳动组织不善形成窝工、工程变更,待料、机械故障等诸多因素导致的停工,气候恶劣造成的停工,非生产实践过多等多种原因造成的。为了准确地查明成本超支的根源,可以采用因果分析图这种科学和系统的方法。

通常施工项目成本差异原因分析的因果分析图如图4-10所示。

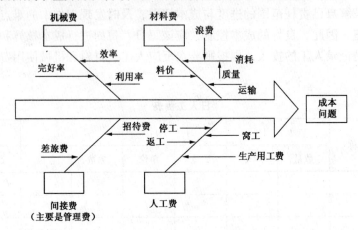

图 4-10 成本差异因果分析图

(2) 成本项目分析表法

以上介绍的成本分析表,主要是用于成本控制过程中的问题发现。为了分析出现成本差异的原因,有必要按成本项目、归属对象进行进一步的分析。成本项目分析表分人工费、材料费、机械使用费、工班人工费成本考核和工班材料费考核等,其格式见表4-9、表4-10和表4-11。这些分析表有助于深入分析成本节约或超支的责任和根源,从而便于制定和采取相应的措施。

人工费责任成本分析表　　　　　　　　表4-9

工程部位名称	完成工程量	工费定额成本/元				工费实际成本/元			备注
		定额标准	定额天数	工资标准	工费责任成本	实际用工	实际工资	实际工费成本	

材料责任成本分析表　　　　　　　　　　　　　　　　表4-10

工程部位名称	完成工程量	材料名称	材料责任成本				材料实际成本		
			定额标准	消耗量	材料责任单价	材料责任成本	实耗量	材料实际单价	材料成本

机械使用费责任成本分析表　　　　　　　　　　　　　表4-11

工程部位名称	完成工程量	机械种类	台班定额	机械定额成本			机械实际成本		
				台班消耗量	台班责任单价	机械费责任成本	台班实耗量	台班实际单价	机械费实际成本

4.2.5　赢得值法在施工成本控制中的应用

赢得值法（Earned Value Management，EVM）作为一项先进的项目管理技术，最初是美国国防部于1967年首次确立的。到目前为止，国际上先进的工程公司已普遍采用赢得值法进行建设工程项目的费用、进度综合分析控制。用赢得值法进行费用、进度综合分析控制，基本参数有三项，即已完工作预算费用、计划工作预算费用和已完工作实际费用。

1. 赢得值法的三个基本参数

（1）已完工作预算费用 BCWP

已完工作预算费用（Budgeted Cost for Work Performed，BCWP），是指在某一时间已经完成的工作（或部分工作），以批准认可的预算为标准所需要的资金总额，由于业主正是根据这个值为承包人完成的工作量支付相应的费用，也就是承包人获得（挣得）的金额，故称赢得值或挣值。

$$已完工作预算费用(BCWP)=已完成工作量 \times 预算(计划)单价 \qquad (4-6)$$

（2）计划工作预算费用 BCWS

计划工作预算费用（Budgeted Cost for Work Scheduled，BCWS），即根据进度计划，在某一时刻应当完成的工作（或部分工作），以预算为标准所需要的资金总额，一般来说，除非合同变更，BCWS 在工程实施过程中应保持不变。

$$计划工作预算费用(BCWS)=计划工作量 \times 预算(计划)单价 \qquad (4-7)$$

（3）已完工作实际费用 ACWP

已完工作实际费用（Actual Cost for Work Performed，ACWP），即到某一时刻为止，已完成的工作（或部分工作）所实际花费的总金额。

$$已完工作实际费用(ACWP)=已完成工作量 \times 实际单价 \qquad (4-8)$$

2. 赢得值法的四个评价指标

在以上三个基本参数的基础上,可以确定赢得值法的四个评价指标,它们也都是时间的函数。

(1) 费用偏差 CV

费用偏差 CV (Cost Variance) 的计算公式为

费用偏差(CV) = 已完工作预算费用(BCWP) – 已完工作实际费用(ACWP)　　(4-9)

当费用偏差 CV 为负值时,表示项目运行超出预算费用;当费用偏差 CV 为正值时,表示项目运行节支,实际费用没有超出预算费用。

(2) 进度偏差 SV

进度偏差 SV (Schedule Variance) 的计算公式为

进度偏差(SV) = 已完工作预算费用(BCWP) – 计划工作预算费用(BCWS)　　(4-10)

当进度偏差 SV 为负值时,表示进度延误,即实际进度落后于计划进度;当进度偏差 SV 为正值时,表示进度提前,即实际进度快于计划进度。

(3) 费用绩效指数 CPI

费用绩效指数 CPI (Cost Performed Index) 的计算公式为

费用绩效指数(CPI) = 已完工作预算费用(BCWP) ÷ 已完工作实际费用(ACWP)

(4-11)

当费用绩效指数(CPI) <1 时,表示超支,即实际费用高于预算费用;当费用绩效指数(CPI) >1 时,表示节支,即实际费用低于预算费用。

(4) 进度绩效指数 SPI

进度绩效指数 SPI (Schedule Performed Index) 的计算公式为

进度绩效指数(SPI) = 已完工作预算费用(BCWP) ÷ 计划工作预算费用(BCWS)

(4-12)

当进度绩效指数(SPI) <1 时,表示进度延误,即实际进度比计划进度拖后;当进度绩效指数(SPI) >1 时,表示进度提前,即实际进度比计划进度快。

费用偏差 CV 和进度偏差 SV 反映的是绝对偏差,结果很直观,有助于费用管理人员了解项目费用出现偏差的绝对数额,并依此采取一定措施,制定或调整费用支出计划和资金筹措计划。但是,绝对偏差有其不容忽视的局限性。如同样是 10 万元的费用偏差,对于总费用 1000 万元的项目和总费用 1 亿元的项目而言,其严重性显然是不同的。因此,费用偏差 CV 和进度偏差 SV 仅适合于对同一项目作偏差分析。费用绩效指数 CPI 和进度绩效指数 SPI 反映的是相对偏差,它不受项目层次的限制,也不受项目实施时间的限制,因而在同一项目和不同项目比较中均可采用。

在施工项目的费用、进度综合控制中引入赢得值法,可以克服过去进度、费用分开控制的缺点,即当发现费用超支时,很难立即知道是由于费用超出预算,还是由于进度提前。相反,当发现费用低于预算时,也很难立即知道是由于费用节省,还是由于进度拖延。而引入赢得值法即可定量地判断进度、费用的执行效果。

3. 偏差分析的表达方法

应用赢得值法时,偏差分析可以采用不同的表达方法,常用的有表格法、横道图法和曲线法。

(1) 表格法

表格法是进行偏差分析最常用的一种方法。它将项目编号、名称、各项费用参数以及费用偏差数综合归纳入一张表格中，并且直接在表格中进行比较。由于各偏差参数都在表中列出，使得费用管理者能够综合地了解并处理这些数据。

用表格法进行偏差分析具有如下优点：

1) 灵活、适用性强可根据实际需要设计表格，进行增减项。

2) 信息量大可以反映偏差分析所需的资料，从而有利于费用控制人员及时采取针对性措施，加强控制。

3) 表格处理可借助于计算机从而节约大量数据处理所需的人力并大大提高速度。

(2) 横道图法

用横道图法进行费用偏差分析，是用不同的横道标识已完工作预算费用（BCWP）、计划工作预算费用（BCWS）和已完工作实际费用（ACWP），横道的长度与其金额成正比例。横道图法具有形象、直观、一目了然等优点，它能够准确表达出费用的绝对偏差，而且能一眼感受到偏差的严重性。但这种方法反映的信息量少，一般在项目的较高管理层应用。

(3) 曲线法

在项目实施过程中，以上三个参数可以形成三条曲线，即计划工作预算费用（BCWS）、已完工作预算费用（BCWP）、已完工作实际费用（ACWP）曲线，如图4-11所示。在图4-11中，CV = BCWP − ACWP，由于两项参数均以已完工作为计算基准，所以两项参数之差，反映项目进展的费用偏差。SV = BCWP − BCWS，由于两项参数均以预算值（计划值）作为计算基准，所以两者之差，反映项目进展的进度偏差。

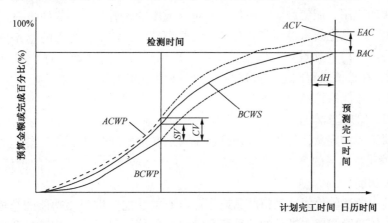

图4-11　赢得值法评价曲线

采用赢得值法进行费用、进度综合控制，还可以根据当前的进度、费用偏差情况，通过原因分析，对趋势进行预测，预测项目结束时的进度、费用情况。在图4-11中：

BAC（Budget At Completion）——项目完工预算，指编制计划时预计的项目完工费用。

EAC（Estimate At Completion）——预测的项目完工估算，指计划执行过程中根据当前的进度、费用偏差情况预测的项目完工总费用。

AVC（At Completion Variance）——预测项目完工时的费用偏差：
$$ACV = BAC - EAC \tag{4-13}$$

4.2.6 价值工程在施工成本控制中的应用

施工项目成本控制的方法较多，我们已经介绍了几种常用的成本控制的方法。现在，我们再来介绍对施工项目进行事前成本控制的一个重要技术方法——价值工程。

1. 价值工程的定义

价值工程是20世纪40年代首先在美国兴起的一种科学管理方法，20世纪50年代末、60年代初，在日本、欧洲等许多工业发达国家开始推广、普及，被公认为是成熟和有效的技术经济分析方法。20世纪70年代末价值工程被引入我国，在一些行业的企业中迅速地推广使用，取得了显著的效果。

价值工程（Value Engineering，VE），也可称为价值分析（Value Analysis，VA），是指以产品或作业的功能分析为核心，以提高产品或作业的价值为目的，力求以最低寿命周期成本实现产品或作业所要求的必要功能的一项有组织的创造性管理活动。我国有些人也称其为功能成本分析。价值工程研究的是在提高产品功能的同时不增加成本，或在降低成本的同时不影响功能，把提高功能和降低成本统一在最佳方案之中。

长期以来，在理论学习中，我们把质量管理和成本管理分成两个学科。在实际工作中，更把提高质量看成是技术部门的职责，而把降低成本看成是财务部的职责。由于这两个部门的分工不同、业务要求不同，因而处理问题的观点和方法也不会相同。例如：技术部门为了提高质量往往不惜工本，而财务部门为了降低成本又很少考虑保证质量的需要。通过价值工程的应用，能使产量与质量、质量与成本的矛盾得到完美的统一。

由于价值工程是把技术与经济结合起来的管理技术，需要多方面的业务知识和技术数据，也涉及许多部门（如设计、施工、质量等）和经济部门（如预算、劳动、材料、财会等）。因此，在价值工程的应用过程中，必须按照系统工程的要求，把有关部门组织起来，通力合作，才能取得理想效果。

2. 价值工程的基本原理

根据价值工程的定义，我们可以把价值工程的基本原理归结为以下三个方面：

（1）价值工程的目的是力图以最低的成本使产品或作业具有适当的价值，即实现其应具备的必要功能

价值工程中所述的价值，是指产品或作业具有的功能与取得该功能的总成本的比值，是对研究对象的功能和成本进行的一种综合评价。价值不是从价值构成的角度来理解的，而是从价值的功能角度出发，表现为功能与成本之比。其表达式为

$$价值（V）= \frac{对象（产品或作业）的功能（F）}{该对象的寿命周期成本（C）} \tag{4-14}$$

对于以式（4-14）需要说明的是：

1）价值不是从价值构成的角度来理解的，而是从价值的功能角度出发，表现为功能与成本之比。

2）功能是一种产品或作业所负担的职能和所起的作用，这里有一个观念问题，即用

户购买产品或作业，并不是购买其本身，而是购买它所具有的必要功能。功能过全、过高，必然会导致成本费用提高，而用户并不需要，从而造成功能过剩；反之，又会造成功能不足。

3）式（4-14）中的成本，也不是一般意义上的成本，而是产品全寿命周期的总成本，它不仅包括产品研制成本和生产后的储存、流通、销售的各种费用，还包括整个使用过程的费用和残值。其表达式为

$$C = C_1 + C_2 \pm C_3 \tag{4-15}$$

式中　C_1——设计制造费；
　　　C_2——使用费用；
　　　C_3——残值费用（残值收入为"－"，清理费用为"＋"）。

如建设工程项目的寿命周期，应从可行性研究开始到保修期结束，其寿命成本也应包括这期间的全部成本。

一般产品或作业的功能越高，制造成本也越高，但用户在使用中所花费的使用成本会越低；若产品或作业的功能越差，制造成本越低，但是使用成本会越高。价值工程的目的就是以最低的寿命周期成本，可靠地实现用户所需求的功能。即达到所需要的功能时，应满足寿命周期成本最小为

$$C_{\min} = \min(C_1 + C_2) \tag{4-16}$$

由于残值费用较小，为方便分析，将其省略了。其思路如图4-12所示。

4）从价值工程观点看，一方面，用户购买产品或作业，都想买到物美价廉的产品或作业，因而必须考虑功能和成本的关系，即价值的高低；另一方面，又提示产品的生产者和作业的提供者，可以从下列途径提高产品或作业的价值：功能不变，成本降低；成本不变，功能提高；功能提高，成本降低；成本略有提高，功能大幅度提高；功能略有下降，成本大幅度下降。产品的技术经济效益；功能略有下降，成本大幅度下降。

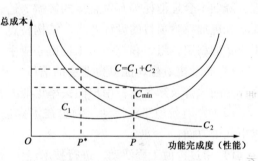

图4-12　价值—功能分析图

(2) 价值工程的核心是对产品或作业进行功能分析

在项目设计时，要在对产品或作业进行结构分析的同时，还要对产品或作业的功能进行分析，从而确定必要功能和实现必要功能的最低成本方案（工程概算）；在项目施工时，在对工程结构、施工条件等进行分析的同时，还要对项目建设的施工方案及其功能进行分解，以确定实施施工方案及其功能的最低成本计划（施工预算）。

价值工程将确保功能和降低成本作为一个整体同时来考虑，以便创造出总体价值最高的产品。

价值工程强调不断改革和创新，开拓新构思和新途径，获得新方案，创造新功能载体，从而简化产品结构，节约原材料，提高产品的技术经济效益。

(3) 价值工程是以集体的智慧开展的有计划、有组织的活动

因为提高产品价值涉及产品的设计、制造、采购和销售等环节，为此必须集中人才，

依靠集体的智慧和力量,发挥各方面、各环节人员的积极性,有计划、有组织地开展活动。在项目施工中,把价值工程活动同质量管理活动结合起来进行,不失为一种值得推荐的方法。

3. 价值工程在施工项目成本控制中的应用

价值工程在刚开始创立时,仅用于材料的采购和替代,如今,在世界范围内,价值工程已被广泛应用于航空、造船、汽车、电子、军火工业、机械制造和建筑等行业。在项目施工过程的成本控制中,价值工程应用的主要内容有以下几项:

(1) 从控制项目的寿命周期费用出发,结合施工,研究工程设计的技术经济合理性,探索有无改进的可能性,包括功能和成本两个方面,以提高施工项目的价值系数。降低成本,不仅仅是降低工时、材料、机械设备使用等费用支出,同时,也可以通过价值分析来发现并消除工程设计中的不必要功能,达到降低成本、降低造价的目的。表面看起来,这样做对施工项目并没有太多的益处,甚至还会因为降低了造价而减少工程结算收入。但是,我们应看到,其带来的有利影响确实是重要的,主要有以下三方面。

1) 项目经理部能在满足业主对项目的功能要求,甚至提高功能的前提下,降低施工项目的造价,业主通常都会给予降低部分一定比例的奖励,这个奖励则是施工项目的净收入。

2) 通过对设计进行分析的价值工程活动,对提高项目组织的素质,改善内部组织管理,降低不合理消耗等有着直接的影响。通过该项活动,能使项目经理部更加明确业主的要求,更加熟悉项目的设计要求、结构特点、项目所在地的自然地理条件,从而有利于施工方案的制定,组织和控制施工也得心应手。

3) 替业主着想,能赢得业主的信任,从而大大有利于双方的和谐协作关系,能够提高自身的信誉及知名度,用户回头率也能大大提高。

(2) 结合价值工程活动,制定技术先进可行、经济合理的施工方案。这主要表现在以下几个方面:

1) 通过价值工程活动,进行技术经济分析,确定最佳的施工方案。

2) 结合施工方法,进行材料使用的比选,在满足功能要求的前提下,通过代用、改变配合比、使用添加剂等方法降低材料消耗。

3) 结合施工方法,进行机械设备选型,确定最合适的机械设备的使用方案。例如:施工机械要选用功能相同、台班费最低或台班费相同、功能最高的模板,要联系结构特点在组合钢模、大钢模、滑模中选择最合适的一种。

4) 通过价值工程活动,结合项目的施工组织设计和所在地的自然地理条件,降低材料的库存成本和运输成本,及确定最合理的材料储备。

4.3 人工费控制

人工费的控制实行"量价分离"的方法,将作业用工及零星用工按定额工日的一定比例综合确定用工数量与单价,通过劳务合同进行控制。控制人工费,主要途径有:提高劳动生产率,改善劳动组织结构,减少窝工浪费;实行合理的奖励制度和激励办法,提高员工的劳动积极性和工作效率;加强劳动纪律,加强技术教育和培训工作;压缩非生产用工和辅助用工，严格控制非生产人员比例等。

4.3.1 劳动力组织控制

1. 劳动力计划

施工现场劳动力计划管理就是为完成生产任务，履行施工合同，按有关定额指标，根据建设工程项目的数量、质量、工期的需要，合理安排劳动力的数量和质量，做到科学合理而不盲目。

(1) 劳动力使用计划的编制

根据工程的实物量和定额标准分析劳动需用总工日；确定生产工人、工程技术人员、徒工的数量和比例，以便对现有人员进行调整、组织、培训，以保证现场施工的人力资源。劳动力使用计划是工程工期计划的重要配套保证计划之一，也是保证工程工期计划实现的条件，劳动力使用计划编制的原则是劳动力均衡使用，避免出现过多、过大的需求高峰，以免给人力调配带来困难，同时也增加了劳动力的成本，还带来了住宿、交通、饮食、工具等方面的问题。

劳动力使用计划的编制质量与工程量的准确与否以及工期计划的合理与否有着直接的关系。工程量越准确，工期越合理，劳动力使用计划才能越合理。

(2) 劳动力资源的落实

现场劳动力的需要计划编制完成后，就要与企业现有可供调配的劳动力加以比较，从数量、工期、技术水平等方面进行综合平衡，并按计划落实应进入现场的人员，为此在解决劳动力资源时要考虑以下三个原则。

1) 全局性的原则

把施工现场作为一个系统，从整体功能出发，考察人员结构，不单纯安排某一工种或某一工人的具体工作，而是从整个现场需要出发做到不单纯用人，不用多余的人。

2) 互补性原则

对企业来说，人员结构从素质上看可以分为好、中、差，在确定现场人员时，要按照每个人的不同优势与劣势、长处与短处，合理搭配，使其取长补短，达到充分发挥整体效能的目的。

3) 动态性的原则

根据现场施工进展情况和需要的变化而随时进行人员结构、数量的调整。不断达到新的优化，当需要人员时立即组织进场，当出现多余人员时转向其他现场或进行定向培训，使每个岗位负荷饱满。

2. 劳动力组织

(1) 劳动力的来源

根据建设部资质重新就位的文件要求，将施工单位定位为总承包企业、专业承包企业和劳务承包企业，不同性质的企业必然有不同的劳动力管理特点，从劳动力的来源上主要分为自有/聘用职工和劳务分包（或劳务合作单位）两种形式。

1) 自有职工

企业根据需求招收、培训、录用或聘用的职工，一般与企业签订定期合同，有的甚至是长期合同；一般总承包企业对自身职工的要求较高，自有/聘用的职工一般为管理人员或技术工人。

2）劳务分包（或劳务合作单位）

随着建筑技术和管理技术的发展，专业分工更加细化，社会协作更加普遍，企业也不可能在建筑所有领域里保有优势，因此不可避免地将采取劳务分包（或劳务合作单位）进行劳动力的补充。同时，采用劳务分包的形式也有利于减少成本，规避风险。劳务分包一般都使用农民工，除少数人外，普遍技术水平较低，因此对劳务分包如何进行更有效的管理是一个非常重要和实际的问题。

（2）劳动力组织

建筑企业劳动组织是按照施工生产的需要，科学地组织劳动分工与协作，使各劳动力的组合成为协调的整体。劳动组织的任务是根据科学分工协作的原则，正确配备劳动力，确立合理的组织，使劳动者与劳动组织的物质技术条件之间的关系协调一致，促进现场劳动生产率的提高。

（3）现场劳动组织的形式

1）专业施工队

按施工工艺由同一专业工种的职工组成的作业队，并根据需要配备一定数量的辅助工，其优点是生产任务专一，有利于工人提高技术水平，积累生产经验；缺点是分工过细，适应范围小，工种间搭接配合差。这种专业施工队适用于专业技术要求较高或专业工程量较集中的建设工程项目。

2）混合施工队

按劳动对象所需的相互联系的工种工人组织在一起形成的施工队。其优点是便于统一指挥，协调生产和工种间的搭接配合，有利于提高工程质量，有利于培养一专多能的多面手；但其组织工作要求严密，管理要得力，否则会产生干扰和窝工现象。

施工队的规模一般应依工程任务的大小而定，而具体采取哪种形式，则应在有利于节约劳动力，提高劳动生产率的前提下，按照实际情况而定。

（4）劳动组织的调整与稳定

劳动组织要服从施工生产的需要，在保持一定的稳定性的情况下，要随现场施工不断调整。劳动组织的调整必须遵循以下原则：

1）根据施工对象的特点（结构特点、技术复杂程度、工程量大小等）分别采取不同的劳动组织形式。

2）按照施工组织设计的要求，有利于工种间和工序间的协作配合，有利于充分发挥工人在生产中的主动性、创造性。

3）现场工人要相对稳定，并使骨干力量和一般力量、技术工人和普通工人密切配合，以保证工程质量。

现场劳动组织的相对稳定对保证现场的均衡施工，防止施工过程脱节具有重要作用。劳动组织经过调整，新的组织要具有很强的凝聚力，这样才能有利于劳动任务的完成和劳动技术的提高。

3. 劳动力组织优化

合理的劳动组织应该适合于施工的需要，有利于劳动力的合理使用，适合于建立现代企业制度的需要，并有利于企业的管理。

（1）施工现场劳动组织优化的标志和原则

施工现场劳动组织的优化就是在考虑相关因素变化的基础上，合理配置劳动力资源，使劳动者之间、劳动者与生产资料、生产环境之间，达到最佳的组合，使人尽其才，物尽其用，时尽其效，不断地提高劳动生产率，其要点是：

优化的依据，要考虑相关因素的变化，即要考虑生产力的发展、市场需求、技术进步、市场竞争、职工年龄结构、知识结构、技能结构等因素的变化。

优化的内容，主要包括劳动者之间，劳动者与生产资料、劳动者与生产环境之间的最佳组合。

优化要达到的目标是提高劳动生产率。

1）劳动组织优化的标志

数量合适。根据工程量的大小和合理的劳动定额并结合施工工艺和工作面的大小确定劳动者的数量。要做到在工作时间内能满负荷工作，防止"三个人的活、五个人干"的现象。

结构合理。所谓结构合理是指在劳动组织中的知识结构、技能结构、年龄结构、体能结构、工种结构等方面，与所承担生产经营任务的需要相适应，能满足施工和管理的技能素质与所操作的设备、工艺技术的要求相适应；劳动者的文化程度、业务知识、劳动技能、熟练程度和身体素质等，能胜任所担负的生产和管理工作。

协调一致。这是指管理者与被管理者、劳动者之间，相互支持、相互协作、相互尊重、相互学习，成为具有很强的凝聚力的劳动群体。

效益提高。这是衡量劳动组织优化的最终标志。一个优化的劳动组织不仅在工作上实现负荷、高效率，更重要的是要提高经济效益。

2）劳动组织优化的原则

精干高效的原则；竞争择优的原则；双向选择的原则；治懒汰劣的原则。

（2）优化施工现场劳动组织的主要工作

1）建立健全的劳动定额、定员和岗位标准

定员是优化劳动组织的重要前提，只有定员后，才能合理配备所需人员，用人才有明确的目标，才能进行劳动力的平衡和余缺调剂，优化劳动组织才有依据。

定员方法主要有：按劳动效率定员、按设备定员、按岗位定员以及按组织机构、职责范围、业务分工定员等。

2）优化劳动组合

定员以后，需要按照分工协作的原则，合理地配备人员，人员组合方法主要有：

自愿组合。自愿组合可以改善人际关系，消除因感情不和而影响生产的现象，调动班组长和生产工人的积极性。

招标组合。对某些又脏又累的工种，可实行高于其他工种（或部门）的工资福和待遇而进行公开招标组合，使劳动力的配备得以优化，职工的心情比较愉快。

切块组合。对某些专业性强、人员要求相对稳定的作业班组或职能组，采取切块组合。由作业班组或职能组集体向工程处或项目经理部提出组阁方案，经有关部门审核批准后实施。企业中有些作业班组的成员之间，各有专长，配合密切，关系融洽，在这种情况下，应保持相对稳定，不要轻易打乱重组，应采取切块组合，即由该班组集体讨论，调整现有人员之间的分工，或改选班组长，在保持原有建制的情况下加以优化。

3) 严格劳动纪律，保证正常生产秩序

劳动纪律是优化劳动组织的保证，没有严格的劳动纪律，就不可能有高水平的现场管理。劳动纪律包括：

组织纪律。指现场人员必须服从工作分配、调动和指挥；下级服从上级，班组服从施工队（或项目经理部）；遵守岗位责任制。

时间纪律。指遵守考勤制度，不迟到、不早退、不旷工；工作时间内不做与生产无关的事，不串岗、不溜号、不干私活、不妨碍他人工作。

生产纪律。就是要认真贯彻执行生产中的各项规章制度和生产作业计划，保质、保量、按期完成生产任务。

技术纪律。指工艺纪律，要严格执行工艺规程和安全操作规程；所有施工图纸、技术标准，不经有关部门同意，任何人不能擅自修改。

4.3.2 劳动定额控制

劳动定额亦称人工定额，是指企业在正常生产条件下，在社会平均劳动熟练程度下，为完成单位产品而消耗的劳动量。所谓正常的生产条件是指在一定的生产（施工）组织和生产（施工）技术条件下，为完成单位合格产品，所必需的劳动消耗量的标准；所谓社会平均劳动熟练程度，就是劳动定额标准既不是以劳动管理及效率最先进的企业为标准，也不是以最落后的为标准，而是指全体施工企业，包括先进的、后进的、中间的进行平均后应达到的企业劳动定额标准。

1. 劳动定额的制定

（1）劳动过程优化

劳动过程优化就是要采用科学的方法，对企业现行的劳动过程进行全方位的评价，力求设计出节省人力，节约时间的最佳方案。通常将劳动过程优化方法总称为工作研究，它包括方法研究和时间研究两大部分。方法研究又可分为程序分析和动作分析。

在进行方法研究时，应当首先从程序分析开始，即从整个过程出发，以工序或操作为基本单位，运用剔除、合并、简化、重排的技巧，改进整个劳动过程，使其合理化、科学化。如果花费很大力气先对某一操作的构成作动作分析，而这一操作很可能在程序分析时被认为不必要，予以剔除，则这一操作的动作分析成果就会被淘汰掉。因此，为了实现过程的最优化，必须先作程序分析，使整个过程合理化，然后再作动作分析，才能取得成效。

动作分析是在程序分析的基础上进行的，它是从一道具体的工序或操作入手，以劳动者细致的动作作为基本单位，凭借目测或摄影录像等手段，对现行的操作方法做出全面评价，并提出改进的方案。

时间研究是在方法研究的基础上，借用秒表等计时工具，通过测时、写实或工作抽样，建立起工作的时间标准。

（2）劳动定额制定

1）建立制定定额的专门组织机构。

2）收集本单位及行业定额水平的资料，结合生产工艺、操作方法及技术条件，初步制定企业现场劳动定额。

3）确保劳动定额的先进合理，以促进劳动水平的提高。

4）进行大量的、广泛的试验，并进行分析总和，最终确定现场使用的劳动定额。

2. 劳动定额的稳定与调整

（1）保持定额的严肃性及相对稳定性，不能随意曲解和增删定额内容。使其能科学反映现场劳动消耗情况。

（2）劳动定额由负责并参与定额制定的专门机构负责解释，以维护其一致性。

（3）劳动定额要定期进行修改、完善，使其反映新技术、新工艺，保证起到鼓励先进，鞭策落后的作用。

3. 劳动定额的实施

（1）教育现场职工认真学习定额，并在劳动中执行定额，纠正施工中争工、挑工、浪费材料和工时等不良现象。

（2）认真做好现场施工任务单的签发、验收和结算，把劳动定额贯彻到现场施工中的全过程。

（3）建立健全原始记录和统计报表制度，作为分析劳动消耗和修订劳动定额的依据。

（4）把贯彻劳动定额与开展技术革新，组织劳动竞赛，改进劳动组织和搞好按劳分配结合起来。

4.3.3 人工单价控制

1. 工资的形式

工资是依据劳动者提供的劳动量，支付给劳动者的劳动报酬。目前，建筑企业的工资形式主要有：计时工资、计件工资、奖金和津贴。前两种是工资的基本形式，后两种是工资的补充形式。

（1）计时工资

计时工资是根据劳动者的工作时间和相应的工资标准来支付劳动报酬的一种工资形式。按照计算的时间单位不同，一般分为三种，即小时工资制、日工资制和月工资制。这种工资形式劳动者所得工资的多少，并不直接与其劳动成果多少发生关系，且计算简便，所以计时工资制简单易行、适应性强、适用范围广。但是，计时工资制在实行按劳分配中也存在着明显的局限性：一是计时工资侧重以劳动的外延量计算工资，至于劳动的内含量即劳动强度则不能准确反映；二是就同等级的各个劳动者来说，所付出的劳动量有多有少，劳动质量也有高低之别，而计时工资不能反映这种差别，容易出现干多干少、干好干坏一个样的现象。为了贯彻按劳分配原则，企业可采取计时工资加奖励的办法，根据劳动者劳动成果的数量和质量加发不同数额的奖金。

计时工资制主要适用于不易从产品上计算个人成绩的工种、辅助生产人员、服务人员和管理人员。

（2）计件工资

计件工资是按劳动者所生产合格产品的数量和事先规定的计件单价来支付劳动报酬的一种工资形式。由于计件工资制将劳动者的工资收入与劳动成果紧密联系起来，因此它能很好地体现按劳分配的原则，同时由于产量与工资直接相连，所以能促进工人经常改进工作方法，提高技术水平，充分利用工时，提高劳动生产率。

实行计件工资的企业必须具备的条件是：产品和生产任务比较稳定，产品质量明确，有先进、合理的劳动定额和材料消耗定额，并要保证材料及时供应，要有严格的质量检验和验收制度等。防止出现片面追求产品数量，而忽视产品质量、消耗定额、安全和不爱护生产设备的偏向。如只求质量保持合格品的下限；在消耗定额内还有不去挖掘节约的潜力等。对这些偏向，除了要有严格的检验制度、核算制度外，要补充制定切实可行的改善计件工资的措施。

(3) 奖金

奖金是对职工超额劳动的报酬。企业奖金基本上有两大类：一类是劳动者提供了超额劳动、直接增加了社会财富所给予的奖励，这一类称为生产性奖金或工资性奖金；另一类是劳动者的劳动改变了生产条件，为提高劳动效率、增加社会财富创造了有条件所给予的奖励，这一类称为创造发明奖或合理化建议奖等。这里只讨论第一类奖金，即生产性奖金。建筑企业生产性奖金一般有两种：

1) 综合奖。综合奖的得奖条件是全面完成企业的各项经济技术指标。如全优工号奖。

2) 单项奖。单项奖是企业为突出重点或为加强薄弱环节，针对生产经营中某些特定指标而设置的奖金。当考核达到了某项指标时，就可获奖。如超产奖、节约奖、安全奖等。

计算奖金的办法，以"计奖"为主的计奖与评奖相结合的办法应用较多。企业应明确规定考核计奖的各项经济技术指标，要有严格的考核制度和健全的原始记录。

(4) 津贴

津贴是对职工在特殊劳动条件和工作环境下的特殊劳动消耗，以及在特殊条件下额外生活费用的支出给予合理补偿的一种工资形式。如：补偿劳动消耗的夜班津贴；保护劳动条件特殊的职工的高空、粉尘保健津贴；保证职工生活的伙食津贴、取暖防暑津贴等。

2. 工资使用情况的分析和检查

经常对工资的使用情况进行分析与检查，是企业工资管理中的一项重要内容。检查工资使用情况，主要是分析其超发和节约的情况，从而发现问题，提出改进措施。

(1) 工资总额计划完成情况分析

1) 分析工资总额完成程度的公式为：

$$\text{工资总额完成程度} = (\text{实际支付工资总额} / \text{计划工资总额}) \times 100\% \tag{4-17}$$

2) 分析职工平均人数和平均工资变动对工资总额计划完成情况的影响。造成工资节约或超支的原因很多，但归纳起来可以分为两大类：一类是平均人数变动所致；另一类是平均工资变动所致。

$$\begin{matrix}\text{职工平均人数变动对}\\ \text{工资总额变化的影响额}\end{matrix} = (\text{实际职工平均人数} - \text{计划职工平均人数}) \times \text{计划平均工资} \tag{4-18}$$

$$\begin{matrix}\text{职工平均工资变动对}\\ \text{工资总额变化的影响额}\end{matrix} = (\text{实际平均工资} - \text{计划平均工资}) \times \text{实际职工平均数} \tag{4-19}$$

(2) 工资的相对节余或超支分析

由于前面所进行的分析没有考虑企业生产任务的完成情况，而现实中企业工资总额的支出额是与生产任务的完成情况相联系的，这种联系生产计划完成情况对工资节超的分析就是工资的相对节余或超支分析。具体步骤是：

1）先计算企业按实际产值或产量应支付的计划工资总额，即调整后的计划工资总额。公式是

$$调整后的计划工资总额 = 计划工资总额 \times [实际总产值(总产量)/计划总产值(总产量)] \quad (4-20)$$

2）再根据调整后的计划工资总额，计算工资的相对节余或超支额。公式为

$$工资的相对节余(超支)额 = 实际支付工资总额 - 调整后的计划工资总额 \quad (4-21)$$

当生产计划完成程度高于工资计划完成程度时，工资总额就会相对节余；反之，就会超支。

4.3.4 劳动生产率及激励机制

1. 劳动生产率

劳动生产率是指劳动者在生产中的产出与创造这一产出的投入时间之比。一般用单位时间内生产某种合格产品数量或产量来表示，亦可用生产单位合格产品所消耗的劳动时间表示。

（1）影响劳动生产率的因素

影响企业劳动生产率的因素，可分为外部因素和内部因素两大类。一般来说，外部因素是不在企业控制之下的因素，内部因素是企业控制之内的因素。一个无法控制的外部因素，如立法、税收、各种相关政策等对不同的建筑施工企业来说，其影响程度基本相同，它不在我们的研究范围之内。但企业制定劳动生产率计划时，对这些不可控的外部因素的影响，应加以充分考虑。影响企业劳动生产率的内部因素主要有：

1）劳动者水平。包括经营者的管理水平，操作者的技术水平，劳动者的觉悟水平即劳动态度等。

2）企业的技术装备程度。如机械化施工水平，设备效率和利用程度等。

3）劳动的自然条件。

4）企业的生产经营状况。

（2）提高劳动生产率的主要途径

劳动生产率的提高，就是要劳动者更合理更有效地工作，尽可能少地消耗资源，尽可能多地提供产品和服务。

提高劳动生产率最根本的方法是使劳动者具有高智慧、高技术、高技能。真正的劳动生产率提高，不是靠拼体力，增加劳动强度。由于人类自身条件的限制，这样做只能导致生产率有限增长。提高劳动生产率的主要途径是：

1）提高全体员工的业务技术水平和文化知识水平，充分开发职工的能力。

2）加强政治思想工作，提高职工的道德水准，搞好企业文化建设，增强企业凝聚力。

3）提高生产技术和装备水平，采用先进施工工艺方法，提高施工机械化水平。

4) 不断改进生产劳动组织,实行先进合理的劳动定员和劳动定额。
5) 改善劳动条件,加强劳动纪律。
6) 有效地使用激励机制。

2. 激励机制

(1) 激励的概念

激励就是通过认真科学地分析现场职工的合理需要,并进行优化管理,然后采取措施尽量加以满足,从而不断激发职工的内在潜力和能力,充分发挥职工的积极性和创造性,使每一职工才有所用,力有所长,劳有所得,功有所补,不断提高施工生产水平,增强企业活力和竞争能力,使企业得到发展壮大。

(2) 建立现场劳动激励机制的方法

1) 劳动者需要的内容

按需要的重要性及发生发展的先后次序排列为:生理上的需要、安全上的需要、归属与相爱的需要、尊重的需要和自我实现的需要五个层次。其中生理上的需要是职工为了生存不可缺少的最基本的原始需要,如吃饭、穿衣、居住等;安全的需要是在生理需要满足后产生的,如生活要有保障,没有失业的威胁,年老生病有保障等;归属与相爱的需要是属于社会交往的需要,每个职工都是社会人,都有一种从属于某一组织或群体的感情,希望朋友之间、同事之间关系融洽,相互关心照顾,希望得到爱情等;尊重的需要是职工别名誉、地位、个人能力、成就等要求被人们承认的需要;自我实现的需要是发挥人的潜在能力,实现自己既定理想目标的需要。

2) 物质激励

一是工资激励,工资作为职工及家庭生活的重要物质条件,必须贯彻按劳分配原则,满足职工及家属的基本生存需要;二是奖金激励,奖金作为超额劳动的报酬,具有灵活性和针对性,运用得好能起到比工资更有效的激发职工工作热情的作用;三是福利、培训工作条件和环境激励,它区别于工资与奖金的激励,不是直接计算职工的成果,而是通过对整个企业或承包单位全体施工人员工作条件的改善进行激励,能培养职工对现场施工的凝聚力和向心力。

3) 精神激励

通过满足职工较高层次的需要,用精神激励手段来实现对企业职工积极性和创造性的激发。主要包括:思想政治工作,树立职工的主人翁意识,增强职工的自信心,荣誉感等。其作用表现在一是强化作用,使受表彰行为得到巩固,使不良行为受到抑制;二是引导作用,通过表彰,思想教育等方式来激发职工的动机以引导其行为,使外界教育转化为内在需要的动力;三是激发作用,通过树立典型来促进后进,带动中间。

4) 实施方法

①深入了解职工工作动机、性格特点和心理需要;

②组织目标设置与满足职工需要尽量一致,使职工明确奋斗意义;

③企业管理方式和行为多实行参与制、民主管理,避免滥用职权,现场管理制度要有利于发挥职工的主观能动性,避免成为遏制力量;

④从现场职工的需要满足职工的自我期望、目标,两方面进行激励;

⑤对不同的职工在选择激励方法时要因人而异及物质与精神激励相结合的方法;

⑥激励要掌握好时间和力度；

⑦建立良好的人际关系，领导、群众、上级、下级之间互相信任、互相尊重、互相关心；

⑧创造良好的施工环境，保障职工的身心健康。

4.4 材料费控制

材料费控制同样按照"量价分离"原则，控制材料用量和材料价格。

（1）材料用量的控制

在保证符合设计要求和质量标准的前提下，合理使用材料，通过定额管理、计量管理等手段有效控制材料物资的消耗，具体方法如下：

1）定额控制。对于有消耗定额的材料，以消耗定额为依据，实行限额发料制度。在规定限额内分期分批领用，超过限额领用的材料，必须先查明原因，经过一定的审批手续方可领料。

2）指标控制。对于没有消耗定额的材料，则实行计划管理和指标控制相结合的办法。根据以往项目的实际耗用情况，结合具体施工项目的内容和要求，制定领用材料指标，据以控制发料。超过施工项目的内容和要求，制定领用材料指标，据以控制发料。超过指标的材料，必须经过一定的审批手续方可领用。

3）计量控制。准确做好材料物资的收发计量检查和投料计量检查。

4）包干控制。在材料使用过程中，对部分小型及零星材料（如钢钉、钢丝等）根据工程量计算出所需材料量，将其折算成费用，由作业者包干控制。

（2）材料价格的控制

材料价格主要由材料采购部门控制。由于材料价格是由购买价、运杂费、运输中的合理损耗等所组成，因此控制材料价格，主要是通过掌握市场信息，应用招标和询价等方式控制材料、设备的采购价格。

施工项目的材料物资，包括构成工程实体的主要材料和结构件，以及有助于工程实体形成的周转使用材料和低值易耗品。从价值角度看，材料物资的价值，约占建筑安装工程造价的60%~70%，其重要程度自然是不言而喻。由于材料物资的供应渠道和管理方式各不相同，所以控制的内容和所采取的控制方法也将有所不同。

4.4.1 材料定额控制

1. 材料消耗定额

材料消耗定额是指在一定条件下，生产单位合格产品或完成单位工作量所合理消耗的材料数量标准。所谓"一定条件"主要是指施工生产的技术条件、施工工艺方法、工人技术熟练程度、企业管理水平、材料的质量、自然条件以及职工的思想觉悟程度等。所有这些条件，对材料消耗定额的高低都有直接影响。所谓"合理消耗的材料数量标准"，是指在正常施工条件下，通过采取有效的节约措施，生产单位产品或完成单位工作量所必须消耗的材料施工条件下，通过采取有效的节约措施，生产单位产品或完成单位工作量所必须消耗的材料数量。它包括构成产品的净用量，也包括劳动过程中的合理损耗。

(1) 材料消耗定额的构成

1) 材料消耗的构成

有效消耗。指直接构成工程实体的材料净用量。

工艺损耗。指在施工操作中没有进入工程实体而在实体形成中损耗掉的那部分材料，也称操作损耗。它包括材料在加工准备过程中产生的损耗，如端头短料、边角余料；也包括材料在施工过程中产生的损耗，如砌墙、抹灰时的掉灰等。这种损耗在现阶段是不可避免的，但可控制在一定范围内，并随着技术的进步和工艺的改善而不断减少。

管理损耗。指在施工生产操作以外所发生的损耗。如保管损耗，运输损耗，垛底损耗以及以大代小，优材劣用等造成的损耗。这种损耗在目前的管理手段、管理设施条件下很难完全避免。但应使其降低到最低损耗水平。

2) 材料消耗定额的构成。材料消耗定额是对材料消耗过程进行分析、提炼的结果。工艺损耗和管理损耗，均可分为两种情况下的损耗。一种是在目前的施工技术、生产工艺、管理设施、运输设备、操作工具条件下不可避免的损耗，如砂浆散落，水泥破袋等；另一种是在目前的条件下可以避免、可以减少的情况下而没有避免，或者超出了不可避免的损耗量，如散落较多的砂浆而没有及时回收，不合理下料造成的"短料"过多等。

由上述分析可以看出，制定材料消耗定额时必须对那些不可避免的、不可回收的合理损耗在定额中予以认可，那些本可以避免或可以再回收利用而没有回收利用、没有避免的损耗，则不能作为损耗标准计入定额。所以材料消耗定额的构成内容只应包括有效消耗和合理损耗。

建筑工程常用的材料消耗施工定额和概算定额，按照上述构成因素分析，可用下式表示

$$材料消耗施工定额 = 有效消耗 + 合理工艺消耗 \tag{4-22}$$

$$材料消耗概算定额 = 有效消耗 + 合理工艺损耗 + 合理管理损耗 \tag{4-23}$$

(2) 材料消耗定额的制定

材料消耗定额的制定，包括两方面的工作内容。

一是定质。即对建筑工程或产品所需的材料品种、规格、质量做出正确的选择。具体要求：品种、规格、质量符合设计要求，有良好的工艺性能，便于操作，有利于提高工效；采用通用、标准产品，尽量避免稀缺材料。

二是定量。即通过对材料消耗量的正确测算，确定材料消耗的数量标准。定量是制定材料消耗定额的关键，材料消耗定额中有效消耗一般是不变的量。定额的先进性主要反映在对损耗量的合理判断。如何科学、正确而合理地判断损耗量的大小，是制定消耗定额的关键——定量中的关键。

常用材料消耗定额的制定方法有：

1) 技术分析法。根据施工图纸、施工工艺、设备要求规范及有关配合比等资料，采用一定的科学方法，计算出材料净用量与合理损耗的方法。用这种方法制定的定额，技术依据充分，故比较准确，但工作量较大。

2) 经验估算法。根据生产人员、技术人员和定额制定人员的实践经验，参考有关资料以及企业生产技术条件变化等因素制定材料消耗定额的方法。此法的优点是实践性强，简便易行，制定速度快；缺点是主观性强，缺乏依据，准确性差。

3）实地测算法。指在一定条件下，通过实地观察、记录、测定，经分析整理而制定材料消耗定额的方法。这种方法采用实地观测，可克服偶然因素的影响，比较准确。但工作量大，需要花费时间较多，同时还受测定条件和参测人员素质的影响。

4）统计分析法。指根据分部、分项工程材料消耗量的历史统计资料，并考虑生产技术条件的变化等因素，制定材料消耗定额的方法。这种方法注重实际消耗水平，不需进行理论计算。但要求要有健全的统计资料，并尽量消除偶然因素的影响，才能做到定额的先进合理。

2. 材料储备定额

(1) 材料储备

建筑施工企业材料储备是生产储备，它处于生产领域内，是为保证施工生产需要，解决材料供需矛盾而建立的材料库存。它又分为经常储备、保险储备和季节储备三类。

1）经常储备。经常储备又叫周转储备，是企业在正常供应条件下两次材料到货的间隔期中，为保证生产的进行而需经常保持的材料库存。它的特征是：在进料后达到最大值，叫最高储备量，此后，随着陆续投入消费而逐渐减少，在下一批到料前达到最小值，然后再补充进料，如此循环，周而复始。在两次到料之间的时间间隔叫供应间隔期，以天数计算，每批的到货量叫进货批量，又叫订货批量。

2）保险储备。保险储备是在材料不能按期到货或消费速度加快等情况下，为保证施工生产需要而建立的保险性材料库存。它是一个常量，在库存线图上是一条平行于时间坐标轴的直线。因此，只需针对某些对生产影响明显、采购供应条件差的品种建立保险储备，保险储备的材料品种较少。

3）季节储备。季节储备是指某些材料的资源受季节性影响，有可能造成供应中断，为保证施工生产需要而建立的材料库存。它的特征是将材料生产中断期间的全部需用量，在中断前一次或分次购进，以备不能进料期间使用，直到材料恢复供应可以进料时，再转为经常储备。

(2) 材料储备定额的制定

材料储备定额是指在一定条件下为保证施工生产正常进行，所规定的合理储备的材料数量标准。

1）经常储备定额的制定方法

①供应间隔期计算法。即用平均间隔天数和平均日消耗量计算材料经常储备的方法。其计算公式为

$$\text{经常储备定额} = \text{平均每日材料需用量} \times \text{平均供应间隔期} \qquad (4-24)$$

式中平均每日材料需要量根据计划期材料需用量和计划期日历天数计算。公式如下

$$\text{平均每日材料需用量} = \text{计划期材料需用量}/\text{计划期日历日数} \qquad (4-25)$$

平均供应间隔期可利用历史统计资料分析计算，一般采用加权平均计算方法计算。其公式为

$$\text{平均供应间隔期} = \sum(\text{供应批量} \times \text{该批到货日与下批到货日的间隔期})/\text{各批供货量之和} \qquad (4-26)$$

②经济批量法。采用经济批量法确定经常储备定额可获得采购费用和保管费用之和最低的经济效益。

2）保险储备定额的制定方法

①平均误期天数法。平均误期天数法，是根据某种材料过去发生的交货、运输误期情况的统计资料，用加权平均法求得平均误期天数，然后用平均误期天数作为保险储备天数来计算保险储备定额的方法。

$$平均误期天数 = \Sigma（误期天数 \times 误期入库数量）/误期入库数量之和 \qquad (4-27)$$

②供货时间法。供货时间法就是根据供应中断后再取得材料供应所需要的时间，即临时供料所需时间来确定保险储备天数。

临时供货所需时间包括：办理临时订货手续、验收入库、加工等所需的时间。

采用这种方法确定保险储备天数，要求所需材料能够随时采购，即资源比较充足。

③临时需用比例法。临时需用比例法就是根据临时追加需用量占经常储备量的比例来确定保险储备天数的方法。其计算公式是

$$保险储备天数 =（平均临时追加需用量/经常储备定额）\times 供应间隔期 \qquad (4-28)$$

对于外部到货规律性强，误期到货少而内部需要不够均衡，临时需要多的材料，适宜采用这种方法。

3）季节储备定额的制定方法

季节储备定额通常根据供应中断间隔和平均每日材料需用量来计算，公式如下

$$季节储备定额 = 平均每日材料需用量 \times 季节供应中断间隔期 \qquad (4-29)$$

4）最高、最低储备定额的制定方法

根据上述材料储备定额的计算，材料最高、最低储备定额的计算公式是

$$\begin{aligned}最高储备定额 &= 经常储备定额 + 保险储备定额（最低储备定额）\\ &= 平均每日材料需用量 \times（平均供应间隔期 + 保险储备天数）\end{aligned} \qquad (4-30)$$

4.4.2 材料采购控制

1. 材料采购计划

材料采购及加工订货计划是材料供应计划的具体落实。凡在市场上可以直接采购的材料，均应编制采购计划。这部分材料品种多、规格杂、分布广，供应渠道多，供应方式复杂，主要是通过计划控制采购材料的数量、规格及时间等。凡需要与供货单位签订加工、订货合同的材料，均应编制加工、订货合同计划。计划中的主要内容应包括：材料名称、规格、型号、质量标准、技术要求、数量、交货时间和地点等。有的还应包括必要的技术图纸及说明材料，如有必要，可由加工厂家先期提供加工样品，待需方认可后再批量加工。

项目月度物资采购计划的编制的要点如下。

（1）由公司物资部门负责采购的物资，每月25日前公司物资部门计划主管人员根据各项目所报月度申请计划，经复核，汇总后编制物资采购计划，经物资部经理审核并报公司主管领导审批后进行采购。

（2）由项目自行采购的物资，由项目计划编制人员编制采购计划，经项目商务经理审核，项目经理审批后在公司物资部推荐的物资供方中选择1~2家进行采购供应。

（3）采购计划一式四份，现场验收人员一份，作为进场验收的依据；采购员一份，作为采购供应的依据；财务部门一份，作为报销的依据；计划编制人员留一份。

（4）采购计划中要明确物资的类别、名称、品种（型号）、规格、数量、单价、金额、质量标准、技术标准、使用部位、物资供方单位、进场时间、编制依据、编制日期、编制人、审核人、审批人。

（5）量的确定：

物资采购量 = 申请量 + 合理运输损耗量

（6）编制：按表 4-12 的格式进行编制。

工程物资采购计划表　　　　　表 4-12

年　　月

项目名称：			计划编号：			编制依据：				第　页　共　页	
序号	类别	材料名称	型号	规格	单位	数量	单价	金额	质量标准	进场时间	供方	备注

制表人：　　　审核人：　　　审批人：　　　制表日期：　　　送达日期：

2. 材料采购流程的控制

原材料及其他各种物料是生产成本构成的主要因素，它的高低直接影响着产品的成本，也影响着企业流动资金的高低。其采购可以分为两个步骤：第一，报价；第二，合同签订和采购订单的建立。科学采购可以减少库存，降低采购成本，因此，如何组织采购是每个企业都很关心的问题。在资金充足的情况下，采购数量的多少取决于四个因素：未来可预见期间的销售情况、现有的存货信息、在途存货、可遇见期间的材料的市场价格。这些信息分别来源于销售、生产、采购部门，因此科学合理的采购决策要对这些部门信息的协调，获取这些信息的方法有很多，最常用、也是最有效的方法就是定期组织这些部门召开例会，采购部门根据会议的最终决定提出采购申请，并提交总经理（在采购数量很大的情况下需总经理批准）。采购申请提出后，由专职人员负责询价，并在 MIS 中过行记录，根据询价与报价结果，选定供应商，签署采购合同。为了能够追踪采购信息，采购部门在合同签署后需要做采购订单，采购订单相当于向供应商发出的采购要约，具有合同效力。货物的验收与发票的校对都应与采购订单上的基本内容相符。采购申请与采购订单的不同之处在于，采购申请用于内部审批，采购申请单上没有精确的金额，而采购订单上有较精确的采购金额，作为一种向供应商购买的要约，具有法律效力。创建采购订单还有一个目的，就是用于归集各种采购费用，便于企业分析各项成本费用。

在采购数量确定后，采购部门接下来所应该做的工作就是询价。采购需要选择最适合的供应商与价格，因此供应商的选择需要一个询价、报价、选择的过程，或者称作招标过程。在系统中维护相应的供应商主数据，填写供应商登记卡，并向供应商询价，询价完毕后，在 MIS 系统中记录询价结果，以便于供应商的选择，也为将来采购提供有用的信息。

通常情况下，在选择供应商时，需考虑价格、性能、产品对材料的质量要求等因素。最后综合各种因素选定供应商并拟定采购合同。

各项采购都应该有合同与采购订单作为保证。为了保证管理的有效性与安全性，公司应制定相应的采购权限表，采购人员根据权限表来签署合同并采购。通常情况下，采购人员或者采购部门经理具有一定的采购权限，选定供应商后，采购人员根据双方谈判拟定采购合同（采购合同分为现货合同与期货合同），并在MIS中维护，采购经理根据自己的权限表审批合同。如果合同超出了采购经理的权限，合同必须经总经理批准。合同签署后，采用到厂前（采用到岸价）通知物流部门和生产部门准备货物的验收与内部物流工作。

3. 采购成本控制的方法

采购成本的控制方法其实就是使用系统的方法，以最低的成本取得物品相同的、必要的功能，即提高了物品的价值。具体方法如下。

（1）检核表法。这种方法主要是采用问卷方式，了解被分析的对象或有无改善的余地——变更、解除、宽容、整合、代替等机会。

由于供应商具有专业优势，能够对成本控制给予有效的技术支持，因此可以就其供应的产品，征询其意见。

（2）头脑风暴法。这种方法利用集体思考力量、相互刺激冲荡，发生连锁反应，以引出较多的控制采购成本创意。此种集体脑力创造开发是成本控制最有效的武器。简单来说，这种会议通常由10个以下的人员组成，对某项问题任意发表自己的想法，在自由开发的气氛下，把个人的创意共同讨论，借以解决问题。

头脑风暴的会议方法严格禁止相互批评，避免阻挠成本控制创意的开发。邀请供应商参加，大大活用其专业知识，可以提高成本控制的效果。

（3）比较分析法。这是把相类似物品的成本相互比较而得到的成本控制。其方法即根据各种物品的成本比较（单位重量的成本比较表，单位体积的成本比较表，破裂程度的成本比较表，耐用年限的成本比较表，不同形状的成本比较表）绘成图表或相关曲线，就其差异情形加以分析，寻求以标准规格代替特殊规格，或以价廉者代替价昂者，如此可节省成本甚多。

（4）成本分析法。物品多半购自市场，因此，为获得有价值的东西，必须付出适当成本。成本分析即是将成本过高的细项列出，然后实施改善方案，即是计算出可能降低的数字。

（5）ABC分类控制法

ABC分类法，其基本点是对事物进行统计、排列与分类，借以反映出"关键的少数和次要的多数"，以找出管理重点的一种方法。它是1897年首先由意大利经济学家帕雷特提出来的，通称帕雷特法则。后经许多学者发展，1951年应用于库存管理，定名为ABC分类法或ABC分析法。这种方法应用于物资管理，有利于降低库存，加速资金周转，节约仓储费；应用于质量管理，可寻求影响质量的各类主次因素。

ABC分类法应用于库存管理。应用ABC分析法于库存管理中，基本做法有两种：一种是将全部物资品种按计划期折算金额，逐个由高到低排队列表进行分析；另一种是对各物资品种按计划期内的数量分层列表进行分析。

具体步骤归纳如下：

1）以每种物资的年度供应量（或年消耗量）乘以物资单价，求出各种物资全年供应金额（或全年消耗金额）。

2）按各种物资全年供应金额的多少，顺序排列。

3）计算每种物资全年供应金额占全部物资全年供应金额的比例。

4）据上述资料，求出各种物资品种占全部品种的百分比。

根据计算出的百分比适当地划分三类。比如：把供应总金额75%的物资品种划分为A类，占供应总金额17%的物资品种划分为B类，占供应总金额8%的物资品种划分为C类。

5）列出 ABC 分类表并绘出库存物资 ABC 分类。

4. 采购成本控制的策略

（1）采购成本控制的要点

1）事前规划

①建立合格的供应商评选制度。

②查询以往的采购记录或当前市场行情。

③了解买卖双方的优势、劣势。

④掌握影响成本涨跌的特定事务、历史事件。

⑤制定适当的规格，避免发生围标或指定供应商采购。

2）事中执行

①寻找两家以上合格供应商来报价。

②制作底价或编制预算。

③要求供应商提供报价单价或成本分析表。

④运用议价技巧。

⑤协助供应商推行价值工程。

⑥提供价格变动报告表。

3）事后考核

①选择价格适当的供应商签订合约。

②约定加工调整的特定因素（工资、电费、汇率、材料成本）。

③长期合约应定有计价公式。

④利用数量折扣或现金折扣。

⑤查核发票价格与订购价格是否符合。

⑥制作价格差异分析。

⑦建立价格资料档案。

（2）成本控制的策略

1）化零为整策略。规模效益的企业，其内部各厂、各部门共同的材料应采用"集中采购"方式，各行业之间亦推行"联合采购"，以集体代替个体的谈判力量，以免被供应商各个击破，达到"以量制价"的目的。

2）内外兼顾策略。掌握货币升值的机会，突破"内购"比较便宜的观念，加强"外购"活动能力，特别是向东南亚邻近国家询价、比价，通过分析、比较，确定采购方向。

3）自助策略。积极开发替代品及提高自制及设计能力，在原用材料短缺时，能"自力救济"。并且平时应加强与同业或关系企业的联系，一旦急需时可以得到"调拨"或"挪支"的便利。

4）权变采购策略。推行"统购"，选定合格厂商签订长期供应合约，避免重复请购，制定采购作业流程，精简人力，提高效率；实施内部及外部（非采购主办部门）采购授权，加速零星紧急、因地制宜采购的处理时效。

5）财税导向策略。熟悉与运用投资抵减、优惠关税等政府法规，以降低购入成本；学习外汇操作技巧，回避币值风险；要求以弱势货币报价，并采用长期付款方式交款以获取外汇兑换利益。

6）用人唯才策略。慎重选用能力强的采购人员，以求达到降低成本的目标；建立良好的采购稽核制度，杜绝舞弊、浪费现象。也就是先有"防弊"的措施，再追求采购的绩效。

4.4.3 材料的现场控制

1. 现场物资管理的内容

现场的物资管理，就是在现场施工过程中采取科学的方法、先进的手段，在物资进场验收、保管、发放、回收等阶段实施因地制宜的管理措施，使物资在企业的生产领域中发挥最大作用，降低企业的物资消耗水平，获取较大的利益。

（1）施工前的准备阶段

1）了解工程概况，调查现场条件和周围货源情况及供应条件；

2）了解工程基本情况和业主、设计方对物资供应的基本要求；

3）了解工期和物资的供应方式、付款方式和业主供应物资情况；

4）了解施工方案，掌握工程施工进度、现场平面布置及物资近期的需求量；

5）了解项目经理部对物资管理工作的具体要求；

6）根据项目管理特点，编制项目物资管理制度和供应方案；

7）进行环保因素和职业健康安全卫生因素的识别，并进行评价后编制控制措施；

8）与各分包单位明确双方物资供应的范围和责任，签订供应协议。

（2）施工中的管理阶段

1）根据施工进度，编制好各类材料计划，确保生产顺利进行。

2）做好物资验收与储存工作，保证物资的原使用功能。

3）将各分包单位的物资供应人员纳入项目物资管理程序，并按分工和施工进度，督促检查各分包单位物资的进场。

4）对进入现场的物资严格按照现场平面布置图进行堆码，对现场材料的堆码按要求进行码放管理并按照有关规定进行标识。

5）针对不同的施工方式采取不同的方法开展限额领料工作。通过跟踪管理的方式检查操作者用料情况，发现不良现象及时指正，对纠错不改的给予经济处罚。

（3）施工后期竣工收尾阶段

在此阶段主要是做好清理、盘点和核算工作，为竣工结算提供可靠、有效的资料。主要内容为：

1）掌握工程施工进度和用料情况，控制物资进场数量，避免造成积压浪费；
2）及时回收剩余物资，与主管部门沟通，将剩余物资及时调配其他项目；
3）进行各物资的结算和核算工作；
4）及时分析项目物资的使用情况，编制有关报表，总结工程物资供应与管理效果。

2. 限额领料

限额领料是指在施工阶段对施工人员所使用物资的消耗量控制在一定的消耗范围内。它是企业内开展定额供应，提高材料的使用效果和企业经济效益，降低材料成本的基础和手段。

（1）限额用料的形式

1）按分项工程实行限额领料

按分项工程实行限额领料，就是按照分项工程进行限额。如钢筋绑扎、混凝土浇筑、砌筑、抹灰等，它是以施工班组为对象进行的限额领料。

2）按工程部位实行限额领料

按工程部位实行限额领料，就是按工程施工工序分为基础工程、结构工程和装饰工程，它是以施工专业队为对象进行的限额领料。

3）按单位工程实行限额领料

按单位工程实行限额领料，就是对一个单位工程从开工到竣工全过程的建设工程项目的用料实行的限额领料，它是以项目经理部或分包单位为对象，开展的限额领料。

（2）限额用料的依据

1）正确的工程量。它是按工程施工图纸计算的正常施工条件下的数量，是计算限额领料量的基础。

2）现行的施工预算定额或企业内部消耗定额。是制定限额用量的标准。

3）施工组织设计。是计算和调整非实体性消耗材料的基础。

4）工程施工过程中业主方认可的变更洽商单。它是调整限额量的依据。

（3）限额领料的实施

1）确定限额领料的形式。工程施工前，根据工程的分包形式，与使用单位确定限额领料的形式。

2）签发限额领料单。根据双方确定的限额领料形式，根据有关部门编制的施工预算和施工组织设计，将所需材料数量汇总后编制材料限额数量，经双方确认后下发。

3）限额领料单的应用。限额领料单一式三份，一份交保管员作为控制发料的依据，一份交使用单位，作为领料的依据；一份由签发单位留存作为考核的依据。

4）限额量的调整。在限额领料的执行过程中，会有许多因素影响材料的使用，如：工程量的变更、设计更改、环境因素的影响等。限额领料的主管部门在限额领料的执行过程中深入施工现场，了解用料情况，根据实际情况及时调整限额数量，以保证施工生产的顺利进行和限额领料制度的连续性、完整性。

5）限额领料的核算。根据限额领料形式，工程完工后，双方应及时办理结算手续，检查限额领料的执行情况，对用料情况进行分析，按双方约定的合同，对用料节超进行奖罚兑现。

3. 材料使用监督制度

（1）材料使用监督的内容
1）监督材料在使用中是否按照材料的使用说明和材料做法的规定操作；
2）监督材料在使用中是否按技术部门制定的施工方案和工艺进行；
3）监督材料在使用中操作人员有无浪费现象；
4）监督材料在使用中操作人员是否做到工完场清、活完脚下清。
（2）材料使用监督的手段
1）定额供料，限额领料，控制现场消耗；
2）采用"跟踪管理"方法，从物资出库到运输到消耗全过程跟踪管理，保证材料在各个阶段处于受控状态；
3）中间检查，查看操作者在使用中的使用效果，进行奖罚。

4.5 施工机械使用费控制

合理选择、使用施工机械设备对成本控制具有十分重要的意义，尤其是高层建筑施工。据某些工程实例统计，高层建筑地面以上部分的总费用中，垂直运输机械费用约占6%~10%。由于不同的起重运输机械各有不同的用途和特点，因此在选择起重运输机械时，首先应根据工程特点和施工条件确定采取何种不同起重运输机械的组合方式。在确定采用何种组合方式时，首先应满足施工需要，同时还要考虑到费用的高低和综合经济效益。

施工机械使用费主要由台班数量和台班单价两方面决定，为有效控制施工机械使用费支出，主要从以下几个方面进行控制：
（1）合理安排施工生产，加强设备租赁计划管理，减少因安排不当引起的设备闲置。
（2）加强机械设备的调度工作，尽量避免窝工，提高现场设备利用率。
（3）加强现场设备的维修保养，避免因不正确使用造成机械设备的停置。
（4）做好机上人员与辅助生产人员的协调与配合，提高施工机械台班产量。

4.5.1 机械设备的选择

1. 机械设备选择的原则

机械设备的正确选择包括技术合理与经济合理两方面的内容。

（1）技术合理

在选用机械设备时，要选用技术先进、结构合理、质量优良、安全可靠，并经国家质量监督部门认定的产品。严禁购置国家限制使用和淘汰的产品。选型时要考虑一下因素：

1）生产效率高。机械设备的生产效率是以单位时间完成的产量来表示，也可以用功率、速度这些技术参数来确定，在与施工项目的生产任务相适应的前提下，尽量选用生产效率高的产品。

2）可靠程度高。这主要是对工程质量的保证，不至于因设备的质量不合格，而经常不能正常运转，甚至不能在一定的时期连续作业，保证不了工程进度与质量的要求。

3）易维修。选用结构简单，零部件组合标准合理，易检修，易拆卸和安装，备件互换性好，在市场上容易采购的设备。

4）耗能程度。尽可能选用能源消耗低的设备，减少施工现场对水、电、气、油的用量，降低应用成本。

5）安全、环保性能强。设备的安全性要强，各种安全防护装置要齐全、灵敏可靠，同时还要防止和清除设备在使用过程中的"三废"污染。

（2）经济合理

在选择机械设备时，除了要考虑技术条件与适用性外，还要进行经济技术可行性分析。要考虑机械设备的配套使用，有利于提高企业与项目的综合施工能力，从设备的投资、使用寿命、利用率以及每年使用的维修费等参数计算出每年总费用，根据总费用的对比来选择设备。

2. 机械选用方案的比较

为使机械施工方案编制和选择更加科学，必须首先掌握以下情况和要素：

（1）要清楚地掌握所要装备的各种设备其社会平均制造成本和本地区的制造成本以及本企业的加工制造成本费用。

（2）要清楚地掌握所要装备的各种设备在本地区或者从其他地区租用的租赁使用费用和定额，即台班费用和每台班的生产能力。

（3）要清楚掌握各种有关的定额：

1）各种机械设备大修理、各级保养、台班（里程）定额；

2）各种机械设备的利用定额；

3）各种机械设备的劳动力定员配备定额；

4）各种机械设备的台班产量定额；

5）各种机械设备的能源消耗定额；

6）各种机械设备的日常维修费用定额；

7）机械施工管理费用定额；

8）原材料消耗定额；

9）各种机械设备的经济技术指标定额等。

（4）要清楚地掌握各种劳动力的平均费用。

（5）要清楚地掌握建设工程项目周围道路的承运能力和可运能力情况（即道路车流量、行车的平均速度，许可什么型号、多大吨位、车身多大高度和宽度的车辆通行等）。

（6）工程分部分项或单位工程不可使用机械的工作量、必须使用机械完成的工作量、介于使用机械完成或可以不使用机械也能完成的工作量等。

综合上述基本条件后，通过掌握机械施工方案从工作效率、工作质量、使用费用和维修费用、能源消耗量、占用的操作人员和辅助工作人员、安全性、稳定性、运输量、安装后拆除、操作的难易程度等情况，进行机械施工方案比较。

3. 机械选用方案的比较方法

（1）机械设备选用方案评分比较法（表4-13）

（2）单位工程量成本比较法

在机械施工方案比较时，也可以用单位工程量成本比较法，因为机械施工总要消费一定的费用，这些费用可分成两类，一类称为操作费用或称为可变费用，它随着机械施工的工作时间而变化，如操作人员的工资、燃料动力费、小修费、直接材料费等；另一类费用是按照一定施工工期期限分摊的费用，称为固定费，如折旧费、大修费、机械管理费、投资应付利息、固定资产占用费等，用这两类费用计算"单位工程量成本"，也可取得较好的方案经济效益的比较。

机械设备选用方案评分表　　　　　　　　　　　　　　表4-13

序号	特性	等级	标准分	甲方案	乙方案	丙方案
1	工作效率	A B C	10 8 6	10	10	8
2	工作质量	A B C	10 8 6	8	8	8
3	使用费用和维修费	A B C	10 8 6	8	10	6
4	能源耗费量	A B C	10 8 6	6	6	8
5	占用人工	A B C	10 8 6	6	8	10
6	安全性	A B C	10 8 6	10	8	10

$$单位工程量当个设备成本 = \frac{操作时间固定费用和 + 操作时间 \times 单位时间操作费用}{操作时间 \times 单位时间产量}$$

(4-31)

单位工程量所有设备成本 = 单位工程量使用的单位工程量单个设备成本之和　　(4-32)

整个工程的机械施工成本 = 工程中所有单位工程量所有设备成本之和　　(4-33)

此种方法，在不考虑其他社会因素时，可以较为明显地得到机械施工的经济效益结果。

总之企业可以根据建设工程项目施工的不同情况，设定所需要达到的目的约束，认真加以比较，得出最佳方案，从而达到保证企业经济效益的最大化。

4. 企业装备机械设备的形式

企业装备机械设备的形式一般有自行制造或改造、购置和租赁三种形式。究竟采用哪种形式，则要依据技术经济分析和对企业发展的内、外部条件的分析来做出决定。

(1) 自行制造或改造。企业自身机加工能力较强，所需要的设备与机具社会上又难以购置和租赁到，不是标准化生产的产品，企业一般采用自行制造或改造。对于自行制造或改造的设备，应事先提出方案和设计图纸、计算书等技术资料，经企业设备主管部门或技术部门认可，并经企业总工程师批准后，方可实施。

自行制造或改造的机械设备，要符合国家的有关安全技术管理规定和标准要求，若是起重机械设备，企业必须取得生产资格后，方可生产，设备加工完毕，必须经有关管理部门组织鉴定和验收后方能投入使用。

（2）设备的购置。企业应根据自身和市场竞争发展需要购置一些关系到企业形象与生存的机械设备，设备规划、选型、经济论证、购置招标（或设计制造）、安装、调试、验收交接等各个环节中的管理工作要严格执行有关规定，使企业机械设备购置全过程在规范有序的环境下进行，避免不必要的经济损失。

（3）设备租赁。设备租赁是企业利用广阔社会机械设备资源装备自己，迅速提高自身形象，增强施工能力，减小投资包袱，尽快装备企业的有力手段。

4.5.2 机械设备的使用控制

1. 提高机械设备完好率和利用率的措施

机械施工要结合施工任务的特点、企业的专业性质、综合施工能力以及施工力量集中和分散的程度来确定。因此，机械施工既要考虑方便施工，有利于提高机械施工水平，又要考虑到使有限的机械设备得到充分的利用，发挥投资效果，提高机械设备的完好率和利用率，应两者兼顾，防止顾此失彼，阻碍生产力的发展，所以要认真地研究和处理机械设备的完好率和利用率的问题。

$$机械设备完好率 = \frac{报告期制度完好台日数 + 例假节日加班台日数}{报告期制度台日数 + 例假节日加班台日数} \times 100\% \quad (4-34)$$

$$机械设备利用率 = \frac{报告期实际作业台日数 + 例假节日加班台日数}{报告期制度台日数 + 例假节日加班台日数} \times 100\% \quad (4-35)$$

制度台日：指本期内日历日数减去例假节日数乘同类机械总台数之积。即（日历日数－例假节日数）×同类机械总台数。例假节日指星期六、星期日和法定假日。

完好台日：指本期内处于完好状态下的同类机械的累计台日数，包括小修保养不超过一天的机械。

实际作业日数：指本期内机械实际出勤生产的台日数，不论该机在一天内运转时间长短或单班、双班作业，都算作一个台班。

$$机械率 = \frac{报告期同类机械实际完成总产量}{报告期同类机械平均总能力}$$

$$或\ 机械率 = \frac{报告期同类机械实际完成总台班}{报告期同类机械平均总台数} \quad (4-36)$$

机械实际完成总产量：指报告期内同类机械实际完成产量之总和，对不能以产量计算的机械，按照实际完成工作台班计算。

机械平均总能力：指本期内每天平均所有的机械能力是每天同类机械能力相加，用日历天数去除求得的。年平均能力为月平均能力相加除以12。能力单位一般用立方米、吨、千瓦等表示。

提高机械设备完好率和利用率的基本措施包括：

（1）培养高素质的机械设备管理队伍，使得一批精通业务、熟练驾驶操作和具有保修技能的管理人员和操作工人活跃在设备管理战线中，可以较好地提升设备的科学管理水平。

（2）根据工程实际情况，统一计划、分工细致、配合密切，合理配备机械设备，保持机械施工的连续性，在整个机械施工过程中，充分发挥各种机械设备的功效，计算好各类机械设备任务完成和衔接的时间，避免因机械安排不周密而停工或影响其他设备作业。

（3）坚持做好机械的"例保"制度。操作者开机前、使用中、停机后必须按规定的项目和要求，对机械设备进行检查和保养，严格执行设备操作的清洁、润滑、调整、紧固、防腐工作，即"十字"作业法，保证机械设备完好运转。

1）清洁：消除机械设备上的污垢，洗擦机械设备上的灰尘，保持机械设备整洁。

2）调整：检查动力部分和传动部分运转的情况，是否有异常现象；行走部分和工作装置工作的情况，是否有变形、脱焊、裂纹和松动；操作系统、安全装置和仪表工作情况，是否有失灵现象；油、水、电、气容量情况，有无不足或泄漏；各处配合间隙及连接情况，有无异变或松动。若发现不正常时应及时予以调整。

3）紧固：紧固各处松动的螺栓。

4）润滑：按照规定做好润滑注油工作。

5）防腐：采取适当措施做好机身防腐工作。

（4）操作者严格按照操作规程操作机械设备，使得设备无失保失修、无丢失损坏、零部件无乱拆乱卸、设备无带病运转的现象，从而达到延长设备的寿命，提高设备完好率和利用率的目的。

（5）做好机械设备强制计划的检修工作。科学地安排施工计划，处理好施工进度和设备检修的关系，对机械实施强制计划检修制度，合理利用工忙和工闲时间，执行定项、定级、定期、定标准、定停机检修目的检修方式，安排专业检修人员对设备进行检修，提高设备检修质量，保证设备在施工过程中的完好。

（6）合理的储备机械零配件，保证机械设备的例行保养，缩短设备保养检修的停机时间，提高设备的利用率。

上述只是提高机械设备完好率和利用率的一般措施，各个企业、各工种管理人员要根据各自的实际工作情况，研究适合本企业提高机械设备完好率和利用率的措施，保证施工生产顺利进行。

2. 机械设备的安全管理

（1）对设备的安全管理，应建立健全设备安全使用岗位责任制，从选型、购置、租赁、安装、调试、验收到使用、操作、检查、维护保养和修理，直至拆除退场等各个环节，都要有严格的规定和操作性强的岗位责任制。

（2）建立健全设备安全检查、监督制度，要定期和不定期地进行设备安全检查，及时消除隐患，确保设备和人身安全。

（3）设备操作和维护人员要严格遵守建筑机械使用安全技术规程。对于违章指挥，设备操作者有权拒绝执行；对违章操作，现场施工管理人员和设备管理人员应坚决制止。

（4）对于起重设备的安全管理，要认真执行政府的有关规定。要经过培训考核，由具有相应资质的专业施工单位承担设备的拆装、施工现场移位、顶升、锚固、基础处理、轨道铺设、移场运输等工作任务。

（5）各种机械设备必须按照国家标准安装安全保险装置。机械设备转移施工现场，重新安装后必须对设备安全保险装置重新调试，并经试运转，以确认各种安全保险装置符合标准要求，方可交付使用。

(6) 对于国家或有关行业管理规定的安全装置，必须由取得相应检测、调试资质的单位进行检测和调试，任何单位和个人都不得私自检测和调试，同时任何单位和个人不得私自检测和调试，同时任何单位和个人不得拆除设备出厂时所配置的安全保险装置。

3. 机械设备的检查维护与维修管理

机械设备的管理、使用、保养与修理是几个互相影响而又不可分割的方面。管好、养好、修好的目的是为了使用，但如果只强调使用，忽视管理、保养、修理，则不能达到更好地使用的目的。

(1) 企业应建立健全机械设备的检查维护保养制度和规程，实行例行保养、定期检修、强制保养、小修、中修、大修、专项修理相结合的维修保养方式，根据设备的实际技术状况、施工任务情况，认真编制企业年度、季度、月度的设备保修计划，并严格执行。

(2) 对于大型机械、成套设备、进口设备要实行每日检查与定期检查，按照检修制度，对中小型设备、电动机等实行每日检查后立即修理的制度。

(3) 企业要结合社会的设备修理资源与自身的能力，建立健全机械维护保养与修理的保证体系，修理部门要配备相应的管理人员和修理技工，要有相应的修理加工设备和检测仪器，要有修理技术标准和工艺规程，要有严格的质量检查验收制度，以确保修理质量，缩短修理工期，降低修理成本。

(4) 需要依靠社会修理的设备，应委托有相应修理资质与能力的单位修理。

(5) 要建立设备修竣检查验收制度，核实设备修理项目的完成情况，结合市场行情核销设备修理费用。

(6) 企业要结合设备修理，搞好老旧设备的技术改造工作。

(7) 机械设备检查、保养、修理的具体内容见表4-14。

机械设备的检查、保养、修理要点 表4-14

类别	方式	要点
检查	每日检查	交接班时，操作人员和例保人员结合，及时发现设备不正常状况
检查	定期检查	按照检查计划，在操作人员参与下，定期由专职人员执行，全面准确地了解设备及实际磨损，决定是否修理
保养	日常保养	简称"例保"，操作人员在开机前、使用间隙、停机后，按规定项目的要求进行。十字方针为"清洁、润滑、紧固、调整、防腐"
保养	强制保养	又称为定期保养，每台设备运转到规定的时限，必须进行保养，其周期由设备的磨损规律、作业条件、维修水平决定。大型设备一般分为一至四级；一般机械为一至二级
修理	小修	对设备全面清洗，部分解体，局部修理，以维修工人为主，操作工参加
修理	中修	每次大修中间的有计划、有组织的平衡性修理。以整机为对象，解决动力、传动、工作部分不平衡问题
修理	大修	对机械设备全面解体的修理，更换磨损零件，校调精度，以恢复原有生产能力

4.6 施工成本分析

4.6.1 施工成本分析的概念

1. 施工成本分析的概念

施工项目的成本分析,就是根据统计核算、业务核算和会计核算提供的资料,对项目成本的形成过程和影响成本升降的因素进行分析,以寻求进一步降低成本的途径(包括项目成本中的有利偏差的挖掘和不利偏差的纠正);另一方面,通过成本分析,可从账簿、报表反映的成本现象看清成本的实质,从而增强项目成本的透明度和可控性,为加强成本控制,实现项目成本目标创造条件。由此可见,施工项目成本分析,也是降低成本,提高项目经济效益的重要手段之一。

施工项目成本分析,应该随着项目施工的进展,动态地、多形式地开展,而且要与生产诸要素的经营管理相结合。这是因为成本分析必须为生产经营服务。即通过成本分析,及时发现矛盾,及时解决矛盾,从而改善生产经营,同时又可降低成本。

2. 影响施工成本的因素

施工成本的高低是各因素综合影响的结果。这些因素性质不同,且彼此之间有着或多或少的联系,使施工项目的成本水平处于连续不断的动态变化之中。要做好施工成本的分析工作,首先要对影响施工成本的诸因素有一个基本的了解。

影响成本高低的因素归纳起来,不外乎宏观的外部因素和微观的内部因素两大类。前者是指那些由于客观条件的改变虽会对工程成本产生影响,但施工企业或项目经理部却无法控制的因素,属于国民经济宏观范围,对项目的施工生产起着间接影响作用,如材料物资价格的变动,折旧率的调整,运费率的调高等,故又称外部客观因素。后者是指那些由于施工企业或项目经理部本身工作质量引起成本变动的因素,取决于企业或项目自身,与项目的施工生产密切相关,是决定成本高低的关键因素,如各项消耗定额的变动,劳动生产率的变动,费用开支的节约或浪费等,故又称内部主观因素。

(1) 外部客观因素

1) 材料物资市场价格变动

项目在施工生产过程中投入的生产要素,如建筑材料、燃料、动力、低值易耗品、劳动保护用品等,均需从市场采购,材料物资市场价格的上涨,必然导致施工项目直接成本项目材料费的升高,反之亦然。

2) 市场需求的变动

在市场经济体制下,企业的施工生产规模直接受到建筑市场需求的影响。

3) 财政金融政策的变化

项目在施工过程中,往往需要施工企业投入相当数量的流动资金,这部分资金大多依靠银行贷款取得,一旦国家紧缩银根、压缩信贷规模,或者提高贷款利率,都会导致项目因投入资金不足而限制正常施工能力的发挥,或者增加施工项目的财务费用,引起项目间接成本的升高。

4) 同业竞争能力的变化

随着新技术、新工艺、新设备、新材料等不断应用于建筑施工领域，同行企业在不断提高竞争实力，本企业的施工设备、施工工艺等均需更新、提高，这些都需要时间和资金，也将导致短期内工程成本的上升。

(2) 内部主观因素

微观的内部主观因素主要有以下几方面。

1) 劳动生产率水平

劳动生产率是劳动者在单位时间内所转移的生产资料价值和新创造的价值。提高劳动生产率，可以在同样的劳动时间内完成更多的工程量，从而降低单位成本中的工资费用和相关固定费用。劳动生产率的提高，取决于劳动组织形式，劳动者个人的技术水平、劳动态度、工时利用情况及企业的技术装备。随着科学技术的日益进步，通过采用先进的施工技术和施工设备来大幅度地提高劳动生产率，将是降低工程成本的主要途径。

2) 施工机械利用情况

提高施工机械设备的利用率，改善机械的工时利用情况，加强设备的管理和维修，及时做好机械设备的清理、调配工作，充分发挥现有机械设备的施工生产能力，可以减少工程成本中的折旧费和维修费。

3) 材料、燃料及动力消耗情况

材料是构成施工项目实体的劳动对象，燃料及动力是机械化施工的能源，通常在工程成本中占有较大比重。在保证工程质量的前提下，通过开展材料综合利用、使用添加剂、提高能源利用效率等，改进材料采购及管理工作，可以降低项目的工程成本。

4) 施工工艺技术水平

项目的施工方案是否合理，施工工艺、技术是否先进，也是影响工程成本的一个重要因素。采用先进合理的施工技术，可以提高劳动效率，保证施工质量，减少材料、燃料消耗。

5) 成本管理及项目管理水平

加强施工项目成本管理，严格控制成本计划的执行，随时消除对施工项目的不利影响因素，是降低工程成本的保证。

在进行施工项目成本分析时，应分清影响工程成本的主观因素和客观因素，突出主观因素，排除客观因素。客观因素具体又分为两类：一类是在编制施工项目计划成本时已经考虑到的因素，另一类则是在编制计划成本时未考虑到的因素。对于后一类客观因素包含在实际工程成本中，如果不予排除，必然会影响成本分析结果的可靠性。因此，应根据施工项目的有关成本核算资料，找出影响工程成本的客观因素，从总成本中予以扣除，然后再与计划成本（或预算成本）进行比较，这样将便于客观评价施工项目成本管理和控制工作的业绩。

影响工程成本高低的这两方面因素往往是相互作用的，并随着施工项目具体情况的改变而改变。因此，在进行工程成本分析时，既要看到客观因素，又要看到主观因素，既要看到积极因素，又要看到消极因素，这样才能够正确、全面评价成本管理工作的绩效。

3. 施工成本分析的作用

在项目施工过程中开展施工项目成本分析，其主要作用如下所述。

(1) 有助于恰当评价成本计划的执行结果

施工项目的经济活动错综复杂,在实施成本管理时制定的成本计划,其执行结果往往存在一定偏差,如果简单地根据成本核算资料直接做出结论,则势必影响结论的正确性。反之,若在核算资料的基础上,通过深入的分析,则可能做出比较正确的评价。

(2) 揭示成本节约和超支的原因,进一步提高企业管理水平

如前所述,成本是反映施工项目经济活动的综合性指标,它直接地影响着项目经理部和施工企业生产经营活动的成果。如果施工项目降低了原材料的消耗,减少了其他费用的支出,提高了劳动生产率和设备利用率,这必定会在成本上综合反映出来。借助成本分析,用科学方法,从指标、数字着手,在各项经济指标相互联系中系统地对比分析,揭示矛盾,找出差距,就能正确地查明影响成本高低的各种因素及原因,了解生产经营活动中哪一部门、哪一环节工作做出了成绩或产生了问题,从而可以采取措施,不断提高项目经理部和施工企业经营管理的水平。

(3) 寻求进一步降低成本的途径和方法,不断提高企业的经济效益

对施工项目成本执行情况进行评价,找出成本升降的原因,归根到底,是为了挖掘潜力,寻求进一步降低成本的途径和方法。只有把企业的潜力充分挖掘出来,才会使企业的经济效益越来越好。

4.6.2 施工成本分析的原则和内容

1. 施工项目成本分析的原则

从成本分析的效果出发,施工项目成本分析的内容应该符合以下原则要求:

(1) 要实事求是。在成本分析当中,必然会涉及一些人和事,也会有表扬和批评。受表扬的当然高兴,受批评的未必都能做到"闻过则喜",因而常常会有一些不愉快的场面出现,乃至影响成本分析的效果。因此,成本分析一定要有充分的事实依据,应用"一分为二"的辨证方法,对事物进行实事求是的评价,并要尽可能做到措辞恰当,能为绝大多数人所接受。

(2) 要用数据说话。成本分析要充分利用统计核算、业务核算、会计核算和有关辅助记录(台账)的数据进行定量分析,尽量避免抽象的定性分析。因为定量分析对事物的评价更为精确,更令人信服。

(3) 要注重时效。也就是:成本分析及时,发现问题及时,解决问题及时。否则,就有可能贻误解决问题的最好时机。甚至造成问题成堆,积重难返,发生难以挽回的损失。

(4) 要为生产经营服务,成本分析不仅要揭露矛盾,而且要分析矛盾产生的原因,并为克服困难献计献策,提出积极的有效的解决矛盾的合理化建议。这样的成本分析,必然会深得人心,从而受到项目经理和有关项目管理人员的配合和支持,使施工项目的成本分析更受到重视。

2. 施工项目成本分析的内容

从成本分析应为生产经营服务的原则要求出发,施工项目成本分析的内容应与成本核算对象的划分同步。如果一个施工项目包括若干个单位工程,并以单位工程为成本核算对象,就应对单位工程进行成本分析;与此同时,还要在单位工程成本分析的基础上,进行施工项目的成本分析。

施工项目成本分析与单位工程成本分析尽管在内容上有很多相同的地方，但各有不同的侧重点。从总体上说，施工项目成本分析的内容应该包括以下三个方面：

（1）随着项目施工的进展而进行的成本分析

1）分部分项工程成本分析；

2）月（季）度成本分析；

3）年度成本分析；

4）竣工成本分析。

（2）按成本项目进行的成本分析

1）人工费分析；

2）材料费分析；

3）机具使用费分析；

4）措施费分析；

5）间接成本分析。

（3）针对特定问题和与成本有关事项的分析

1）成本盈亏异常分析；

2）工期成本分析；

3）资金成本分析；

4）技术组织措施节约效果分析；

5）其他有利因素和不利因素对成本影响的分析。

4.6.3 施工成本分析的方法

由于施工项目成本涉及的范围很广，需要分析的内容也很多，应该在不同的情况下采取不同的分析方法。为了便于联系实际参考应用，我们按成本分析的基本方法、综合成本的分析方法、成本项目的分析方法和专项成本的分析方法叙述如下。

1. 成本分析的基本方法

（1）比较法

比较法，又称"指标对比分析法"。就是通过技术经济指标的对比，检查计划的完成情况，分析产生差异的原因，进而挖掘内部潜力的方法。这种方法，具有通俗易懂、简单易行、便于掌握的特点，因而得到了广泛的应用，但在应用时必须注意各技术经济指标的可比性。

比较法的应用，通常有下列形式：

1）将实际指标与计划指标对比，以检查计划的完成情况，分析完成计划的积极因素和影响计划完成的原因，以便及时采取措施，保证成本目标的实现。在进行实际与计划对比时，还应注意计划本身的质量。如果计划本身出现质量问题，则应调整计划，重新正确评价实际工作的成绩，以免挫伤人的积极性。

2）本期实际指标与上期实际指标对比。通过这种对比，可以看出各项技术经济指标的动态情况，反映施工项目管理水平的提高程度。在一般情况下，一个技术经济指标只能代表施工项目管理的一个侧面。只有成本指标才是施工项目管理水平的综合反映。因此，成本指标的对比分析尤为重要。一定要真实可靠，而且要有深度。

3）与本行业平均水平、先进水平对比。通过这种对比，可以反映本项目的技术管理和经济管理与其他项目的平均水平和先进水平的差距，进而采取措施赶超先进水平。

以上三种对比，可以一张表上同时反映。某项目本年计划节约"三材"100000元，实际节约120000元，上年节约95000元，本企业先进水平节约130000元。根据上述资料编制分析表（4-15）。

实际指标与上期指标、先进水平对比表（单位：元）　　　表4-15

指标	本年计划数	上年实际数	企业先进水平	本年实际数	差异数		
					与计划比	与上年比	与先进比
"三材"节约额	100000	95000	130000	120000	20000	25000	-10000

（2）因素分析法

因素分析法，又称连锁置换法或连环替代法。这种方法，可用来分析各种因素对成本形成的影响程度。在进行分析时，首先要假定众多因素中的一个因素发生了变化，而其他因素则不变，然后逐个替换，并分别比较其计算结果，以确定各个因素的变化对成本的影响程度。

因素分析法的计算步骤如下：

1）确定分析对象（即所分析的技术经济指标），并计算出实际与计划（预算）数的差异；

2）确定该指标是由哪几个因素组成的，并按其相互关系进行排序；

3）以计划（预算）数为基础，将各因素的计划（预算）数相乘，作为分析替代的基数；

4）将各个因素的实际数按照上面的排列顺序进行替换计算，并将替换后的实际数保留下来；

5）将每次替换计算所得的结果，与前一次的计算结果相比较，两者的差异即为该因素对成本的影响程度；

6）各个因素的影响程度之和，应与分析对象的总差异相等。

因素分析法的具体应用，举例说明如下：

某工程浇捣一层结构商品混凝土，实际成本比计划成本超支19760元。用"因素分析法"（连锁替代法）分析产量、单价、损耗率等因素的变动对实际成本的影响程度，见表4-16。

某分项工程计划成本与实际成本对比表　　　表4-16

项目	单位	计划	实际	差额
产量	m³	500	520	20
单价	元	700	720	20
损耗率	%	4	2.5	-0.5
成本	元	364000	383760	19760

根据表4-16所列资料,进行连环替代计算,求出产量、单价、损耗率等因素的变动对实际成本的影响程度(表4-17)。

某分项工程成本变动因素分析表　　　　　　　　　　表4-17

顺　序	连环替代计算	差异	因素分析
计划数	500×700×1.04=364000		
第一次替代	520×700×1.04=378560	14560	由于产量增加20m³成本增加14560元
第二次替代	520×720×1.04=389376	10816	由于单价提高20元成本增加10816元
第三次替代	520×720×1.025=364000	-5616	由于损耗率下降1.5%成本减少56165元
合　计	14560+10816-5616=19760	19760	

必须说明,在应用"因素分析法"时,各个因素的排列顺序应该固定不变。否则,就会得出不同的计算结果,也会产生不同的结论。

(3) 差额计算法

差额计算法是因素分析法的一种简化形式,它利用各个因素的计划与实际的差额来计算其对成本的影响程度。举例说明如下:

某施工项目某月的实际成本降低额比计划提高了2.40万元(表4-18)。

降低成本计划与实际对比表　　　　　　　　　　表4-18

项　目	单　位	计　划	实　际	差　额
预算成本	万元	300	320	+20
成本降低率	%	4	4.5	+0.5
成本降低额	万元	12	14.40	+2.40

根据表4-17资料,应用"差额计算法"分析预算成本和成本降低率对成本降低额的影响程度。

1) 预算成本增加对成本降低额的影响程度

$$(320-300)\times 4\% = 0.80 \text{万元}$$

2) 成本降低率据高对成本降低额的影响程度

$$(4.5\% - 4\%)\times 320 = 1.60 \text{万元}$$

以上两项合计:0.80+1.60=2.40万元

(4) 比率法

比率法,是指用两个以上的指标的比例进行分析的方法。它的基本特点是:先把对比分析的数值变成相对数,再观察其相互之间的关系。常用的比率法有以下几种:

1) 相关比率。由于项目经济活动的各个方面是互相联系,互相依存,又互相影响的,因而将两个性质不同而又相关的指标加以对比,求出比率,并以此来考察经营成果的好坏。例如：产值和工资是两个不同的概念，但它们的关系又是投入与产出的关系。在一般情况下，都希望以最少的人工费支出完成最大的产值。因此，用产值工资率指标来考核人工费的支出水平，就很能说明问题。

2) 构成比率。又称比重分析法或结构对比分拆法。通过构成比率，可以考察成本总量的构成情况以及各成本项目占成本总量的比重，同时也可看出量、本、利的比例关系（即预算成本、实际成本和降低成本的比例关系），从而为寻求降低成本的途径指明方向（表 4-19）。

成本构成比例分析表（单位：万元） 表 4-19

成本项目	预算成本		实际成本		降低成本		
	金额	比重	金额	比重	金额	占本项（%）	占总量（%）
一、直接成本	1263.79	93.2	1200.31	92.38	63.48	5.02	4.68
1. 人工费	113.36	8.36	119.28	9.18	-5.92	-1.09	-0.44
2. 材料费	1006.56	74.23	939.67	72.32	66.89	6.65	4.93
3. 机械使用费	87.6	6.46	89.65	6.9	-2.05	-2.34	-0.15
4. 措施费	56.27	4.15	51.71	3.98	4.56	8.1	0.34
二、间接成本	92.21	6.8	99.01	7.62	-6.8	-7.37	0.5
成本总量	1356	100	1299.32	100	56.68	4.18	4.18
比率比例（%）	100	—	95.82	—	4.18	—	—

3) 动态比率。动态比率法，就是将同类指标不同时期的数值进行对比，求出比率，以分析该项指标的发展方向和发展速度。动态比率的计算，通常采用基期指数（或稳定比指数）和环比指数两种方法（表 4-20）。

指标动态比较表 表 4-20

指 标	第一季度	第二季度	第三季度	第四季度
降低成本（万元）	45.60	47.80	52.50	64.30
基期指数（%）（一季度=100）		104.82	115.13	141.01
环比指数（%）（上一季度=100）		104.82	109.83	122.48

2. 综合成本的分析方法

所谓综合成本，是指涉及多种生产要素，并受多种因素影响的成本费用，如分部分项工程成本，月（季）度成本、年度成本等。由于这些成本都是随着项目施工的进展而逐步形成的。与生产经营有着密切的关系。因此，做好上述成本的分析工作，无疑将促进项目的生产经营管理，提高项目的经济效益。

(1) 分部分项工程成本分析

分部分项工程成本分析是施工项目成本分析的基础。分部分项工程成本分析的对象为已完分部分项工程。分析的方法是：进行预算成本、计划成本和实际成本的"三算"对比，分别计算实际偏差和目标偏差，分析偏差产生的原因，为今后的分部分项工程成本寻求节约途径。

分部分项工程成本分析的资料来源是：预算成本来自施工图预算，计划成本来自施工预算，实际成本来自施工任务单的实际工程量、实耗人工和限额领料单的实耗材料。

由于施工项目包括很多分部分项工程，不可能也没有必要对每一个分部分项工程都进行成本分析。特别是一些工程量小、成本费用微不足道的零星工程。但是，对于那些主要分部分项工程则必须进行成本分析，而且要做到从开工到竣工进行系统的成本分析。这是一项很有意义的工作，因为通过主要分部分项工程成本的系统分析，可以基本上了解项目成本形成的全过程，为竣工成本分析和今后的项目成本管理提供一份宝贵的参考资料。

分部分项工程成本分析表的格式见表4-21。

分部分项工程成本分析表　　　　　　　　　　　表4-21

分部分项工程：　　　　工程量：　　　　施工班组：　　　　施工日期：

工料名称	规格	单位	单价	预算成本		计划成本		实际成本		实际与预算比较		实际与计划比较	
				数量	金额	数量	金额	数量	金额	数量	金额	数量	金额
合计													
实际与计划比较%（计划=100%）													
节超原因说明													

编制单位：　　　　成本员：　　　　填表日期：

(2) 月（季）度成本分析

月（季）度的成本分析，是施工项目定期的、经常性的中间成本分析。对于有一次性特点的施工项目来说，有着特别重要的意义。因为，通过月（季）度成本分析，可以及时发现问题，以便按照成本目标指示的方向进行监督和控制，保证项目成本目标的实现。

月（季）度的成本分析的依据是当月（季）的成本报表。分析的方法，通常有以下几个方面：

1) 通过实际成本与预算成本的对比，分析当月（季）的成本降低水平；通过累计实际成本与累计预算成本的对比，分析累计的成本降低水平，预测实现项目成本目标的前景。

2）通过实际成本与计划成本的对比，分析计划成本的落实情况，以及目标管理中的问题和不足，进而采取措施，加强成本管理，保证成本计划的落实。

3）通过对各成本项目的成本分析，可以了解成本总量的构成比例和成本管理的薄弱环节。例如：在成本分析中，发现人工费、机械费和管理费等项目大幅度超支，就应该对这些费用的收支配比关系认真研究，并采取对应的增收节支措施，防止今后再超支。如果是属于预算定额规定的"政策性"亏损，则应从控制支出着手，把超支额压缩到最低限度。

4）通过主要技术经济指标的实际与计划的对比，分析产量、工期、质量、"三材"节约率、机械利用率等对成本的影响。

5）通过对技术组织措施执行效果的分析，寻求更加有效的节约途径。

6）分析其他有利条件和不利条件对成本的影响。

（3）年度成本分析 企业成本要求一年结算一次，不得将本年成本转入下一年度。而项目成本则以项目的寿命周期为结算期，要求从开工到竣工到保修期结束连续计算，最后结算出成本总量及其盈亏。由于项目的施工周期一般都比较长，除了要进行月（季）度成本的核算和分析外，还要进行年度成本的核算和分析。这不仅是为了满足企业汇编年度成本报表的需要，同时也是项目成本管理的需要。因为通过年度成本的综合分析，可以总结一年来成本管理的成绩和不足，为今后的成本管理提供经验和教训，从而可对项目成本进行更有效的管理。

年度成本分析的依据是年度成本报表。年度成本分析的内容，除了月（季）度成本分析的六个方面以外，重点是针对下一年度的施工进展情况规划切实可行的成本管理措施，以保证施工项目成本目标的实现。

（4）竣工成本的综合分析

凡是由几个单位工程而且是单独进行成本核算（即成本核算对象）的施工项目，其竣工成本分析应以各单位工程竣工成本分析资料为基础，再加上项目经理部的经营效益（如资金调度、对外分包等所产生的效益）进行综合分析。如果施工项目只有一个成本核算对象（单位工程），就以该成本核算对象的竣工成本资料作为成本分析的依据。

单位工程竣工成本分析，应包括以下三方面内容：

1）竣工成本分析；

2）主要资源节超对比分析；

3）主要技术节约措施及经济效果分析。

通过以上分析，可以全面了解单位工程的成本构成和降低成本的来源，对今后同类工程的成本管理很有参考价值。

3. 成本项目的分析方法

（1）人工费分析

项目施工需要的人工和人工费，由项目经理部与作业队签订劳务分包合同，明确承包范围、承包金额和双方的权利、义务。对项目经理部来说，除了按合同规定支付劳务费以外，还可能发生一些其他人工费支出，主要有：

1）因实物工程的增减而调整的人工和人工费；

2）定额人工以外的钟点工工资（如果已按定额人工的一定比例由作业队包干，并已列入承包合同的，不再另行支付）；

3）对在进度、质量、节约、文明施工等方面做出贡献的班组和个人进行奖励的费用。

项目经理部应根据上述人工费的增减，结合劳务分包合同的管理进行分析。

（2）材料费分析

材料费分析包括主要材料、结构件和周转材料使用费的分析以及材料储备的分析。

1）主要材料和结构件费用的分析。主要材料和结构件费用的高低，主要受价格的消耗数量的影响。而材料价格的变动，又要受采购价格、运输费用、途中损耗、来料不足等因素的影响；材料消耗数量的变动，也要受操作损耗、管理损耗和返工损失等因素的影响，可在价格变动较大和数量超用异常的时候再做深入分析。为了分析材料价格和消耗数量的变化对材料和结构件费用的影响程度，可按下列公式计算：

因材料价格变动对材料费的影响 =（计划单价 − 实际单价）× 实际数量　　　(4-37)

因消耗数量变动对材料费的影响 =（计划用量 − 实际用量）× 实际价格　　　(4-38)

2）周转材料使用费分析。在实行周转材料内部租赁制的情况下，项目周转材料费的节约或超支，决定于周转材料的周转利用率和损耗率。因为周转一慢，周转材料的使用时间就长，同时也会增加租赁费支出；而超过规定的损耗，更要照原价赔偿。周转利用率和损耗率的计算公式如下：

$$周转利用率 = \frac{实际使用数 \times 租用期内的周转次数}{进场数 \times 租用期} \times 100\% \quad (4-39)$$

某施工项目需要定型钢模，考虑周转利用率85%，租用钢模4500m^2，月租金5元/m^2；由于加快施工进度，实际周转利用率达到90%。可用"差额分析法"，计算周转利用率的提高对节约周转材料使用费的影响程度。

具体计算如下：

$$(90\% - 85\%) \times 4500 \times 5 = 1125 元$$

3）采购保管费分析。材料采购保管费属于材料的采购成本，包括：材料采购保管人员的工资、工资附加费、劳动保护费、办公费、差旅费，以及材料采购保管过程中发生的固定资产使用费、工具用具使用费、检验试验费、材料整理及零星运费和材料物资的盘亏及毁损等。材料采购保管费一般应与材料采购数量同步，即材料采购多，采购保管费也会相应增加。因此，应该根据每月实际采购的材料数量（金额）和实际发生的材料采购保管费，计算"材料采购保管费支用率"，作为前后期材料采购保管费的对比分析之用。

材料采购保管支用率的计算公式如下：

$$材料采购保管费支用率 = \frac{计算期实际发生的采购保管费}{计算期实际采购的材料总值} \times 100\% \quad (4-40)$$

4）材料储备资金分析。材料的储备资金，是根据日平均用量、材料单价和储备天数（即从采购到进场所需要的时间）计算的。上述任何一个因素的变动，都会影响储备资金的占用量。材料储备资金的分析，可以应用"因素分析法"。现以水泥的储备资金举例说明如下（表4-22）：

根据上述数据，分析日平均用量，单价和储备天数等因素的变动对水泥储备资金的影响程度。见表4-23。

储备资金计划与实际对比表   表4-22

项 目	单 价	计 划	实 际	差 异
日平均用量	t	50	60	10
单 价	元	400	420	20
储备天数	d	7	6	-1
储备金额	万元	14	15.12	1.12

储备资金因素分析表   表4-23

顺 序	连环替代计算	差 异	因素分析
计划数	50×400×7=14.00 万元		
第一次替代	60×400×7=16.80 万元	+2.80 万元	由于日平均用量增加10t，增加储备资金2.80万元
第二次替代	60×420×7=17.64 万元	+0.84 万元	由于水泥单价提高20元/t，增加储备资金0.84万元
第三次替代	60×420×6=15.12 万元	-2.52 万元	由于储备天数缩短一天，减少储备资金2.52万元
合 计	2.80+0.84-2.52=1.12 万元	+1.12 万元	

从以上分析内容来看，储备天数的长短是影响储备资金的关键因素。因此，材料采购人员应该选择运距短的供应单位，尽可能减少材料采购的中转环节，缩短储备天数。

（3）机械使用费分析

由于项目施工具有的一次性，项目经理部不可能拥有自己的机械设备，而是随着施工的需要，向企业动力部门或外单位租用。在机械设备的租用过程中，存在着两种情况：一是按产量进行承包，并按完成产量、计算费用的，如土方工程，项目经理部只要按实际挖掘的土方工程量结算挖土费用，而不必过问挖土机械的完好程度和利用程度。另一种是按使用时间（台班）计算机械费用的，如塔吊、搅拌机、砂浆机等，如果机械完好率低或在使用中调度不当，必然会影响机械的利用率，从而延长使用时间，增加使用费。因此，项目经理部应该给予一定的重视。

由于建筑施工的特点，在流水作业和工序搭接上往往会出现某些必然或偶然的施工间隙，影响机械的连续作业；有时，又因为加快施工进度和工种配合，需要机械日夜不停地运转。这样，难免会有一些机械利用率很高，也会有一些机械利用不足，甚至租而不用。利用不足，台班费需要照付；租而不用，则要支付停班费。总之，都将增加机械使用费支出。因此，在机械设备的使用过程中，必须满足施工需要为前提，加强机械设备的平衡调度，充分发挥机械的效用；同时，还要加强平时的机械设备的维修保养工作，提高机械的完好率，保证机械的正常运转。

机械完好率与机械利用率的计算公式如下：

$$机械设备完好率 = \frac{报告期制度完好台班数 + 加班台班}{报告期制度台班 + 加班台班数} \times 100\% \qquad (4-41)$$

$$机械利用率 = \frac{报告期机械实际工作台班数 + 加班台班}{报告期制度台班数 + 加班台班} \times 100\% \qquad (4-42)$$

完好台班数，是指机械处于完好状态下的台班数，它包括修理不满一天的机械，但不包括待修、在修、送修在途的机械。在计算完好台班数时，只考虑是否完好，不考虑是否在工作。

制度台班数是指本期内全部机械台班数与制度工作天的乘积，不考虑机械的技术状态和是否工作。

（4）措施费分析

措施费的分析，主要应通过预算与实际数的比较来进行：如果没有预算数，可以计划数代替预算数。预算与实际比较表的格式见表4-24。

措施费预算（计划）与实际比较表　　　　　表4-24

序号	项目	预算	实际	比较
1	安全文明施工费			
2	夜间施工增加费			
3	二次搬运费			
4	冬雨季施工增加费			
5	已完工程及设备保护费			
6	工程定位复测费			
7	特殊地区施工增加费			
8	大型机械设备进出场及安拆费			
9	脚手架工程费			
	……			
合计				

（5）间接成本分析

间接成本的分析，也应通过预算（或计划）数与实际数的比较来进行。预算与实际比较表的格式见表4-25。

间接成本预算（计划）与实际比较表　　　　　表4-25

序号	项目	预算	实际	比较	备注
1	现场管理人员工资				包括职工福利费和劳动保护费
2	办公费				包括生活水电费、取暖费
3	差旅交通费				

续表

序号	项　目	预算	实际	比较	备　注
4	固定资产使用费				包括折旧及修理费
5	工具用具使用费				
6	劳动保险费				指生活行政用的低值易耗品
	……				
	合计				

4. 专项成本分析方法

针对特定问题和与成本有关事项的分析，包括成本盈亏异常分析、工期成本分析、质量成本分析、资金成本分析等内容。

（1）成本盈亏异常分析

成本出现盈亏异常情况，对施工项目来说，必须引起高度重视，必须彻底查明原因，必须立即加以纠正。

检查成本盈亏异常的原因，应从经济核算的"三同步"入手。因为项目经济核算的基本规律是：在完成多少产值、消耗多少资源、发生多少成本之间，有着必然的同步关系。如果违背这个规律，就会发生成本的盈亏异常。

"三同步"检查是提高项目经济核算水平的有效手段，不仅适用于成本盈亏异常的检查，也可用于月度成本的检查。"三同步"检查可以通过以下五个方面的对比分析来实现。

1）产值与施工任务单的实际工程量和形象进度是否同步。

2）资源消耗与施工任务单的实耗人工、限额领料单的实耗材料、当期租用的周转材料和施工机械是否同步。

3）其他费用（如材料价、超高费、井点抽水的打拔费和台班费等）的产值统计与实际支付是否同步。

4）预算成本与产值统计是否同步。

5）实际成本与资源消耗是否同步。

实践证明，把以上五方面的同步情况查明以后，成本盈亏的原因自然一目了然。

（2）工期成本分析

工期的长短与成本的高低有着密切的关系。在一般情况下，工期越长费用支出越多，工期越短费用支出越少。特别是固定成本的支出，基本上是与工期长短成正比增减的，是进行工期成本分析的重点。

工期成本分析，就是计划工期成本与实际工期成本的比较分析。所谓计划工期成本，是指在假定完成预期利润的前提下计划工期内所耗用的计划成本；而实际成本，则是在实际工期中耗用的实际成本。

工期成本分析的方法一般采用比较法，即将计划工期成本与实际工期成本进行比较，然后应用"因素分析法"分析各种因素的变动对工期成本差异的影响程度。

进行工期成本分析的前提条件是，根据施工图预算和施工组织设计进行量本利分析，计算施工项目的产量、成本和利润的比例关系，然后用固定成本除以合同工期，求出每月支用的固定成本。

（3）资金成本分析

资金与成本的关系，就是工程收入与成本支出的关系。根据工程成本核算的特点，工程收入与成本支出有很强的配比性。在一般情况下，都希望工程收入越多越好，成本支出越少越好。

施工项目的资金来源，主要是工程款收入；而施工耗用的人、财、物的货币表现，则是工程成本支出。因此，减少人、财、物的消耗，既能降低成本，又能节约资金。

进行资金成本分析通常应用"成本支出率"指标，即成本支出占工程款收入的比例。计算公式如下：

$$成本支出率 = \frac{计算期实际成本支出}{计算期实际工程款收入} \times 100\% \qquad (4-43)$$

通过对"成本支出率"的分析，可以看出资金收入中用于成本支出的比重有多大；也可通过加强资金管理来控制成本支出；还可联系储备金和结存资金的比重，分析资金使用的合理性。

（4）技术组织措施执行效果分析

技术组织措施是施工项目降低工程成本、提高经济效益的有效途径。因此，在开工以前都要根据工程特点编制技术组织措施计划，列入施工组织设计。在施工过程中，为了落实施工组织设计所列的技术组织措施计划，可以结合月度施工作业计划的内容编制月度技术组织措施计划；同时，还要对月度技术组织措施计划的执行情况进行检查和考核。

在实际工作中，往往有些措施已按计划实施，有些措施并未实施，还有一些措施则是计划以外的。因此，在检查和考核措施计划执行情况的时候，必须分析拖计划和超计划的具体原因，做出正确的评价，以免挫伤有关人员的积极性。

对执行效果的分析也要实事求是，既要按理论计算，又要联系实际，对节约的实物进行验收，然后根据实际节约效果论功行赏，以激励有关人员执行技术组织措施的积极性。

技术组织措施必须与施工项目的工程特点相结合。也就是，不同特点的施工项目，需要采取不同的技术组织措施，有很强的针对性和适应性（当然也有各施工项目通用的技术组织措施）。在这种情况下，计算节约效果一般按一下公式计算：

$$措施节约效果 = 措施前的成本 - 措施后的成本 \qquad (4-44)$$

对节约效果的分析，需要联系措施的内容和措施的执行经过来进行。有些措施难度比较大，但节约效果并不高；而有些措施难度并不大，但节约效果却很高。因此，在对技术组织措施执行效果进行考核的时候，也要根据不同情况区别对待。

对于在项目施工管理中影响比较大、节约效果比较好的技术组织措施，应该以专题分析的形式进行深入详细的分析，以便推广应用。

（5）其他有利因素和不利因素对成本影响的分析

在项目施工过程中，必然会有很多有利因素，同时也会碰到不少不利因素。不管是有利因素还是不利因素，都将对项目成本产生影响。

对待这些有利因素和不利因素，项目经理首先要有预见，有抵御风险的能力；同时还要把握机遇充分利用有利因素，积极争取转换不利因素。这样，就会更有利于项目施工，也更有利于项目成本的降低。

　　这些有利因素和不利因素，包括工程结构的复杂性和施工技术上的难度，施工现场的自然地理环境（如水文、地质、气候等），以及物资供应渠道和技术装备水平等。它们对项目成本的影响，需要具体问题具体分析。

第 5 章　合同价款约定与工程结算

5.1　工程合同价款的约定

5.1.1　工程承包合同价格分类

《建筑工程施工发包与承包计价管理办法》规定，合同价可以采用3种方式：固定价、可调价和成本加酬金。建设工程承包合同的计价方式按国际通行做法，又可分为总价合同、单价合同和成本加酬金合同。

总价合同是指支付给承包方的工程款项在承包合同中是一个规定的金额，即总价。它是以设计图纸和工程说明书为依据，由承包方与发包方经过协商确定的。总价合同的主要特征：一是根据招标文件的要求由承包方实施全部工程任务，按承包方在投标报价中提出的总价确定；二是拟实施项目的工程性质和工程量应在事先基本确定。显然，总价合同对承包方具有一定的风险。通常采用这种合同时，必须明确工程承包合同标的物的详细内容及其各种技术经济指标，一方面承包方在投标报价时要仔细分析风险因素，需在报价中考虑一定的风险费；另一方面发包方也应考虑到使承包方承担的风险是可以承受的，以获得合格而又有竞争力的投标人。

在所有形式的总价合同文件中，施工说明书尤为重要。施工说明书的条款只有在发包方与承包方双方一致同意的情况下才能修改。总价合同一般在能够完全详细确定工程任务的情况下采用。但在实践中，合同标的物往往包括可定性质的工程量部分和不可定性质的工程量部分。因此，承包工程中往往出现工程量变更问题。对于这个问题，一般情况下，签订合同时都写进专用条款，即规定工程量变化导致总价变更的极限，超过这个极限，就必须签订附加条款或另行签订合同。

单价合同是指承包方按发包方提供的工程量清单内的分部分项工程内容填报单价，并据此签订承包合同，而实际总价则是按实际完成的工程量与合同单价计算确定，合同履行过程中无特殊情况，一般不得变更单价。单价合同的执行原则是，工程量清单中的分部分项工程量在合同实施过程中允许有上下的浮动变化，但分部分项工程的合同单价不变，结算支付时以实际完成工程量为依据。因此，采用单价合同时按招标文件工程量清单中的预计工程量乘以所报单价计算得到的合同价格，并不一定就是承包方圆满实施合同规定的任务后所获得的全部工程款项，实际工程价格可能大于原合同价格，也可能小于它。单价合同的工程量清单内所列出的分部分项工程的工程量为估计工程量，而非准确工程量。

5.1.1.1　固定价

固定价，是指合同总价或者单价，在合同约定的风险范围内不可调整，即在合同的实施期间不因资源价格等因素的变化而调整的价格。

1. 固定总价

固定总价合同的价格计算是以设计图纸、工程量及规范等为依据，发承包双方就承包工程协商一个固定的总价，即承包方按投标时发包方接受的合同价格实施工程，并一笔包死，无特定情况不作变化。

采用这种合同，合同总价只有在设计和工程范围发生变更的情况下才能随之作相应的变更，除此之外，合同总价一般不能变动。因此，采用固定总价合同，承包方要承担合同履行过程中的主要风险，要承担实物工程量、工程单价等变化而可能造成损失的风险。在合同执行过程中，发承包双方均不能以工程量、设备和材料价格、工资等变动为理由，提出对合同总价调值的要求。因此，作为合同总价计算依据的设计图纸、说明、规定及规范需对工程做出详尽的描述，承包方要在投标时对一切费用上升的因素做出估计并将其包含在投标报价之中。承包方因为可能要为许多不可预见的因素付出代价，所以往往会加大不可预见费用，致使这种合同的投标价格可能较高。

固定总价合同的适用条件一般为：

（1）招标时的设计深度已达到施工图设计要求，工程设计图纸完整齐全，项目范围及工程量计算依据确切，合同履行过程中不会出现较大的设计变更，承包方依据的报价工程量与实际完成的工程量不会有较大的差异。

（2）规模较小，技术不太复杂的中小型工程，承包方一般在报价时可以合理地预见到实施过程中可能遇到的各种风险。

（3）合同工期较短，一般为工期在1年之内的工程。

2. 固定单价

（1）估算工程量单价

这种合同是以工程量清单和工程单价表为基础和依据来计算合同价格的，亦可称为计量估价合同。估算工程量单价合同通常是由发包方提出工程量清单，列出分部分项工程量，由承包方以此为基础填报相应单价，累计计算后得出合同价格。但最后的工程结算价应按照实际完成的工程量来计算，即按合同中的分部分项工程单价和实际工程量，计算得出工程结算和支付的工程总价格。采用这种合同时，要求实际完成的工程量与原估计的工程量不能有实质性的变更。因为承包方给出的单价是以相应的工程量为基础的，如果工程量大幅度增减可能影响工程成本。不过在实践中往往很难确定工程量究竟有多大范围的变更才算实质性变更，这是采用这种合同计价方式需要考虑的一个问题。有些固定单价合同规定，如果实际工程量与报价表中的工程量相差超过±10%时，允许承包方调整合同单价。此外，也有些固定单价合同在材料价格变动较大时允许承包方调整单价。

这种合同计价方式较为合理地分担了合同履行过程中的风险。承包方据以报价的清单工程量为估计工程量，这样可以避免实际完成工程量与估计工程量有较大差异时若以总价合同承包可能导致发包方过大的额外支出或是承包方的亏损。此外，承包方在投标时可不必将不能合理准确预见的风险计入投标报价内，有利于发包方获得较为合理的合同价格。采用估算工程量单价合同时，工程量是统一计算出来的，承包方只要经过复核后填上适当的单价，承担风险较小；发包方也只需审核单价是否合理即可，对双方都较为方便。由于具有这些特点，估算工程量单价合同是比较常见的一种合同计价方式。

估算工程量单价合同大多用于工期长、技术复杂、实施过程中可能会发生各种不可预见因素较多的建设工程；或发包方为了缩短项目建设周期，如在初步设计完成后就拟进行施工招标的工程。在施工图不完整或当准备招标的工程项目内容、技术经济指标一时尚不能明确、具体予以规定时，往往要采用这种合同计价方式。这样在不能精确地计算出工程量的条件下，可以避免使发包或承包的任何一方承担过大的风险。实施这种合同的标的工程在施工时要求建立施工日志，施工过程中及时计量并建立月份明细账目，以便确定实际工程量。

（2）纯单价

采用这种计价方式的合同时，发包方只向承包方给出发包工程的有关分部分项工程以及工程范围，不对工程量作任何规定。即在招标文件中仅给出工程内各个分部分项工程一览表、工程范围和必要的说明，而不必提供实物工程量。承包方在投标时只需要对这类给定范围的分部分项工程做出报价即可，合同实施过程中按实际完成的工程量进行结算。

这种合同计价方式主要适用于没有施工图，工程量不明，却急需开工的紧迫工程，如设计单位来不及提供正式施工图纸，或虽有施工图但由于某些原因不能比较准确地计算工程量等。当然，对于纯单价合同来说，发包方必须对工程范围的划分做出明确的规定，以使承包方能够合理地确定工程单价。

5.1.1.2 可调价

可调价，是指合同总价或者单价，在合同实施期内根据合同约定的办法调整，即在合同的实施过程中可以按照约定，随资源价格等因素的变化而调整的价格。

1. 可调总价

可调总价合同的总价一般也是以设计图纸及规定、规范为基础，在报价及签约时，按招标文件的要求和当时的物价计算合同总价。但合同总价是一个相对固定的价格，在合同执行过程中，由于通货膨胀而使所用的工料成本增加，可对合同总价进行相应的调整。可调总价合同的合同总价不变，只是在合同条款中增加调价条款，如果出现通货膨胀这一不可预见的费用因素，合同总价就可按约定的调价条款作相应调整。

可调总价合同列出的有关调价的特定条款，往往是在合同专用条款中列明。调价工作必须按照这些特定的调价条款进行。这种合同与固定总价合同的不同之处在于，它对合同实施中出现的风险做了分摊，发包方承担了通货膨胀的风险，而承包方承担合同实施中实物工程量、成本和工期因素等的其他风险。

可调总价适用于工程内容和技术经济指标规定很明确的项目，由于合同中列有调值条款，所以工期在1年以上的工程项目较适于采用这种合同计价方式。

2. 可调单价

合同单价的可调，一般是在工程招标文件中规定。在合同中签订的单价，根据合同约定的条款，如在工程实施过程中物价发生变化等，可作调值。有的工程在招标或签约时，因某些不确定因素而在合同中暂定某些分部分项工程的单价，在工程结算时，再根据实际情况和合同约定对合同单价进行调整，确定实际结算单价。

具体调价办法见5.5工程价款调整。

5.1.1.3 成本加酬金

成本加酬金合同是将工程项目的实际投资划分成直接成本费和承包方完成工作后应得酬金两部分。工程实施过程中发生的直接成本费由发包方实报实销，再按合同约定的方式另外支付给承包方相应报酬。

这种合同计价方式主要适用于工程内容及技术经济指标尚未全面确定,投标报价的依据尚不充分的情况下,发包方因工期要求紧迫,必须发包的工程;或者发包方与承包方之间有着高度的信任,承包方在某些方面具有独特的技术、特长或经验。由于在签订合同时,发包方提供不出可供承包方准确报价所必需的资料,报价缺乏依据,因此,在合同内只能商定酬金的计算方法。成本加酬金合同广泛地适用于工作范围很难确定的工程和在设计完成之前就开始施工的工程。

以这种计价方式签订的工程承包合同,有两个明显缺点:一是发包方对工程总价不能实施有效的控制;二是承包方对降低成本也不太感兴趣。因此,采用这种合同计价方式,其条款必须非常严格。

按照酬金的计算方式不同,成本加酬金合同又分为以下几种形式。

1. 成本加固定百分比酬金

采用这种合同形式,承包方的实际成本实报实销,同时按照实际成本的固定百分比付给承包方一笔酬金。工程的合同总价表达式为:

$$C = C_d + C_d \cdot P \tag{5-1}$$

式中 C——合同价;

C_d——实际发生的成本;

P——双方事先商定的酬金的固定百分比。

这种合同形式,工程总价及付给承包方的酬金随工程成本而水涨船高,这不利于鼓励承包方降低成本,正是由于这种弊病所在,使得这种合同形式很少被采用。

2. 成本加固定金额酬金

采用这种合同形式与成本加固定百分比酬金合同相似。其不同之处仅在于在成本上所增加的费用是一笔固定金额的酬金。酬金一般是按估算工程成本的一定百分比确定,数额是固定不变的。计算表达式为:

$$C = C_d + F \tag{5-2}$$

式中 F——双方约定的酬金具体数额。

这种形式的合同虽然也不能鼓励承包商关心和降低成本,但从尽快获得全部酬金减少管理投入出发,会有利于缩短工期。

采用上述两种合同计价方式时,为了避免承包方企图获得更多的酬金而对工程成本不加控制,往往在承包合同中规定一些补充条款,以鼓励承包方节约工程费用的开支,降低成本。

3. 成本加奖罚

采用成本加奖罚合同,在签订合同时双方事先约定该工程的预期成本或称目标成本和固定酬金,以及实际发生的成本与预期成本比较后的奖罚计算办法。在合同实施后,根据工程实际成本的发生情况,确定奖罚的额度,当实际成本低于预期成本时,承包方除可获得实际成本补偿和酬金外,还可根据成本降低额得到一笔奖金;当实际成本大于预期成本时,承包方仅可得到实际成本补偿和酬金,并视实际成本高出预期成本的情况,被处以一笔罚金。成本加奖罚合同的计算表达式为:

$$C = C_d + F \qquad (C_d = C_o) \tag{5-3}$$

$$C = C_d + F + \Delta F \qquad (C_d < C_o) \tag{5-4}$$

$$C = C_d + F - \Delta F \qquad (C_d > C_o) \tag{5-5}$$

式中 C_o——签订合同时双方约定的预期成本；

ΔF——奖罚金额（可以是百分数，也可以是绝对数，而且奖与罚可以是不同计算标准）。

这种合同形式可以促使承包方关心和降低成本，缩短工期，而且目标成本可以随着设计的进展而加以调整，所以发承包双方都不会承担太大的风险，故这种合同形式应用较多。

4. 最高限额成本加固定最大酬金

在这种形式的合同中，首先要确定最高限额成本、报价成本和最低成本，当实际成本没有超过最低成本时，承包方花费的成本费用及应得酬金等都可得到发包方的支付，并与发包方分享节约额；如果实际工程成本在最低成本和报价成本之间，承包方只有成本和酬金可以得到支付；如果实际工程成本在报价成本与最高限额成本之间，则只有全部成本可以得到支付；实际工程成本超过最高限额成本，则超过部分，发包方不予支付。

5.1.1.4 影响合同计价方式的因素

在工程实践中，采用哪一种合同计价方式，是选用总价合同、单价合同还是成本加酬金合同，采用固定价还是可调价方式，应根据建设工程的特点，业主对筹建工作的设想，对工程费用、工期和质量的要求等，综合考虑后进行确定。

1. 项目的复杂程度

规模大且技术复杂的工程项目，承包风险较大，各项费用不易估算准确，不宜采用固定总价合同。或者有把握的部分采用固定总价合同，估算不准的部分采用单价合同或成本加酬金合同。有时，在同一工程中采用不同的合同形式，是业主和承包商合理分担工程实施中不确定风险因素的有效办法。

2. 工程设计工作的深度

工程招标时所依据的设计文件的深度，即工程范围的明确程度和预计完成工程量的准确程度，经常是选择合同计价方式时应考虑的重要因素。因为招标图纸和工程量清单的详细程度是否能让投标人合理报价，取决于已完成的设计工作的深度。

3. 工程施工的难易程度

如果施工中有较大部分采用新技术和新工艺，当发包方和承包方在这方面过去都没有经验，且在国家颁布的标准、规范、定额中又没有可作为依据的标准时，为了避免投标人盲目地提高承包价格或由于对施工难度估计不足而导致承包亏损，不宜采用固定总价合同，较为保险的做法是选用成本加酬金合同。

4. 工程进度要求的紧迫程度

在招标过程中，对一些紧急工程，如灾后恢复工程、要求尽快开工且工期较紧的工程等，可能仅有实施方案，还没有施工图纸，因此不可能让承包商报出合理的价格。此时，采用成本加酬金合同比较合理，可以以邀请招标的方式选择有信誉、有能力的承包商及早开工。

《计价规范》中规定，对使用工程量清单计价的工程，宜采用单价合同，但并不排斥总价合同。实践中常见的单价合同和总价合同两种主要合同形式，均可以采用工程量清单计价，区别仅在于工程量清单中所填写的工程量的合同约束力。采用单价合同形式时，工程量清单是合同文件必不可少的组成内容，其中的工程量一般具备合同约束力（量可调），工程价款结算时按照合同中约定应予计量并实际完成的工程量计算进行调整。而对总价合同形式，工程量清单中的工程量不具备合同约束力（量不可调），工程量以合同图纸的标示内容为准，工程量以外的其他内容一般均赋予合同约束力，以方便合同变更的计量和计价。

5.1.2 合同价款的约定

合同价款的约定是建设工程合同的主要内容。实行招标的工程合同价款应在中标通知书发出之日起 30 天内，由承发包双方依据招标文件和中标人的投标文件在书面合同中约定；合同约定不得违背招、投标文件中关于工期、造价、质量等方面的实质性内容；招标文件与中标人投标文件不一致的地方，以投标文件为准。不实行招标的工程合同价款，在承发包双方认可的工程价款的基础上，由承发包双方在合同中约定。承发包双方认可的工程价款的形式可以是承包方或设计人编制的施工图预算，也可以是承发包双方认可的其他形式。

承发包双方应在合同条款中，对下列事项进行约定：

1. 预付工程款的数额、支付时间及抵扣方式

预付工程款是发包人为解决承包人在施工准备阶段资金周转问题提供的协助。如使用的水泥、钢材等大宗材料，可根据工程具体情况设置工程材料预付款。双方应在合同中约定预付款数额：可以是绝对数，如 50 万元、100 万元，也可以是额度，如合同金额的 10%、15% 等；约定支付时间：如合同签订后一个月支付、开工日前 7 天支付等；约定抵扣方式：如在工程进度款中按比例抵扣；约定违约责任：如不按合同约定支付预付款的利息计算，违约责任等。

2. 安全文明施工措施的支付计划，使用要求等

3. 工程计量与支付工程进度款的方式、数额及时间

双方应在合同中约定计量时间和方式：可按月计量，如每月 28 日；可按工程形象部位（目标）划分分段计量，如 ±0 以下基础及地下室、主体结构 1~3 层、4~6 层等。进度款支付周期与计量周期保持一致；约定支付时间：如计量后 7 天以内、10 天以内支付；约定支付数额：如已完工作量的 70%、80% 等；约定违约责任：如不按合同约定支付进度款的利率、违约责任等。

4. 工程价款的调整因素、方法、程序、支付及时间

约定调整因素：如工程变更后综合单价调整，钢材价格上涨超过投标报价时的 3%，工程造价管理机构发布的人工费调整等；约定调整方法：如结算时一次调整，材料采购时报发包人调整等；约定调整程序：承包人提交调整报告交发包人，由发包人现场代表审核签字等；约定支付时间：如与工程进度款支付同时进行等。

5. 施工索赔与现场签证的程序、金额确认与支付时间

约定索赔与现场签证的程序：如由承包人提出、发包人现场代表或授权的监理工程师核对等；约定索赔提出时间：如知道索赔事件发生后的 28 天内等；约定核对时间：收到

索赔报告后7天以内、10天以内等；约定支付时间：原则上与工程进度款同期支付等。

6. 承担计价风险的内容、范围以及超出约定内容、范围的调整办法

约定风险的内容范围：如全部材料、主要材料等；约定物价变化调整幅度：如钢材、水泥价格涨幅超过投标报价的3%，其他材料超过投标报价的5%等。

7. 工程竣工价款结算编制与核对、支付及时间

约定承包人在什么时间提交竣工结算书，发包人或其委托的工程造价咨询企业在什么时间内核对完毕，核对完毕后，什么时间内支付结算价款等。

8. 工程质量保证金的数额、扣留方式及时间

在合同中约定数额：如合同价款的3%等；约定支付方式：竣工结算一次扣清等；约定归还时间：如保修期满1年退还等。

9. 违约责任以及发生工程价款争议的解决方法及时间

约定解决价款争议的办法是协商、调解、仲裁还是诉讼，约定解决方式的优先顺序、处理程序等。如采用调解应约定好调解人员；如采用仲裁应约定双方都认可的仲裁机构；如采用诉讼方式，应约定有管辖权的法院。

10. 与履行合同、支付价款有关的其他事项

合同中涉及工程价款的事项较多，能够详细约定的事项应尽可能具体的约定，约定的用词应尽可能唯一，如有几种解释，最好对用词进行定义，尽量避免因理解上的歧义造成合同纠纷。

5.2 工程计量

工程量的正确计量是发包人向承包人支付工程进度款的前提和依据。工程量必须按照相关工程现行国家计量规范规定的工程量计算规则计算。工程计量可选择按月或按工程形象进度分段计量，具体计量周期在合同中约定。因承包人原因造成的超出合同工程范围施工或返工的工程量，发包人不予计量。成本加酬金合同参照单价合同计量。

5.2.1 单价合同的计量

1. 工程量必须以承包人完成合同工程应予计量的按照现行国家计量规范规定的工程量计算规则计算得到的工程量确定。

2. 施工中工程计量时，若发现招标工程量清单中出现缺项、工程量偏差，或因工程变更引起工程量的增减，应按承包人在履行合同义务中完成的工程量计算。

3. 承包人应当按照合同约定的计量周期和时间，向发包人提交当期已完工程量报告。发包人应在收到报告后7天内核实，并将核实计量结果通知承包人。发包人未在约定时间内进行核实的，则承包人提交的计量报告中所列的工程量视为承包人实际完成的工程量。

4. 发包人认为需要进行现场计量核实时，应在计量前24小时通知承包人，承包人应为计量提供便利条件并派人参加。双方均同意核实结果时，则双方应在上述记录上签字确认。承包人收到通知后不派人参加计量，视为认可发包人的计量核实结果。发包人不按照约定时间通知承包人，致使承包人未能派人参加计量，计量核实结果无效。

5. 如承包人认为发包人核实后的计量结果有误，应在收到计量结果通知后的7天内

向发包人提出书面意见，并附上其认为正确的计量结果和详细的计算资料。发包人收到书面意见后，应在7天内对承包人的计量结果进行复核后通知承包人。承包人对复核计量结果仍有异议的，按照合同约定的争议解决办法处理。

6. 承包人完成已标价工程量清单中每个项目的工程量后，发包人应要求承包人派人共同对每个项目的历次计量报表进行汇总，以核实最终结算工程量。发承包双方应在汇总表上签字确认。

5.2.2 总价合同的计量

1. 采用工程量清单方式招标形成的总价合同，其工程量的计量参照单价合同的计量规定。

2. 采用经审定批准的施工图纸及其预算方式发包形成的总价合同，除按照工程变更规定引起的工程量增减外，总价合同各项目的工程量是承包人用于结算的最终工程量。

3. 总价合同约定的项目计量应以合同工程经审定批准的施工图纸为依据，发承包双方应在合同中约定工程计量的形象目标或时间节点进行计量。

4. 承包人应在合同约定的每个计量周期内，对已完成的工程进行计量，并向发包人提交达到工程形象目标完成的工程量和有关计量资料的报告。

5. 发包人应在收到报告后7天内对承包人提交的上述资料进行复核，以确定实际完成的工程量和工程形象目标。对其有异议的，应通知承包人进行共同复核。

5.3 合同价款调整

5.3.1 合同价款应当调整的事项及调整程序

5.3.1.1 合同价款应当调整的事项

发生以下事项，发承包双方应当按照合同约定调整合同价款：

1. 法律法规变化；
2. 工程变更；
3. 项目特征描述不符；
4. 工程量清单缺项；
5. 工程量偏差；
6. 计日工；
7. 现场签证；
8. 物价变化；
9. 暂估价；
10. 不可抗力；
11. 提前竣工（赶工补偿）；
12. 误期赔偿；
13. 施工索赔；
14. 暂列金额；

15. 发承包双方约定的其他调整事项。

5.3.1.2 合同价款调整的程序

1. 出现合同价款调增事项（不含工程量偏差、计日工、现场签证、施工索赔）后的 14 天内，承包人应向发包人提交合同价款调增报告并附上相关资料，若承包人在 14 天内未提交合同价款调增报告的，视为承包人对该事项不存在调整价款请求。

2. 出现合同价款调减事项（不含工程量偏差、施工索赔）后的 14 天内，发包人应向承包人提交合同价款调减报告并附相关资料，若发包人在 14 天内未提交合同价款调减报告的，视为发包人对该事项不存在调整价款请求。

3. 承包人应在收到发包人合同价款调增（减）报告及相关资料之日起 14 天内对其核实，予以确认的应书面通知发包人。如有疑问，应向发包人提出协商意见。承包人在收到合同价款调增（减）报告之日起 14 天内未确认也未提出协商意见的，视为发包人提交的合同价款调增（减）报告已被承包人认可。承包人提出协商意见的，发包人应在收到协商意见后的 14 天内对其核实，予以确认的应书面通知承包人。如发包人在收到承包人的协商意见后 14 天内既不确认也未提出不同意见的，视为承包人提出的意见已被发包人认可。

4. 如发包人与承包人对合同价款调整的不同意见不能达成一致的，只要不实质影响发承包双方履约的，双方应继续履行合同义务，直到其按照合同约定的争议解决方式得到处理。

5. 经发承包双方确认调整的合同价款，作为追加（减）合同价款，应与工程进度款或结算款同期支付。

5.3.2 法律法规变化

1. 招标工程以投标截至日前 28 天，非招标工程以合同签订前 28 天为基准日，其后国家的法律、法规、规章和政策发生变化引起工程造价增减变化的，发承包双方应当按照省级或行业建设主管部门或其授权的工程造价管理机构据此发布的规定调整合同价款。

2. 因承包人原因导致工期延误，且上述规定的调整时间在合同工程原定竣工时间之后，合同价款调增的不予调整，合同价款调减的予以调整。

5.3.3 项目特征描述不符

1. 发包人在招标工程量清单中对项目特征的描述，应被认为是准确的和全面的，并且与实际施工要求相符合。承包人应按照发包人提供的招标工程量清单，根据其项目特征描述的内容及有关要求实施合同工程，直到其被改变为止。

2. 承包人应按照发包人提供的设计图纸实施合同工程，若在合同履行期间，出现设计图纸（含设计变更）与招标工程量清单任一项目的特征描述不符，且该变化引起该项目的工程造价增减变化的，应按照实际施工的项目特征按规范相关条款的规定重新确定相应工程量清单项目的综合单价，调整合同价款。

5.3.4 工程量清单缺项

1. 合同履行期间，由于招标工程量清单中缺项，新增分部分项工程清单项目的，应按照变更价款确定方法确定单价，调整合同价款。

2. 新增分部分项工程清单项目后，引起措施项目发生变化的，应按照计价规范的规定，在承包人提交的实施方案被发包人批准后，调整合同价款。

3. 由于招标工程量清单中措施项目缺项，承包人应将新增措施项目实施方案提交发包人批准后，按照计价规范的规定调整合同价款。

5.3.5 工程量偏差

工程量偏差是指承包人按照合同工程的图纸（含经发包人批准由承包人提供的图纸）实施，按照现行国家计量规范规定的工程量计算规则计算得到的完成合同工程项目应予计量的工程量与相应的招标工程量清单项目列出的工程量之间出现的量差。

1. 对于任一招标工程量清单项目，如果因本条规定的工程量偏差和工程变更等原因导致工程量偏差超过15%，调整的原则为：当工程量增加15%以上时，其增加部分的工程量的综合单价应予调低；当工程量减少15%以上时，减少后剩余部分的工程量的综合单价应予调高。

2. 如果工程量出现变化，且该变化引起相关措施项目相应发生变化，如按系数或单一总价方式计价的，工程量增加的措施项目费调增，工程量减少的措施项目费调减。

5.3.6 计日工

计日工是指在施工过程中，承包人完成发包人提出的工程合同范围以外的零星项目或工作，按合同中约定的单价计价的一种方式。

1. 发包人通知承包人以计日工方式实施的零星工作，承包人应予执行。

2. 采用计日工计价的任何一项变更工作，承包人应在该项变更的实施过程中，按合同约定提交以下报表和有关凭证送发包人复核：

（1）工作名称、内容和数量；

（2）投入该工作所有人员的姓名、工种、级别和耗用工时；

（3）投入该工作的材料名称、类别和数量；

（4）投入该工作的施工设备型号、台数和耗用台时；

（5）发包人要求提交的其他资料和凭证。

3. 任一计日工项目持续进行时，承包人应在该项工作实施结束后的24小时内，向发包人提交有计日工记录汇总的现场签证报告一式三份。发包人在收到承包人提交现场签证报告后的2天内予以确认并将其中一份返还给承包人，作为计日工计价和支付的依据。发包人逾期未确认也未提出修改意见的，视为承包人提交的现场签证报告已被发包人认可。

4. 任一计日工项目实施结束。承包人应按照确认的计日工现场签证报告核实该类项目的工程数量，并根据核实的工程数量和承包人已标价工程量清单中的计日工单价计算，提出应付价款；已标价工程量清单中没有该类计日工单价的，由发承包双方按变更价款的确定方法商定计日工单价计算。

5. 每个支付期末，承包人应按规定向发包人提交本期间所有计日工记录的签证汇总表，以说明本期间自己认为有权得到的计日工金额，调整合同价款，列入进度款支付。

5.3.7 物价变化

工程建设项目中合同周期较长，经常要受到物价浮动等多种因素的影响，其中主要是人工费、材料费、施工机械费、运费等的动态影响。因此应把多种动态因素纳入到工程价款结算过程中加以计算，对工程价款进行调整，使其能够反映工程项目的实际消耗费用。

合同履行期间，因人工、材料、工程设备、机械台班价格波动影响合同价款时应根据合同约定的方法（如价格指数调整法或造价信息差额调整法）计算调整合同价款。承包人采购材料和工程设备的，应在合同中约定主要材料、工程设备价格变化的范围或幅度，如没有约定，则材料、工程设备单价变化超过5%，超过部分的价格应按照价格指数调整法或造价信息差额调整法计算调整材料、工程设备费。

发生合同工程工期延误的，应按照下列规定确定合同履行期应予调整的价格：

1. 因发包人原因导致工期延误的，则计划进度日期后续工程的价格，采用计划进度日期与实际进度日期两者的较高者；

2. 因承包人原因导致工期延误的，则计划进度日期后续工程的价格，采用计划进度日期与实际进度日期两者的较低者。

物价变化合同价款调整方法有价格指数调整法和造价信息差额调整法。

5.3.7.1 价格指数调整法

1. 价格调整公式。因人工、材料和工程设备等价格波动影响合同价格时，根据投标函附录中的价格指数和权重表约定的数据，按以下公式计算差额并调整合同价款：

$$\Delta P = P_0 \left[A + \left(B_1 \times \frac{F_{t1}}{F_{01}} + B_2 \times \frac{F_{t2}}{F_{02}} + B_3 \times \frac{F_{t3}}{F_{03}} + \Lambda + B_n \times \frac{F_{tn}}{F_{0n}} \right) - 1 \right] \quad (5-6)$$

式中　　ΔP——需调整的价格差额；

P_0——约定的付款证书中承包人应得到的已完成工程量的金额。此项金额应不包括价格调整、不计质量保证金扣留和支付、预付款的支付和扣回。约定的变更及其他金额已按现行价格计价的，也不计在内；

A——不调价部分的权重；

$B_1；B_2；B_3\cdots\cdots B_n$——各可调因子的权重，为各可调因子在投标函投标总报价中所占的比例；

$F_{t1}；F_{t2}；F_{t3}\cdots\cdots F_{tn}$——各可调因子的现行价格指数，指约定的付款证书相关周期最后一天的前42天的各可调因子的价格指数；

$F_{01}；F_{02}；F_{03}\cdots\cdots F_{0n}$——各可调因子的基本价格指数，指基准日期的各可调因子的价格指数。

以上价格调整公式中的各可调因子、定值和变值权重，以及基本价格指数及其来源在投标函附录价格指数和权重表中约定。价格指数应首先采用工程造价管理机构提供的价格指数，缺乏上述价格指数时，可采用工程造价管理机构提供的价格代替。

2. 暂时确定调整差额。在计算调整差额时得不到现行价格指数的，可暂用上一次价格指数计算，并在以后的付款中再按实际价格指数进行调整。

3. 权重的调整。约定的变更导致原定合同中的权重不合理时，由承包人和发包人协商后进行调整。

4. 承包人工期延误后的价格调整。由于承包人原因未在约定的工期内竣工的,则对原约定竣工日期后继续施工的工程,在使用价格调整公式时,应采用原约定竣工日期与实际竣工日期的两个价格指数中较低的一个作为现行价格指数。

【例5-1】某工程合同总价为1000万元。其组成为:土方工程费100万元,占10%,砌体工程费400万元,占40%;钢筋混凝土工程费500万元,占50%。这3个组成部分的人工费和材料费占工程价款85%,人工材料费中各项费用比例如下:

（1）土方工程:人工费50%,机具折旧费26%,柴油24%。

（2）砌体工程:人工费53%,钢材5%,水泥20%,骨料5%,空心砖12%,柴油5%。

（3）钢筋混凝土工程:人工费53%,钢材22%,水泥10%,骨料7%,木材4%,柴油4%。

假定该合同的基准日期为2012年1月4日,2012年9月完成的工程价款占合同总价的10%,有关月报的工资、材料物价指数如表5-1所示。(注:F_{t1};F_{t2};F_{t3}……F_{tn}等应采用8月份的物价指数)。求2012年9月实际价款的变化值。

工资、物价指数表 表5-1

费用名称	代号	2012年1月指数	代号	2012年8月指数
人工费	F_{01}	100.0	F_{t1}	116.0
钢 材	F_{02}	153.4	F_{t2}	187.6
水 泥	F_{03}	154.8	F_{t3}	175.0
骨 料	F_{04}	132.6	F_{t4}	169.3
柴 油	F_{05}	178.3	F_{t5}	192.8
机具折旧	F_{06}	154.4	F_{t6}	162.5
空心砖	F_{07}	160.1	F_{t7}	162.0
木 材	F_{08}	142.7	F_{t8}	159.5

【解】

该工程其他费用,即不调值的费用占工程价款的15%,计算出各项参加调值的费用占工程价款比例如下:

人工费:(50%×10%+53%×40%+53%×50%)×85%≈45%

钢材:(5%×40%+22%×50%)×85%≈11%

水泥:(20%×40%+10%×50%)×85%≈11%

骨料:(5%×40%+7%×50%)×85%≈5%

柴油:(24%×10%+5%×40%+4%×50%)×85%≈5%

机具折旧:26%×10%×85%≈2%

空心砖:12%×40%×85%≈4%

木材：$4\% \times 50\% \times 85\% \approx 2\%$

不调值费用占工程价款的比例为：15%

根据公式（5-6），得

$$\Delta P = 10\% \times 1000 \left[0.15 + \left(\begin{array}{l} 0.45 \times \dfrac{116}{100} + 0.11 \times \dfrac{187.6}{153.4} + 0.11 \times \dfrac{175.0}{154.8} + 0.05 \times \dfrac{169.3}{132.6} + 0.05 \times \dfrac{192.8}{178.3} \\ + 0.02 \times \dfrac{162.5}{154.4} + 0.04 \times \dfrac{162.0}{160.1} + 0.02 \times \dfrac{159.5}{142.7} \end{array} \right) - 1 \right]$$

$= 10.33$（万元）

5.3.7.2 造价信息差额调整法

施工期内，因人工、材料、工程设备和机械台班价格波动影响合同价格时，人工、机械使用费按照国家或省、自治区、直辖市建设行政管理部门、行业建设管理部门或其授权的工程造价管理机构发布的人工成本信息、机械台班单价或机械使用费系数进行调整；需要进行价格调整的材料，其单价和采购数应由发包人复核，发包人确认需调整的材料单价及数量，作为调整合同价款差额的依据。

1. 人工单价发生变化时，发承包双方应按省级或行业建设主管部门或其授权的工程造价管理机构发布的人工成本文件调整合同价款。

2. 材料、工程设备价格变化的价款调整按照发包人提供的主要材料和工程设备一览表，按照发承包双方约定的风险范围按以下规定进行。

①当承包人投标报价中材料单价低于基准单价：施工期间材料单价涨幅以基准单价为基础超过合同约定的风险幅度值时，或材料单价跌幅以投标报价为基础超过合同约定的风险幅度值时，其超过部分按实调整。

②当承包人投标报价中材料单价高于基准单价：施工期间材料单价跌幅以基准单价为基础超过合同约定的风险幅度值时，材料单价涨幅以投标报价为基础超过合同约定的风险幅度值时，其超过部分按实调整。

③当承包人投标报价中材料单价等于基准单价：施工期间材料单价涨、跌幅以基准单价为基础超过合同约定的风险幅度值时，其超过部分按实调整。

④承包人应在采购材料前将采购数量和新的材料单价报发包人核对，确认用于本合同工程时，发包人应确认采购材料的数量和单价。发包人在收到承包人报送的确认资料后3个工作日不予答复的视为已经认可，作为调整合同价款的依据。如果承包人未报经发包人核对即自行采购材料，再报发包人确认调整合同价款的，如发包人不同意，则不作调整。

3. 施工机械台班单价或施工机械使用费发生变化超过省级或行业建设主管部门或其授权的工程造价管理机构规定的范围时，按其规定调整合同价款。

5.3.8 暂估价

暂估价是指招标人在工程量清单中提供的用于支付必然发生但暂时不能确定价格的材料、工程设备的单价以及专业工程的金额。

1. 发包人在招标工程量清单中给定暂估价的材料、工程设备属于依法必须招标的，由发承包双方以招标的方式选择供应商。确定其价格并以此为依据取代暂估价，调整合同价款。

2. 发包人在招标工程量清单中给定暂估价的材料和工程设备不属于依法必须招标的，

由承包人按照合同约定采购，经发包人确认后以此为依据取代暂估价，调整合同价款。

3. 发包人在工程量清单中给定暂估价的专业工程不属于依法必须招标的，应按照工程变更价款的确定方法确定专业工程价款。并以此为依据取代专业工程暂估价，调整合同价款。

4. 发包人在招标工程量清单中给定暂估价的专业工程，依法必须招标的，应当由发承包双方依法组织招标选择专业分包人，并接受有管辖权的建设工程招标投标管理机构的监督。

（1）除合同另有约定外，承包人不参加投标的专业工程发包招标，应由承包人作为招标人，但拟定的招标文件、评标工作、评标结果应报送发包人批准。与组织招标工作有关的费用应当被认为已经包括在承包人的签约合同价（投标总报价）中。

（2）承包人参加投标的专业工程发包招标，应由发包人作为招标人，与组织招标工作有关的费用由发包人承担。同等条件下，应优先选择承包人中标。

（3）以专业工程发包中标价为依据取代专业工程暂估价，调整合同价款。

5.3.9　不可抗力

不可抗力是指发承包双方在工程合同签订时不能预见的，对其发生的后果不能避免，并且不能克服的自然灾害和社会性突发事件。因不可抗力事件导致的人员伤亡、财产损失及其费用增加，发承包双方应按以下原则分别承担并调整合同价款和工期。

1. 合同工程本身的损害、因工程损害导致第三方人员伤亡和财产损失以及运至施工场地用于施工的材料和待安装的设备的损害，由发包人承担；

2. 发包人、承包人人员伤亡由其所在单位负责，并承担相应费用；

3. 承包人的施工机械设备损坏及停工损失，由承包人承担；

4. 停工期间，承包人应发包人要求留在施工场地的必要的管理人员及保卫人员的费用由发包人承担；

5. 工程所需清理、修复费用，由发包人承担。

不可抗力解除后复工的，若不能按期竣工，应合理延长工期。发包人要求赶工的，赶工费用由发包人承担。

5.3.10　提前竣工（赶工补偿）

1. 发包人要求合同工程提前竣工，应征得承包人同意后与承包人商定采取加快工程进度的措施，并修订合同工程进度计划。发包人应承担承包人由此增加的提前竣工（赶工补偿）费。

2. 发承包双方应在合同中约定提前竣工每日历天应补偿额度，此项费用作为增加合同价款，列入竣工结算文件中，与结算款一并支付。

5.3.11　误期赔偿

1. 如果承包人未按照合同约定施工，导致实际进度迟于计划进度的，承包人应加快进度，实现合同工期。

合同工程发生误期，承包人应赔偿发包人由此造成的损失，并按照合同约定向发包人支付误期赔偿费。即使承包人支付误期赔偿费,也不能免除承包人按照合同约定应承担的任何责任和应履行的任何义务。

2. 发承包双方应在合同中约定误期赔偿费,明确每日历天应赔额度。误期赔偿费列入竣工结算文件中,在结算款中扣除。

3. 如果在工程竣工之前,合同工程内的某单项(位)工程已通过了竣工验收,且该单项(位)工程接收证书中表明的竣工日期并未延误,而是合同工程的其他部分产生了工期延误,则误期赔偿费应按照已颁发工程接收证书的单项(位)工程造价占合同价款的比例幅度予以扣减。

5.3.12 暂列金额

暂列金额是指招标人在工程量清单中暂定并包括在合同价款中的一笔款项。用于工程合同签订时尚未确定或者不可预见的所需材料、工程设备、服务的采购,施工中可能发生的工程变更、合同约定调整因素出现时的合同价款调整以及发生的索赔、现场签证确认等的费用。

已签约合同价中的暂列金额由发包人掌握使用。发包人按照合同的规定做出支付后,如有剩余,则暂列金额余额归发包人所有。

5.4 工程变更

工程变更是指合同工程实施过程中由发包人提出或由承包人提出经发包人批准的合同工程任何一项工作的增、减、取消或施工工艺、顺序、时间的改变;设计图纸的修改;施工条件的改变;招标工程量清单的错、漏从而引起合同条件的改变或工程量的增减变化。

5.4.1 工程变更的范围

根据标准施工合同通用条款的规定,工程变更的范围和内容包括:
(1) 取消合同中任何一项工作,但被取消的工作不能转由发包人或其他人实施;
(2) 改变合同中任何一项工作的质量或其他特性;
(3) 改变合同工程的基线、标高、位置或尺寸;
(4) 改变合同中任何一项工作的施工时间或改变已批准的施工工艺或顺序;
(5) 为完成工程需要追加的额外工作。

5.4.2 工程变更的程序

施工过程中出现的变更包括监理人指示的变更和承包人申请的变更两类。监理人可按施工合同通用条款约定的变更程序向承包人做出变更指示,承包人应遵照执行。没有监理人的变更指示,承包人不得擅自变更。

5.4.2.1 监理人指示变更的程序

1. 监理人变更的通知

监理人根据工程施工的实际需要或发包人要求实施的变更,可以进一步划分为直接指示的变更和通过与承包人协商后确定的变更两种情况。

（1）直接指示的变更

直接指示的变更属于必须实施的变更，如按照发包人的要求提高质量标准、设计错误需要进行的设计修改、协调施工中的交叉干扰等情况。此时不需征求承包人意见，监理人经过发包人同意后发出变更指示要求承包人完成变更工作。

（2）与承包人协商后确定的变更

此类情况属于可能发生的变更，与承包人协商后再确定是否实施变更，如增加承包范围外的某项新增工作或改变发包人要求文件中的内容等。

监理人首先向承包人发出变更意向书，说明变更的具体内容和发包人对变更的时间要求等，并附必要的图纸和相关资料。

承包人收到监理人的变更意向书后，如果同意实施变更，则向监理人提出书面变更建议。建议书的内容包括提交包括拟实施变更工作的计划、措施、竣工时间等内容的实施方案以及费用和（或）工期要求。若承包人收到监理人的变更意向书后认为难以实施此项变更，也应立即通知监理人，说明原因并附详细依据。如不具备实施变更项目的施工资质、无相应的施工机具等原因或其他理由。

2. 监理人审查承包人的建议书，承包人根据变更意向书要求提交的变更实施方案可行并经发包人同意后，发出变更指示。如果承包人不同意变更，监理人与承包人和发包人协商后确定撤销、改变或不改变原变更意向书。

5.4.2.2 承包人申请变更

承包人提出的变更可能涉及建议变更和要求变更两类。

1. 承包人建议的变更

承包人对发包人提供的图纸、技术要求以及其他方面，提出了可能降低合同价格、缩短了工期或者提高了工程经济效益的合理化建议，均应以书面形式提交监理人。合理化建议书的内容应包括建议工作的详细说明、进度计划和效益以及与其他工作的协调等，并附必要的设计文件。

监理人与发包人协商是否采纳承包人提出的建议。建议被采纳并构成变更的，监理人向承包人发出变更指示。

承包人提出的合理化建议使发包人获得了降低工程造价、缩短工期、提高工程运行效益等实际利益，应按专用合同条款中的约定给予奖励。

2. 承包人要求的变更

承包人收到监理人按合同约定发出的图纸和文件，经检查认为其中存在属于变更范围的情形，如提高了工程质量标准、增加工作内容、工程的位置或尺寸发生变化等，可向监理人提出书面变更建议。变更建议应阐明要求变更的依据，并附必要的图纸和说明。

监理人收到承包人的书面建议后，应与发包人共同研究，确认存在变更的，应在收到承包人书面建议后的14天内做出变更指示。经研究后不同意作为变更的，应由监理人书面答复承包人。

5.4.3 工程变更价款的调整方法

1. 工程变更引起已标价工程量清单项目或其工程数量发生变化，应按照下列规定调整：

(1) 已标价工程量清单中有适用于变更工程项目的，采用该项目的单价；但当工程变更导致该清单项目的工程数量发生变化，且工程量偏差超过15%。此时，调整的原则为：当工程量增加15%以上时，其增加部分的工程量的综合单价应予调低；当工程量减少15%以上时，减少后剩余部分的工程量的综合单价应予调高。

(2) 已标价工程量清单中没有适用、但有类似于变更工程项目的，可在合理范围内参照类似项目的单价。

(3) 已标价工程量清单中没有适用也没有类似于变更工程项目的，由承包人根据变更工程资料、计量规则和计价办法、工程造价管理机构发布的信息价格和承包人报价浮动率提出变更工程项目的单价，报发包人确认后调整。承包人报价浮动率可按下列公式计算：

1) 招标工程：承包人报价浮动率 $L = (1 - 中标价/招标控制价) \times 100\%$ （5-7）

2) 非招标工程：承包人报价浮动率 $L = (1 - 报价值/施工图预算) \times 100\%$ （5-8）

(4) 已标价工程量清单中没有适用也没有类似于变更工程项目，且工程造价管理机构发布的信息价格缺价的，由承包人根据变更工程资料、计量规则、计价办法和通过市场调查等取得有合法依据的市场价格提出变更工程项目的单价，报发包人确认后调整。

2. 工程变更引起施工方案改变，并使措施项目发生变化的，承包人提出调整措施项目费的，应事先将拟实施的方案提交发包人确认，并详细说明与原方案措施项目相比的变化情况。拟实施的方案经发承包双方确认后执行。并应按照下列规定调整措施项目费：

(1) 安全文明施工费按照实际发生变化的措施项目调整，不得浮动。

(2) 采用单价计算的措施项目费，按照实际发生变化的措施项目按照前述已标价工程量清单项目的规定确定单价。

(3) 按总价（或系数）计算的措施项目费，按照实际发生变化的措施项目调整，但应考虑承包人报价浮动因素，即调整金额按照实际调整金额乘以公式（5-7）或（5-8）得出的承包人报价浮动率计算。

如果承包人未事先将拟实施的方案提交给发包人确认，则视为工程变更不引起措施项目费的调整或承包人放弃调整措施项目费的权利。

3. 如果工程变更项目出现承包人在工程量清单中填报的综合单价与发包人招标控制价相应清单项目的综合单价偏差超过15%，则工程变更项目的综合单价可由发承包双方调整。

4. 如果发包人提出的工程变更，因非承包人原因删减了合同中的某项原定工作或工程，致使承包人发生的费用或（和）得到的收益不能被包括在其他已支付或应支付的项目中，也未被包含在任何替代的工作或工程中，则承包人有权提出并得到合理的费用及利润补偿。

【例5-2】某独立土方工程，招标文件中估计工程量为100万m^3，合同中规定：土方工程单价为5元/m^3，当实际工程量超过估计工程量15%时，调整单价，单价调为4元/m^3。工程结束时实际完成土方工程量为130万m^3，则土方工程款为多少万元？

【解】

合同约定范围内（15%以内）的工程款为：

$100 \times (1 + 15\%) \times 5 = 115 \times 5 = 575$（万元）

超过15%之后部分工程量的工程款为：

$(130-115) \times 4 = 60$（万元）

则土方工程款合计 $= 575 + 60 = 635$（万元）

【例5-3】 某合同钻孔桩的工程情况是，直径为1.0m的共计长1501m；直径为1.2m的共计长8178m；直径为1.3m的共计长2017m。原合同规定选择直径为1.0m的钻孔桩做静载破坏试验。显然，如果选择直径为1.2m的钻孔桩做静载破坏试验对工程更具有代表性和指导意义。因此监理工程师决定变更。但在原工程量清单中仅有直径为1.0m静载破坏试验的价格，没有直接或其他可套用的价格供参考。经过认真分析，监理工程师认为，钻孔桩做静载破坏试验的费用主要由两部分构成，一部分为试验费用，另一部分为桩本身的费用，而试验方法及设备并未因试验桩直径的改变而发生变化。因此，可认为试验费用没有增减，费用的增减主要由钻孔桩直径变化而引起的桩本身的费用的变化。直径为1.2m的普通钻孔桩的单价在工程量清单中就可以找到，且地理位置和施工条件相近。因此，采用直径为1.2m的钻孔桩做静载破坏试验的费用为：直径为1.0m静载破坏试验费 + 直径为1.2m的钻孔桩的清单价格。

【例5-4】 某合同路堤土方工程完成后，发现原设计在排水方面考虑不周，为此发包人同意在适当位置增设排水管涵。在工程量清单上有100多道类似管涵，但承包人不同意直接从中选择适合的作为参考依据。理由是变更设计提出时间较晚，其土方已经完成并准备开始路面施工，新增工程不但打乱了其进度计划，而且二次开挖土方难度较大，特别是重新开挖用石灰土处理过的路堤，与开挖天然表土不能等同。监理工程师认为承包人的意见可以接受，不宜直接套用清单中的管涵价格。经与承包人协商，决定采用工程量清单上的几何尺寸、地理位置等条件相近的管涵价格作为新增工程的基本单价，但对其中的"土方开挖"一项在原报价基础上按某个系数予以适当提高，提高的费用叠加在基本单价上，构成新增工程价格。

5.5 索赔与现场签证

5.5.1 索赔

索赔是指在合同履行过程中，对于非己方的过错而应由对方承担责任的情况造成的损失，向对方提出补偿的要求。建设工程施工中的索赔是发、承包双方行使正当权利的行为，承包人可向发包人索赔，发包人也可向承包人索赔。

5.5.1.1 索赔成立的条件

合同一方向另一方提出索赔时，应有正当的索赔理由和有效证据，并应符合合同的相关约定。由此可看出任何索赔事件成立必须满足其三要素：正当的索赔理由；有效的索赔证据；在合同约定的时间时限内提出。

索赔证据应满足以下基本要求：真实性；全面性；关联性；及时性和有效性。

5.5.1.2 索赔程序

1. 索赔提出

（1）承包人应在知道或应当知道索赔事件发生后28天内，向发包人提交索赔意向通知书，说明发生索赔事件的事由。承包人逾期未发出索赔意向通知书的，丧失索赔的权利；

（2）承包人应在发出索赔意向通知书后28天内，向发包人正式提交索赔通知书。索赔通知书应详细说明索赔理由和要求，并附必要的记录和证明材料；

（3）索赔事件具有连续影响的，承包人应继续提交延续索赔通知，说明连续影响的实际情况和记录；

（4）在索赔事件影响结束后的28天内，承包人应向发包人提交最终索赔通知书，说明最终索赔要求，并附必要的记录和证明材料。

2. 索赔处理程序

（1）发包人收到承包人的索赔通知书后，应及时查验承包人的记录和证明材料；

（2）发包人应在收到索赔通知书或有关索赔的进一步证明材料后的28天内，将索赔处理结果答复承包人，如果发包人逾期未作出答复，视为承包人索赔要求已被发包人认可；

（3）承包人接受索赔处理结果的，索赔款项作为增加合同价款，在当期进度款中进行支付；承包人不接受索赔处理结果的，按合同约定的争议解决方式办理。

3. 承包人索赔权利的终止

发承包双方在按合同约定办理了竣工结算后，应被认为承包人已无权再提出竣工结算前所发生的任何索赔。承包人在提交的最终结清申请中，只限于提出竣工结算后的索赔，提出索赔的期限自发承包双方最终结清时终止。

5.5.1.3 索赔费用的计算

1. 索赔费用的组成

索赔费用的组成与建筑安装工程造价的组成相似，一般包括以下几个方面：

（1）人工费。包括增加工作内容的人工费、停工损失费和工作效率降低的损失费等累计，其中增加工作内容的人工费应按照计日工费计算，而停工损失费和工作效率降低的损失费按窝工费计算，窝工费的标准双方应在合同中约定。

（2）设备费。可采用机械台班费、机械折旧费、设备租赁费等几种形式。当工作内容增加引起的设备费索赔时，设备费的标准按照机械台班费计算。因窝工引起的设备费索赔，当施工机械属于施工企业自有时，按照机械折旧费计算索赔费用；当施工机械是施工企业从外部租赁时，索赔费用的标准按照设备租赁费计算。

（3）材料费。材料费的索赔包括：由于索赔事项材料实际用量超过计划用量而增加的材料费；由于客观原因材料价格大幅度上涨；由于非承包人责任工程延期导致的材料价格上涨和超期储存费用。材料费中应包括运输费和仓储费，以及合理的损耗费用。如果由于承包人管理不善，造成材料损坏失效，则不能列入索赔计价。承包人应该建立健全物资管理制度，记录建筑材料的进货日期和价格，建立领料耗用制度，以便索赔时能准确地分离出索赔事项所引起的材料额外耗用量。为了证明材料单价的上涨，承包人应提供可靠的订货单、采购单，或官方公布的材料价格调整指数。

（4）管理费。此项又可分为现场管理费和企业管理费两部分。索赔款中的现场管理费是指承包人完成额外工程、索赔事项工作以及工期延长期间的现场管理费，包括管理人员工资、办公、通讯、交通费等。索赔款中的企业管理费主要指的是工程延期期间所增加的管理费。包括总部职工工资、办公大楼、办公用品、财务管理、通信设施以及企业领导人员赴工地检查指导工作等开支。这项索赔款的计算，目前没有统一的方法。在国际工程施工索赔中企业管理费的计算有以下几种：

1）按照投标书中总部管理费的比例（3%~8%）计算

$$\text{总部管理费} = \text{合同中总部管理费比率}(\%) \times (\text{直接费索赔款额} + \text{现场管理费索赔款额等}) \tag{5-9}$$

2）按照公司总部统一规定的管理费比率计算

$$\text{总部管理费} = \text{公司管理费比率}(\%) \times (\text{直接费索赔款额} + \text{现场管理费索赔款额等}) \tag{5-10}$$

3）以工程延期的总天数为基础，计算总部管理费的索赔额，计算步骤如下：

$$\text{对某一工程提取的管理费} = \text{同期内公司的总管理费} \times \frac{\text{该工程的合同额}}{\text{同期内公司的总合同额}} \tag{5-11}$$

$$\text{该工程的每日管理费} = \frac{\text{该工程向企业上缴的管理费}}{\text{合同实施天数}} \tag{5-12}$$

$$\text{索赔的企业管理费} = \text{该工程的每日管理费} \times \text{工程延期的天数} \tag{5-13}$$

(5) 利润。一般来说，由于工程范围的变更、文件有缺陷或技术性错误、业主未能提供现场等引起的索赔，承包商可以列入利润。但对于工程暂停的索赔，由于利润通常是包括在每项实施工程内容的价格之内的，而延长工期并未影响削减某些项目的实施，也未导致利润减少。所以，一般监理工程师很难同意在工程暂停的费用索赔中加进利润损失。索赔利润的款额计算通常是与原报价单中的利润百分率保持一致。

(6) 迟延付款利息。发包人未按约定时间进行付款的，应按银行同期贷款利率支付迟延付款的利息。

在不同的索赔事件中可以索赔的费用是不同的，根据国家发改委、财政部、建设部等九部委第56号令发布的《标准施工招标文件》中通用条款的内容，可以合理补偿承包人的条款如表5-2所示。

《标准施工招标文件》中合同条款规定的可以合理补偿承包人索赔的条款　　表5-2

序号	条款号	主 要 内 容	可补偿内容		
			工期	费用	利润
1	1.10.1	施工过程发现文物、古迹以及其他遗迹、化石、钱币或物品	√	√	
2	4.11.2	承包人遇到不利物质条件	√	√	
3	5.2.4	发包人要求向承包人提前交付材料和工程设备		√	
4	5.2.6	发包人提供的材料和工程设备不符合合同要求	√	√	
5	8.3	发包人提供资料错误导致承包人的返工或造成工程损失	√	√	√
6	11.3	发包人的原因造成工期延误	√	√	√
7	11.4	异常恶劣的气候条件	√		
8	11.6	发包人要求承包人提前竣工		√	

续表

序号	条款号	主要内容	可补偿内容		
			工期	费用	利润
9	12.2	发包人原因引起的暂停施工	√	√	√
10	12.4.2	发包人原因引起造成暂停施工后无法按时复工	√	√	√
11	13.1.3	发包人原因造成工程质量达不到合同约定验收标准的	√	√	√
12	13.5.3	监理人对隐蔽工程重新检查,经检验证明工程质量符合合同要求的	√	√	√
13	16.2	法律变化引起的价格调整		√	
14	18.4.2	发包人在全部工程竣工前,使用已接受的单位工程导致承包人费用增加的	√	√	√
15	18.6.2	发包人的原因导致试运行失败的		√	√
16	19.2	发包人原因导致的工程缺陷和损失		√	√
17	21.3.1	不可抗力	√		

表 5-3 为 FIDIC《施工合同条件》1999 年第一版中承包商可引用的索赔条款。

FIDIC《施工合同条件》1999 年第一版中承包商可引用的索赔条款   表 5-3

序号	合同条款	条款主要内容	索赔内容
1	1.3	通信交流	T+C+P
2	1.5	文件的优先次序	T+C+P
3	1.8	文件有缺陷或技术性错误	T+C+P
4	1.9	延误的图纸或指示	T+C+P
5	1.13	遵守法律	T+C+P
6	2.1	业主未能提供现场	T+C+P
7	2.3	业主人员引起的延误、妨碍	T+C
8	3.3	工程师的指示	T+C+P
9	4.7	因工程师数据差错,放线错误	T+C+P
10	4.10	业主应提供现场数据	T+C+P
11	4.12	不可预见的物质条件	T+C
12	4.20	业主设备和免费供应的材料	T+C
13	4.24	发现化石、硬币或有价值的文物	T+C
14	5.2	指定分包商	T+C+P
15	7.4	工程师改变规定试验细节或附加试验	T+C+P
16	8.3	进度计划	T+C+P

续表

序号	合同条款	条款主要内容	索赔内容
17	8.4	竣工时间的延长	T（+C+P）
18	8.5	当局造成的延长	T
19	8.9	暂停施工	T+C
20	10.2	业主接受或使用部分工程	C+P
21	10.3	工程师对竣工试验干扰	T+C+P
22	11.8	工程师指令承包商调查	C+P
23	12.3	工作测出的数量超过工程量表的10%	T+C+P
24	12.4	删减	C
25	13	工程变更	T+C+P
26	13.7	法规改变	T+C
27	13.8	成本的增减	C
28	14.8	延误的付款	T+C+P
29	15.5	业主终止合同	C+P
30	16.1	承包商暂停工作的权利	T+C+P
31	16.4	终止时的付款	T+C+P
32	17.4	业主的风险	T+C（+P）
33	18.1	当业主为应投保方而未投保时	C
34	19.4	不可抗力	T+C
35	20.1	承包商的索赔	T+C+P

T—工期，C—成本，P—利润。

2. 索赔费用的计算方法

费用索赔的计算方法主要有：实际费用法、总费用法和修正总费用法。

（1）实际费用法

实际费用法是工程索赔时最常用的一种方法。该方法是按照各索赔事件所引起损失的费用项目分别分析计算索赔值，然后将各个项目的索赔值汇总，即可得到总索赔费用值。这种方法以承包商为某项索赔工作所支付的实际开支为根据，但仅限于由于索赔事件引起的、超过原计划的费用，故也称额外成本法。在这种计算方法中，需要注意的是不要遗漏费用项目。

（2）总费用法

发生了多起索赔事件后，重新计算该工程的实际费用，再减去原合同价，其差额即为承包人索赔的费用。计算公式为：

$$索赔金额 = 实际总费用 - 投标报价估算费用 \tag{5-14}$$

但这种方法对业主不利,因为实际发生的总费用中可能有承包人的施工组织不合理因素;承包人在投标报价时为竞争中标而压低报价,中标后通过索赔可以得到补偿。所以这种方法只有在难以采用实际费用法时采用。

(3) 修正总费用法

即在总费用计算的原则上,去掉一些不合理的因素,使其更合理。修正的内容包括:

1) 将计算索赔款的时段局限于受到外界影响的时间,而不是整个施工期;

2) 只计算受到影响时段内的某项工作所受影响的损失,而不是计算该时段内所有施工工作所受的损失;

3) 对投标报价费用重新进行核算,按受影响时段内该项工作的实际单价进行核算,乘以完成的该项工作的工程量,得出调整后的报价费用。

按修正后的总费用计算索赔金额的公式为:

$$索赔金额 = 某项工作调整后的实际总费用 - 该项工作的报价费用 \quad (5-15)$$

【例5-5】某高速公路项目由于业主高架桥修改设计,监理工程师下令承包人工程暂停一个月。试分析在这种情况下,承包人可索赔哪些费用?

【解】可索赔如下费用。

1. 人工费:对于不可辞退的工人,索赔人工窝工费,应按人工工日成本计算;对于可以辞退的工人,可索赔人工上涨费。

2. 材料费:可索赔超期储存费用或材料价格上涨费。

3. 施工机械使用费:可索赔机械窝工费或机械台班上涨费。自有机械窝工费一般按台班折旧费索赔;租赁机械一般按实际租金和调进调出的分摊费计算。

4. 分包费用:是指由于工程暂停分包商向总包索赔的费用。总包向业主索赔应包括分包商向总包索赔的费用。

5. 现场管理费:由于全面停工,可索赔增加的工地管理费。可按日计算,也可按直接成本的百分比计算。

6. 保险费:可索赔延期一个月的保险费,按保险公司保险费率计算。

7. 保函手续费:可索赔延期一个月的保函手续费,按银行规定的保函手续费率计算。

8. 利息:可索赔延期一个月增加的利息支出,按合同约定的利率计算。

9. 企业管理费:由于全面停工,可索赔延期增加的企业管理费,可按企业规定的百分比计算。如果工程只是部分停工,监理工程师可能不同意企业管理费的索赔。

5.5.2 现场签证

现场签证是指发包人现场代表(或其授权的监理人、工程造价咨询人)与承包人现场代表就施工过程中涉及的责任事件所作的签认证明。

5.5.2.1 现场签证的范围

现场签证的范围一般包括:

(1) 适用于施工合同范围以外零星工程的确认;

(2) 在工程施工过程中发生变更后需要现场确认的工程量;

(3) 非施工单位原因导致的人工、设备窝工及有关损失;

(4) 符合施工合同规定的非施工单位原因引起的工程量或费用增减；

(5) 确认修改施工方案引起的工程量或费用增减；

(6) 工程变更导致的工程施工措施费增减等。

5.5.2.2 现场签证的程序

1. 承包人应发包人要求完成合同以外的零星项目、非承包人责任事件等工作的，发包人应及时以书面形式向承包人发出指令，提供所需的相关资料；承包人在收到指令后，应及时向发包人提出现场签证要求。

2. 承包人应在收到发包人指令后的 7 天内，向发包人提交现场签证报告，发包人应在收到现场签证报告后的 48 小时内对报告内容进行核实，予以确认或提出修改意见。发包人在收到承包人现场签证报告后的 48 小时内未确认也未提出修改意见的，视为承包人提交的现场签证报告已被发包人认可。

3. 现场签证的工作如已有相应的计日工单价，则现场签证中应列明完成该类项目所需的人工、材料、工程设备和施工机械台班的数量。

如现场签证的工作没有相应的计日工单价，应在现场签证报告中列明完成该签证工作所需的人工、材料设备和施工机械台班的数量及其单价。

4. 合同工程发生现场签证事项，未经发包人签证确认，承包人便擅自施工的，除非征得发包人书面同意，否则发生的费用由承包人承担。

5. 现场签证工作完成后的 7 天内，承包人应按照现场签证内容计算价款，报送发包人确认后，作为增加合同价款，与进度款同期支付。

6. 承包人在施工过程中，若发现合同工程内容因场地条件、地质水文、发包人要求等不一致时，应提供所需的相关资料，提交发包人签证认可，作为合同价款调整的依据。

5.5.2.3 现场签证费用的计算

现场签证费用的计价方式包括两种：第一种是完成合同以外的零星工作时，按计日工作单价计算。此时提交现场签证费用申请时，应包括下列证明材料：

(1) 工作名称、内容和数量；

(2) 投入该工作所有人员的姓名、工种、级别和耗用工时；

(3) 投入该工作的材料类别和数量；

(4) 投入该工作的施工设备型号、台数和耗用台时；

(5) 监理人要求提交的其他资料和凭证。

5.6 合同价款期中支付

5.6.1 合同价款的主要结算方式

合同价款的结算，是指发包人在工程实施过程中，依据合同中相关付款条款的规定和已完成的工程量，按照规定的程序向承包人支付合同价款的一项经济活动。合同价款的结算主要有以下几种方式：

(1) 按月结算。即先预付部分工程款，在施工过程中按月结算工程进度款，竣工后进行清算的办法。单价合同常采用按月结算的方式。

（2）分段结算。即按照工程的形象进度，划分不同阶段进行结算。形象进度一般划分为：基础、±0.000 以上的主体结构、装修、室外及收尾等。分段结算可以按月预支工程款。

（3）竣工后一次结算。建设项目或单项工程全部建筑安装工程建设期在 12 个月以内，或者工程承包合同价值在 100 万元以下的，可以实行开工前预付一定的预付款或加上工程款每月预支，竣工后一次结算的方式。

（4）结算双方约定的其他结算方式。

5.6.2 预付款的支付与抵扣

1. 预付款的支付

预付款是发包人为帮助承包人解决施工准备阶段的资金周转问题而提前支付的一笔款项，用于承包人为合同工程施工购置材料、机械设备、修建临时设施以及施工队伍进场等。工程是否实行预付款，取决于工程性质、承包工程量的大小及发包人在招标文件中的规定。工程实行预付款的，发包人应按合同约定的时间和比例（或金额）向承包人支付预付款。

（1）预付款的额度：包工包料工程的预付款的支付比例不得低于签约合同价（扣除暂列金额）的 10%，不宜高于签约合同价（扣除暂列金额）的 30%。对重大工程项目，按年度工程计划逐年预付。实行工程量清单计价的工程，实体性消耗和非实体性消耗部分应在合同中分别约定预付款比例（或金额）。

（2）预付款的支付时间：承包人应在签订合同或向发包人提供与预付款等额的预付款保函（如有）后向发包人提交预付款支付申请。发包人应在收到支付申请的 7 天内进行核实后向承包人发出预付款支付证书，并在签发支付证书后的 7 天内向承包人支付预付款。发包人没有按合同约定按时支付预付款的，承包人可催告发包人支付；发包人在预付款期满后的 7 天内仍未支付的，承包人可在付款期满后的第 8 天起暂停施工。发包人应承担由此增加的费用和（或）延误的工期，并向承包人支付合理利润。

2. 预付款的抵扣

发包人拨付给承包人的工程预付款属于预支的性质。随着工程进度的推进，拨付的工程进度款数额不断增加，工程所需主要材料、构件的储备逐步减少，原已支付的预付款应以抵扣的方式从工程进度款中予以陆续扣回。预付款应从每一个支付期应支付给承包人的工程进度款中扣回，直到扣回的金额达到合同约定的预付款金额为止。承包人的预付款保函（如有）的担保金额根据预付款扣回的数额相应递减，但在预付款全部扣回之前一直保持有效。发包人应在预付款扣完后的 14 天内将预付款保函退还给承包人。

预付的工程款必须在合同中约定扣回方式，常用的扣回方式有以下几种：

（1）在承包人完成金额累计达到合同总价一定比例（双方合同约定）后，采用等比率或等额扣款的方式分期抵扣。也可针对工程实际情况具体处理，如有些工程工期较短、造价较低，就无须分期扣还；有些工期较长，如跨年度工程，其预付款的占用时间很长，根据需要可以少扣或不扣。

（2）从未完施工工程尚需的主要材料及构件的价值相当于工程预付款数额时起扣，从每次中间结算工程价款中，按材料及构件比重抵扣工程预付款，至竣工之前全部扣清。

其基本计算公式如下：

1) 起扣点的计算公式：

$$T = P - \frac{M}{N} \tag{5-16}$$

式中　T——起扣点，即工程预付款开始扣回的累计已完工程价值；
　　　P——承包工程合同总额；
　　　M——工程预付款数额；
　　　N——主要材料及构件所占比重。

2) 第一次扣还工程预付款数额的计算公式：

$$a_1 = (\sum_{i=1}^{n} T_i - T) \times N \tag{5-17}$$

式中　a_1——第一次扣还工程预付款数额；
　　　$\sum_{i=1}^{n} T_i$——累计已完工程价值。

3) 第二次及以后各次扣还工程预付款数额的计算公式：

$$a_i = T_i \times N \tag{5-18}$$

式中　a_i——第 i 次扣还工程预付款数额（$i > 1$）；
　　　T_i——第 i 次扣还工程预付款时，当期结算的已完工程价值。

【例5-6】某工程合同总额200万元，工程预付款为24万，主要材料、构件所占比重为60%，问：起扣点为多少万元？

【解】

按起扣点计算公式：$T = P - \frac{M}{N} = 200 - \frac{24}{60\%} = 160$ 万元

则当工程完成160万元时，本项工程预付款开始起扣。

5.6.3 进度款的支付

发承包双方应按照合同约定的时间、程序和方法，根据工程计量结果，办理期中价款结算，支付进度款。进度款支付周期，应与合同约定的工程计量周期一致。已标价工程量清单中的单价项目，承包人应按工程计量确认的工程量与综合单价计算，如综合单价发生调整的，以发承包双方确认调整的综合单价计算进度款。已标价工程量清单中的总价项目，承包人应按合同中约定的进度款支付分解，分别列入进度款支付申请中的安全文明施工费和本周期应支付的总价项目的金额中。发包人提供的甲供材料金额，应按照发包人签约提供的单价和数量从进度款支付中扣出，列入本周期应扣减的金额中。承包人现场签证和得到发包人确认的索赔金额列入本周期应增加的金额中。进度款的支付比例按照合同约定，按期中结算价款总额计，不低于60%，不高于90%。

5.6.3.1 承包人支付申请的内容

承包人应在每个计量周期到期后的7天内向发包人提交已完工程进度款支付申请一式四份，详细说明此周期认为有权得到的款额，包括分包人已完工程的价款。支付申请的内容包括：

1. 累计已完成的合同价款;
2. 累计已实际支付的合同价款;
3. 本周期合计完成的合同价款;
（1）本周期已完成单价项目的金额;
（2）本周期应支付的总价项目的金额;
（3）本周期已完成的计日工价款;
（4）本周期应支付的安全文明施工费;
（5）本周期应增加的金额;
4. 本周期合计应扣减的金额;
（1）本周期应扣回的预付款;
（2）本周期应扣减的金额;
5. 本周期实际应支付的合同价款。

5.6.3.2 发包人支付进度款

发包人应在收到承包人进度款支付申请后的14天内根据计量结果和合同约定对申请内容予以核实,确认后向承包人出具进度款支付证书。若发承包双方对有的清单项目的计量结果出现争议,发包人应对无争议部分的工程计量结果向承包人出具进度款支付证书。发包人应在签发进度款支付证书后的14天内,按照支付证书列明的金额向承包人支付进度款。若发包人逾期未签发进度款支付证书,则视为承包人提交的进度款支付申请已被发包人认可,承包人可向发包人发出催告付款的通知。发包人应在收到通知后的14天内,按照承包人支付申请的金额向承包人支付进度款。发包人未按规定支付进度款的,承包人可催告发包人支付,并有权获得延迟支付的利息;发包人在付款期满后的7天内仍未支付的,承包人可在付款期满后的第8天起暂停施工。发包人应承担由此增加的费用和（或）延误的工期,向承包人支付合理利润,并承担违约责任。发现已签发的任何支付证书有错、漏或重复的数额,发包人有权予以修正,承包人也有权提出修正申请。经发承包双方复核同意修正的,应在本次到期的进度款中支付或扣除。

【**例5-7**】某项工程发包与承包人签订了工程施工合同,合同中含两个子项工程,估算工程量甲项为2300m^3,乙项为3200m^3,经协商合同价甲项为180元/m^3,乙项为160元/m^3。承包合同规定:

（1）开工前业主应向承包人支付合同价20%的预付款;
（2）业主自第一个月起,从承包人的工程款中,按5%的比例扣留滞留金;
（3）当子项工程实际工程量超过估算工程量10%时,超过10%的部分可进行调价,调整系数为0.9;
（4）根据市场情况规定价格调整系数平均按1.2计算;
（5）监理工程师签发付款最低金额为25万元;
（6）预付款在最后两个月扣除,每月扣50%。

承包人各月实际完成并经监理工程师签证确认的工程量如表5-4所示。

问题:
1. 预付款是多少?
2. 每月工程量价款是多少?监理工程师应签证的工程款是多少?实际签发的付款凭

证金额是多少?

承包人各月实际完成并经监理工程师签证确认的工程量　单位:m³　表5-4

月　　份	1月	2月	3月	4月
甲项	500	800	800	600
乙项	700	900	800	600

【解】

1. 预付款金额为 $[2300 \times 180 + 3200 \times 160] \times 20\% = 18.52$ 万元

2. 一月:

工程量价款为 $500 \times 180 + 700 \times 160 = 20.2$ 万元

应签证的工程款为 $20.2 \times 1.2 \times (1-5\%) = 23.028$ 万元

由于合同规定监理工程师签发的最低金额为 25 万元,故本月监理工程师不予签发付款凭证。

二月:

工程量价款为 $800 \times 180 + 900 \times 160 = 28.8$ 万元

应签证的工程款为 $28.8 \times 1.2 \times (1-5\%) = 32.832$ 万元

本月实际签发的付款凭证金额为 $23.028 + 32.832 = 55.86$ 万元

三月:

工程量价款为 $800 \times 180 + 800 \times 160 = 27.2$ 万元

应签证的工程款为 $27.2 \times 1.2 \times (1-5\%) = 31.008$ 万元

该月应支付的净金额为 $31.008 - 18.52 \times 50\% = 21.748$ 万元

由于未达到最低结算金额,故本月监理工程师不予签发付款凭证。

四月:

$2300 \times (1+10\%) = 2530 \text{m}^3$

甲项工程累计完成工程量为 2700m³,较估计工程量 2300m³ 差额大于 10%。

超过 10% 的工程量为 $2700 - 2530 = 170 \text{m}^3$

其单价应调整为 $180 \times 0.9 = 162$ 元/m³

故甲项工程量价款为 $(600 - 170) \times 180 + 170 \times 162 = 10.494$ 万元

乙项累计完成工程量为 3000m³,与估计工程量相差未超过 10%,故不予调整。

乙项工程量价款为 $600 \times 160 = 9.6$ 万元

本月完成甲、乙两项工程量价款为 $10.494 + 9.6 = 20.094$ 万元

应签证的工程款为 $20.094 \times 1.2 \times (1-5\%) - 18.52 \times 50\% = 13.647$ 万元

本期实际签发的付款凭证金额为 $21.748 + 13.647 = 35.395$ 万元

5.6.4 安全文明施工费

安全文明施工费包括的内容和范围,应以国家现行计量规范以及工程所在地省级建设行政主管部门的规定为准。

发包人应在工程开工后的 28 天内预付不低于当年施工进度计划的安全文明施工费总额的 60%，其余部分按照提前安排的原则进行分解，与进度款同期支付。

发包人没有按时支付安全文明施工费的，承包人可催告发包人支付；发包人在付款期满后的 7 天内仍未支付的，若发生安全事故，发包人应承担连带责任。

承包人对安全文明施工费应专款专用，在财务账目中单独列项备查，不得挪作他用，否则发包人有权要求其限期改正；逾期未改正的，造成的损失和（或）延误的工期由承包人承担。

5.7 竣工结算与支付

工程完工后，发承包双方必须在合同约定时间内办理工程竣工结算。工程竣工结算由承包人或受其委托具有相应资质的工程造价咨询人编制，由发包人或受其委托具有相应资质的工程造价咨询人核对。竣工结算办理完毕，发包人应将竣工结算文件报送工程所在地（或有该工程管辖权的行业管理部门）工程造价管理机构备案，竣工结算文件作为工程竣工验收备案、交付使用的必备文件。

5.7.1 竣工结算编制与复核
5.7.1.1 编制和复核的依据
工程竣工结算应根据下列依据编制和复核：
1. 计价规范；
2. 工程合同；
3. 发承包双方实施过程中已确认的工程量及其结算的合同价款；
4. 发承包双方实施过程中已确认调整后追加（减）的合同价款；
5. 建设工程设计文件及相关资料；
6. 投标文件；
7. 其他依据。

5.7.1.2 竣工结算的计价原则
1. 分部分项工程和措施项目中的单价项目应依据双方确认的工程量与已标价工程量清单的综合单价计算；如发生调整的，以发承包双方确认调整的综合单价计算。
2. 措施项目中的总价项目应依据合同约定的项目和金额计算；如发生调整的，以发承包双方确认调整的金额计算，其中安全文明施工费应按国家或省级、行业建设主管部门的规定计算。
3. 其他项目应按下列规定计价：
（1）计日工应按发包人实际签证确认的事项计算；
（2）暂估价应按计价规范相关规定计算；
（3）总承包服务费应依据合同约定金额计算，如发生调整的，以发承包双方确认调整的金额计算；
（4）施工索赔费用应依据发承包双方确认的索赔事项和金额计算；
（5）现场签证费用应依据发承包双方签证资料确认的金额计算；

（6）暂列金额应减去工程价款调整（包括索赔、现场签证）金额计算，如有余额归发包人。

4. 规费和税金按国家或省级、建设主管部门的规定计算。规费中的工程排污费应按工程所在地环境保护部门规定标准缴纳后按实列入。

5. 发承包双方在合同工程实施过程中已经确认的工程计量结果和合同价款，在竣工结算办理中应直接进入结算。

5.7.2 竣工结算的程序
5.7.2.1 承包人提交竣工结算文件

合同工程完工后，承包人应在经发承包双方确认的合同工程期中价款结算的基础上汇总编制完成竣工结算文件，并在提交竣工验收申请的同时向发包人提交竣工结算文件。

承包人未在合同约定的时间内提交竣工结算文件，经发包人催告后14天内仍未提交或没有明确答复，发包人有权根据已有资料编制竣工结算文件，作为办理竣工结算和支付结算款的依据，承包人应予以认可。

5.7.2.2 发包人核对竣工结算文件

1. 发包人应在收到承包人提交的竣工结算文件后的28天内核对。发包人经核实，认为承包人还应进一步补充资料和修改结算文件，应在上述时限内向承包人提出核实意见，承包人在收到核实意见后的28天内按照发包人提出的合理要求补充资料，修改竣工结算文件，并再次提交给发包人复核后批准。

2. 发包人应在收到承包人再次提交的竣工结算文件后的28天内予以复核，并将复核结果通知承包人。

发包人、承包人对复核结果无异议的，应在7天内在竣工结算文件上签字确认，竣工结算办理完毕；发包人或承包人对复核结果认为有误的，无异议部分办理不完全竣工结算；有异议部分由发承包双方协商解决，协商不成的，按照合同约定的争议解决方式处理。

3. 发包人在收到承包人竣工结算文件后的28天内，不核对竣工结算或未提出核对意见的，视为承包人提交的竣工结算文件已被发包人认可，竣工结算办理完毕。

4. 承包人在收到发包人提出的核实意见后的28天内，不确认也未提出异议的，视为发包人提出的核实意见已被承包人认可，竣工结算办理完毕。

5. 发包人委托工程造价咨询人核对竣工结算的，工程造价咨询人应在28天内核对完毕，核对结论与承包人竣工结算文件不一致的，应提交给承包人复核，承包人应在14天内将同意核对结论或不同意见的说明提交工程造价咨询人。工程造价咨询人收到承包人提出的异议后，应再次复核，复核无异议的，应在7天内在竣工结算文件上签字确认，竣工结算办理完毕。复核后仍有异议的，无异议部分办理不完全竣工结算；有异议部分由发承包双方协商解决，协商不成的，按照合同约定的争议解决方式处理。承包人逾期未提出书面异议，视为工程造价咨询人核对的竣工结算文件已经承包人认可。

5.7.2.3 竣工结算文件的签认

对发包人或发包人委托的工程造价咨询人指派的专业人员与承包人指派的专业人员经核对后无异议并签名确认的竣工结算文件，除非发承包人能提出具体、详细的不同意见，发承包人都应在竣工结算文件上签名确认，如其中一方拒不签认的，按以下规定办理：

1. 若发包人拒不签认的，承包人可不提供竣工验收备案资料，并有权拒绝与发包人或其上级部门委托的工程造价咨询人重新核对竣工结算文件。

2. 若承包人拒不签认的，发包人要求办理竣工验收备案的，承包人不得拒绝提供竣工验收资料，否则，由此造成的损失，承包人承担连带责任。

合同工程竣工结算核对完成，发承包双方签字确认后，禁止发包人又要求承包人与另一个或多个工程造价咨询人重复核对竣工结算。

发包人以对工程质量有异议，拒绝办理工程竣工结算的，已竣工验收或已竣工未验收但实际投入使用的工程，其质量争议按该工程保修合同执行，竣工结算按合同约定办理；已竣工未验收且未实际投入使用的工程以及停工、停建工程的质量争议，双方应就有争议的部分委托有资质的检测鉴定机构进行检测，根据检测结果确定解决方案，或按工程质量监督机构的处理决定执行后办理竣工结算，无争议部分的竣工结算按合同约定办理。

5.7.3 竣工结算款支付

5.7.3.1 承包人提交竣工结算款支付申请

承包人应根据办理的竣工结算文件，向发包人提交竣工结算款支付申请。该申请应包括下列内容：

1. 竣工结算合同价款总额；
2. 累计已实际支付的合同价款；
3. 应扣留的质量保证金；
4. 实际应支付的竣工结算款金额。

5.7.3.2 发包人签发竣工结算支付证书

发包人应在收到承包人提交竣工结算款支付申请后7天内予以核实，向承包人签发竣工结算支付证书。

5.7.3.3 支付竣工结算款

发包人签发竣工结算支付证书后的14天内，按照竣工结算支付证书列明的金额向承包人支付结算款。

发包人在收到承包人提交的竣工结算款支付申请后7天内不予核实，不向承包人签发竣工结算支付证书的，视为承包人的竣工结算款支付申请已被发包人认可；发包人应在收到承包人提交的竣工结算款支付申请7天后的14天内，按照承包人提交的竣工结算款支付申请列明的金额向承包人支付结算款。

发包人未按规定支付竣工结算款的，承包人可催告发包人支付，并有权获得延迟支付的利息。发包人在竣工结算支付证书签发后或者在收到承包人提交的竣工结算款支付申请7天后的56天内仍未支付的，除法律另有规定外，承包人可与发包人协商将该工程折价，也可直接向人民法院申请将该工程依法拍卖。承包人就该工程折价或拍卖的价款优先受偿。

5.7.4 质量保证金

1. 发包人应按照合同约定的质量保证金比例从结算款中扣留质量保证金。

2. 承包人未按照合同约定履行属于自身责任的工程缺陷修复义务的,发包人有权从质量保证金中扣留用于缺陷修复的各项支出。若经查验,工程缺陷属于发包人原因造成的,应由发包人承担查验和缺陷修复的费用。

3. 在合同约定的缺陷责任期终止后的 14 天内,发包人应将剩余的质量保证金返还给承包人。剩余质量保证金的返还,并不能免除承包人按照合同约定应承担的质量保修责任和应履行的质量保修义务。

5.7.5 最终结清

1. 缺陷责任期终止后,承包人应按照合同约定向发包人提交最终结清支付申请。发包人对最终结清支付申请有异议的,有权要求承包人进行修正和提供补充资料。承包人修正后,应再次向发包人提交修正后的最终结清支付申请。

2. 发包人应在收到最终结清支付申请后的 14 天内予以核实,向承包人签发最终结清支付证书。

3. 发包人应在签发最终结清支付证书后的 14 天内,按照最终结清支付证书列明的金额向承包人支付最终结清款。

4. 若发包人未在约定的时间内核实,又未提出具体意见的,视为承包人提交的最终结清支付申请已被发包人认可。

5. 发包人未按期最终结清支付的,承包人可催告发包人支付,并有权获得延迟支付的利息。

6. 最终结清时,如果承包人被扣留的质量保证金不足以抵减发包人工程缺陷修复费用的,承包人应承担不足部分的补偿责任。

7. 承包人对发包人支付的最终结清款有异议的,按照合同约定的争议解决方式处理。